邮 说 敦 煌

Philatelic Rhapsody on Dunhuang Mogao Grottoes

金晓宏 著

南方出版社
·海口·

图书在版编目（CIP）数据

邮说敦煌 / 金晓宏著. —海口:南方出版社,2022.8
ISBN 978-7-5501-7449-8

Ⅰ.①邮… Ⅱ.①金… Ⅲ.①邮票—中国—图集②敦煌学
—艺术 Ⅳ.①G262.2-64②K870.6

中国版本图书馆CIP数据核字(2022)第029937号

邮说敦煌
YOUSHUO DUNHUANG

金晓宏　著

责任编辑: 高　皓
出版发行: 南方出版社
地　　址: 海南省海口市和平大道70号
邮　　编: 570208
电　　话: 0898-66160822
传　　真: 0898-66160830
经　　销: 全国新华书店
印　　刷: 湖南省众鑫印务有限公司
版　　次: 2022年8月第1版
印　　次: 2022年8月第1次印刷
开　　本: 787mm×1092mm　1/16
印　　张: 17.25
字　　数: 430千字
定　　价: 168.00元

序 言

今年国庆节是在北京过的。十月二日上午，邻居黄思源先生依约引荐了一位远道而来的客人——苏州的金晓宏教授。他借国庆长假之际特来北京，并携带一部名为《邮说敦煌》的书稿邀请我为之作序。我的家乡肃州区与敦煌市同属酒泉市所辖，二十世纪八十年代我曾在敦煌工作过四年多，视敦煌为第二故乡。金老师是喜好敦煌专题的集邮者，他正式集邮始于1987年，那年发行的第一组《敦煌壁画》是他最早收集的几套邮票之一。我们从集邮文化说到敦煌文化，聊得甚欢、十分投缘，不知不觉两个多小时过去了。临别之际，我赠送了一些签名纪念封，并为其写下了"方寸映乾坤 集邮展文脉"作为留念。

这些日子，每有闲暇，我就翻阅金老师的《邮说敦煌》，感悟颇多。敦煌文化是四至十四世纪在敦煌出现的，以佛教石窟艺术为主要表现形式，以中原文化为思想根基，渗透着多种文明因素，集建筑艺术、雕塑艺术、绘画艺术于一体的综合性文化现象，是多种文明长期交流交融、综合创新的人类文明成果。敦煌文化博大精深，被誉为世界文化圣地，其独特之处又在于1900年大量中古时代创造的文化成果、文明遗存被发现于藏经洞，其中保存着七至十一世纪在敦煌出现过的大量珍贵历史文献与文物，并由此在二十世纪二三十年代诞生了一门新兴学科——敦煌学。敦煌学又细分为史地、美术、建筑、舞乐、宗教、文学、文献、科技、服饰、民俗等分支学科，经过近一个世纪中外学者的研究成为国际显学，敦煌学研究的中心回归中国。

迄今为止，七十多年的新中国邮票发行史中，敦煌莫高窟题材的邮票出现了九次，包括四枚小型张共计四十枚，这是绝无仅有的。此外，2012年发行了《丝绸之路》小型张，主图是两幅敦煌壁画。2015年发行"个42"《飞天》，还有一些邮票也采用飞天图案。中国香港发行过一枚《敦煌石窟》小型张；中国澳门发行过一枚《敦煌月牙泉》小型张。"两岸四地"均发行过敦煌邮品，可以说敦煌文化是中国邮票最丰富的源泉。

历年参展的邮集中，敦煌专题的很少见到，金老师却以此为主题撰写了四十万言的《邮说敦煌》，这应该是第一部专著，令人十分感慨！《邮说敦煌》精心遴选了近千件敦煌邮品，以展示浩如烟海的敦煌艺术，讲述多姿多彩的敦煌故事，解读底蕴深厚的敦煌文化。十个章节分别为"丝绸之路""鸣沙山和月牙泉""敦煌建筑""敦煌壁画""敦煌彩塑""敦煌飞天""敦煌藏经洞""海外敦煌""世界文化遗产""集邮学和敦煌学文献"，这是一位非敦煌学者难得的格局和不寻常的胆略。

敦煌学和集邮学都是博大精深的科学，但敦煌学是高大上的专家级别的象牙塔，而集邮学既是专家学者研究的重要领域，更是具有广泛群众性的汪洋大海，两者不可同日而语。金老师试图用比较学的方法，对敦煌学和集邮学这两个距离很远的学科进行比较研究，这无疑是一种大胆的尝试和探索。他为集邮和敦煌研究所付出的艰辛和坚守令人敬佩。依我看来，只有"读万卷书、行万里路"的金老师，在步入敦煌文化神圣殿堂的同时，才能在敦煌文化研究方面做出如此独特贡献。

《邮说敦煌》即将付梓。我衷心祝贺金晓宏老师！也希望在他的带动下，有更多的关于集邮与敦煌文化的邮集和著作问世！

杨利民

2021年11月

（杨利民先生曾任中央纪委驻交通运输部纪检组组长，内蒙古自治区党委副书记，甘肃省委常委、组织部部长、敦煌市委书记等职务，被聘任为国务院参事室特约研究员。在敦煌学和集邮学方面，是敦煌哲学研究核心创始人，曾担任中华全国集邮联合会会长。）

Foreword

This year's National Day was celebrated in Beijing. On the morning of October 2, my neighbor Huang Siyuan recommended a guest from afar—Professor Jin Xiaohong of Suzhou (苏州). He paid a special visit on the occasion of the holiday, bringing a manuscript of *Philatelic Rhapsody on Dunhuang Mogao Grottoes* and inviting me to write a foreword. Both my hometown Suzhou (肃州) District and Dunhuang are under the jurisdiction of Jiuquan City. In the 1980s, I worked in Dunhuang for more than four years, regarding Dunhuang as my second hometown. Mr. Jin is a stamp collector who is keen on Dunhuang topics. His stamp collection began in 1987. The first set of *Dunhuang Murals* was issued in that year, which was one of the first sets of stamps he collected. We chatted happily from philatelic culture to Dunhuang culture. More than two hours passed unconsciously. On the occasion of parting, I presented some signed souvenir covers and inscribed "Stamps mirroring the world; Philately representing the culture" as a souvenir.

These days, whenever I have leisure, I read Mr. Jin's manuscript. It inspires me a lot. Dunhuang culture refers to a comprehensive cultural phenomenon integrating architectural art, sculpture art and painting art, which appeared in Dunhuang from the 4th to the 14th century, with Buddhist grotto art as the main form of presentation and Central Plains culture as the ideological foundation. It is a human civilization achievement of long-term exchange, integration and comprehensive innovation of various civilizations. Dunhuang culture is broad and profound, which is known as the world's cultural holy land. Its uniqueness lies in that in 1900, a large number of cultural achievements and civilization relics created in the middle ages were found in the Sutra Cave, in which a large number of precious historical documents and cultural relics that appeared in Dunhuang in the 7th to 11th centuries were preserved, which led to a new discipline—Dunhuangology, starting in the 1920s and 1930s. It is divided into sub-disciplines such as history and geography, art, architecture, dance music, religion, literature, science and technology, clothing and folk customs. After nearly a century of research by Chinese and foreign scholars, Dunhuangology has become an international prominent study, and the research center of it has returned to China.

So far, in the more than 70 years of new China's stamp issuing history, Dunhuang Mogao Grottoes theme stamps have been issued as many as 9 times, including 4 miniature sheets, a total of 40, which is unique in the history of new China's stamps. In addition, in 2012, a miniature sheet of the *Silk Road* was issued, with two Dunhuang murals in the main picture. The individualized *Flying Apsaras* was issued, as well as several stamps with Dunhuang flying apsaras patterns. Hong Kong has issued a miniature sheet of *Dunhuang Grottoes* in 2011; Macao has issued a miniature sheet of *Dunhuang Crescent Lake* in 2015. Philatelic items have been issued in "four places on both sides of the Strait". It can be said that Dunhuang culture is the richest source of Chinese philately.

There are few special topics on Dunhuang in the Stamp Exhibition, but Mr. Jin wrote a monograph with 400,000 characters on Dunhuang philatelic items, which should be the first one. It is admirable! Nearly a thousand pieces of Dunhuang philatelic items were well-chosen in *Philatelic Rhapsody on Dunhuang Mogao Grottoes* to demonstrate the vast Dunhuang art, tell colorful Dunhuang stories and interpret the extensive Dunhuang culture. The ten chapters are "Silk Road" "Mingsha Dune and Crescent Lake" "Dunhuang Architectures" "Dunhuang Murals" "Dunhuang Painted Statues" "Dunhuang Flying Apsaras" "Dunhuang Sutra-Preserving Cave" "Covers Sent to Overseas with Dunhuang Stamps" "World Cultural Heritage" "Literature on Philatelicology and Dunhuangology". This book is a rare pattern and unusual courage from a non-Dunhuang scholar.

Both Dunhuangology and Philatelicology are extensive and profound disciplines, but the former is an "ivory tower" at the expert level; the latter is not only an important field for experts and scholars to study, but also a vast ocean with broad masses, which can not be compared. Mr. Jin tries to take the approach of comparative study to make a comparison between Dunhuangology and Philatelicology. Since they are two distant disciplines, it is undoubtedly a bold attempt and exploration. His hard work and perseverance for stamp collecting and Dunhuang Research are admirable. In my opinion, only Mr. Jin, who has "read thousands of books and traveled thousands of miles", can make such a unique contribution to the study of Dunhuang culture while stepping into the sacred palace of Dunhuang culture.

Philatelic Rhapsody on Dunhuang Mogao Grottoes will be published soon. I sincerely congratulate Mr. Jin Xiaohong! I also hope that under his leadership, more works on stamp collection and Dunhuang culture will come out!

Yang Limin
November, 2021

(Mr. Yang Limin served as the Head of the Discipline Inspection Team of the Central Commission for Discipline Inspection in the Ministry of Transport, Deputy Secretary of the Party Committee of Inner Mongolia Autonomous Region, member of the Standing Committee of Gansu Provincial Party Committee, Director of the Organization Department, Director of the Organization Department and Municipal Party Secretary of Dunhuang, etc. He has been appointed as a special researcher of the Counselor Office in the State Council. In the fields of Dunhuang and philatelic studies, he is the key founder of Dunhuang Philosophy Research and has served as the President of the All-China Philatelic Federation.)

方寸映乾坤

篆郵展文脈

金曉宏同志留念

辛丑桂月楊利民

目　录

Contents

绪 论

　　"邮说敦煌"，顾名思义，旨在通过邮票这种独特的"国家名片"来识解博大精深的敦煌艺术，同时也通过敦煌符号来诠释多姿多彩的集邮方式。本书侧重知识性和鉴赏性，在相关集邮学和敦煌学文献的基础上，以敦煌莫高窟邮票以及在邮政环节中衍生的各类票、戳、折、卡、片、单、简、封等邮品来解析敦煌艺术和集邮文化。

一

　　敦煌文化是一种在中原传统文化主导下的多元开放文化，不仅融入了源自西域、青藏、蒙古等地的民族文化成分，而且是对世界早期几大文明，如两河流域文明、古印度文明、古埃及文明和古希腊罗马文明进行借鉴创新的典范。它呈现出开放性、多元性、包容性，是中华文明几千年源远流长、不断融会贯通的结果。

　　敦煌莫高窟始建于北凉，历经北魏、西魏、北周、隋、唐、五代、宋、西夏、元，共计十个朝代的兴建，是世界上现存规模最宏大、内容最丰富的佛教艺术圣地。敦煌莫高窟于1961年被国务院公布为首批全国重点文物保护单位之一、1987年被列为世界文化遗产。与同样首批入围的故宫、周口店北京人遗址、泰山、长城、秦始皇陵这五处自然和文化景观相比，敦煌莫高窟具有更深的文化沉淀和艺术底蕴。

　　敦煌莫高窟保存了延续1600年（注：若以公元366年作为"敦煌元年"，到今年为止有1655年历史）的雕塑与壁画，是中国佛教艺术的"百科全书"和"大型博物馆"，而邮票也是"百科全书"式的"微型博物馆"，方寸小纸展示了包罗万象的历史文化，天地间艺术之美在邮花中尽收眼底。新中国成立后，第一套特种邮票发行于1951年10月1日，标"特1《国徽》"，第二套为"特2《土地改革》"，第三套即为1952年7月1日发行的《敦煌壁画》，全称为"特3《伟大的祖国——敦煌壁画（第一组）》"。特1和特2是新中国成立初期必要的政治题材邮票，特3是新中国首套文化题材邮票，其重要性可见一斑。将"敦煌壁画"作为五套"伟大的祖国"系列邮票的龙头，且独占其二（注：另有特6），实具唯一性。

　　中华人民共和国时期发行的邮票（1949~2021）主要以志号的变更划分，依次为"老纪特""文革票""编号票""J、T票""编年票"共五个部分，而敦煌邮票占据了除特殊时期发行的"文革票"和"编号票"之外三个最为重要的发行阶段（时间长度约占90%），全面反映了币值、面值和邮资等变化。

　　敦煌莫高窟主题邮票发行时间跨度为1952~2020年，是新中国邮票史上绝无仅有的发行多达九次的邮票，具体可分三个阶段：1952和1953年的两组"特字票"（以敦煌壁画为主题）；1987~1996年的三组"T字票"和三组"编年票"（以敦煌壁画为主题）；2020年的一组"编年票"（以敦煌彩塑为主题），共计40枚（包括4枚小型张）。此外，2012年发行了《丝绸之路》小型张（主图为两幅"敦煌壁画"）和2015年发行"个42"《飞天》，另有几种带有敦煌飞天图案的邮票，如T.29、J.52、J.59、J.91等。中国香港于2011年发行过一枚《敦煌石窟》小型张；中国澳门于2015年发行过一枚《敦煌月牙泉》小型张；中国台湾发行过明信片。敦煌是丰富的邮品创作和设计源泉。

二

　　《邮说敦煌》分为十章，以近千件敦煌邮品（除极个别注明外，均为作者藏品）为佐证素材，分类展示莫高窟浩瀚广博的文化底蕴；以系列邮票为切入点，解读集邮文化的意义和价值；通过形形色色的集邮方式和多姿多彩的实寄藏品叙述敦煌故事。

　　第一章"丝绸之路"。开篇介绍敦煌的地理位置和历史文化价值，强调丝绸之路是人类历史上第一座沟通东西文化的桥梁，对推动欧亚大陆国家之间的贸易和交流起到重要作用。以汉代的张骞和唐代的玄奘为例，见证东西文明的交流互鉴及对世界产生的积极影响。敦煌壁画记载着丝绸之路的历史、艺术和人文。

　　第二章"鸣沙山和月牙泉"。由丝绸之路"线"的概念缩小至敦煌这个"点"的定位。作为与"敦煌莫高窟"齐名的"塞北风光二绝"之一，"亘古沙不填泉，泉不涸竭"，鸣沙山和月牙泉既是神奇的自然景观，也是敦煌主题的一个分支。

　　第三、四、五章"敦煌建筑、敦煌壁画、敦煌彩塑"是莫高窟艺术的三大组成部分，各窟均是建筑、彩塑、绘画这三位一体综合性佛教艺术的体现。首先展示的是外观建筑，尤其是"九层楼"外景。其次步入石窟，领略艺术的奇迹："壁画"和"彩塑"。"敦煌壁画"是其中的核心部分，是敦煌石窟艺术中最吸引人的存在。历代画师们运用丰富的想象和绚美的色彩创建了一个个尘世中的天堂佛国，成为信徒们的精神家园。

　　第六章"敦煌飞天"。敦煌飞天在汲取古希腊、古印度艺术养分的基础上，融入了中国的艺术传统和历史文化特点。作为敦煌艺术的标识，在"壁画"和"彩塑"中兼而有之，是象征摆脱枷锁或国际之间友好往来的文化符号。

　　第七章"敦煌藏经洞"。藏经洞与敦煌如同鱼之于水，两者唇齿相依。藏经洞中的文物绝大多数为孤本和绝本，具有重要的史料和艺术价值，它的发现是"敦煌学"创建的缘起。这不仅对中国史的研究甚至对世界史的探索都产生了重大的影响。

　　第八章"海外敦煌"。敦煌莫高窟邮票作为邮资凭证贴上信封，寄达全球诸多国家，使各国集邮者们目睹了中国敦煌石窟艺术的神韵，起到了宣传中国传统文化的作用。本章将寄往海外的敦煌主题实寄封分类、汇编，展示其在世界范围的广泛影响力。

　　第九章"世界文化遗产"。文化遗产既是历史的见证又是文化的载体，是不可再生的珍贵资源。1987年敦煌莫高窟成为中国首批世界文化遗产之一，而成为一门国际性学问"敦煌学"的，也仅此一项。

　　第十章"集邮学和敦煌学"。"集邮学"和"敦煌学"作为研究某一特定文化现象的学问，在出版专著、创办期刊、发表论文、编撰辞典、撰写史书、编写教程等方面具有相似性，都属于社会大文化中的一个分支，是其不断沉淀的宝库和永久流传的源泉。

三

《邮说敦煌》以学界倡导的"跨界融合"为依据，探讨"敦煌"与"集邮"之间的"相似性"和"交互性"。

学科界定。"敦煌学"（或"敦煌研究"）是以1900年敦煌莫高窟藏经洞的发现为缘起，研究敦煌地区文献文物资料的学问，是一门集系统性与交叉性于一体的综合性学科。"敦煌学"最早由国学大师陈寅恪于1930年提出，后范围逐渐扩展到石窟、建筑、壁画、雕塑、汉简乃至周边地域出土的古代文献和遗存的古代文物，也包括丝绸之路东西文化交流，可分敦煌史地、敦煌美术、敦煌建筑、敦煌乐舞、敦煌宗教、敦煌文学、敦煌语言文字、敦煌科技、敦煌文献等。"敦煌学"可以分为佛像、飞天、山水、歌舞、故事等，或佛像画、故事画、传统神话、经变画、佛教史迹画、供养人画、装饰画等，也可以分为早期窟（北凉、北魏、西魏、北周）、中期窟（隋、唐）、晚期窟（五代、西夏、宋、元）。

"集邮学"（或"集邮研究"）是关于各种集邮对象和集邮活动的学问，是认识集邮领域中各种事物及其规律，融系统性和交叉性于一体的综合性学科。"集邮学"最早由集邮家郑汝纯于1943年提出，一般可分为集邮理论、集邮实践和集邮应用；邮驿史、邮政史、集邮史、邮票史、邮刊史；清代、民国、解放区、新中国邮票；票、戳、折、卡、片、单、简、封和集邮文献等。"集邮学"可分为古典类、早期类、近代类、现代类，具有山水、风光、建筑、文物、绘画、花卉、名著等专题。

艺术形式。敦煌是艺术的殿堂，公元四至十四世纪的壁画和彩塑从诞生的一刻起就给人们带来极具震撼力的艺术感受。敦煌对佛教艺术、绘画、雕塑的发展以及音乐、歌舞的创新具有重要的参考价值。敦煌的壁画和雕塑法相尊严、富丽堂皇、雍容高贵，是一座巨型美术陈列馆，步入石窟即迈入美学的神殿，对人的心灵产生震撼和净化。除了建筑、壁画和雕塑，书法、文学、舞蹈和音乐也是美学的展现。

邮票是一种印有图案的艺术品，被称为"国家名片"或"微型的艺术品"。集邮文化是一种陶冶情操的享受，当邮票作为收藏者欣赏、研究的艺术品时，是美学的展现形式。集邮活动是一种审美实践，既有对美的追求和鉴赏，又有对美的创造和宣传。敦煌莫高窟题材邮票从现存的巨量壁画和彩塑中选择最具有代表性、最精彩的作品，展现其1650多年的概貌，体现不同时代的艺术风格。

文化传承。敦煌开凿源于公元366年，先后历经十个朝代的兴建，形成了巨大的规模，对于后人了解河西走廊的佛教思想、宗派、信仰、佛教与中国传统文化的融合以及佛教的汉化过程具有重大的历史价值。敦煌语言文字研究和考证是敦煌学中一个重要的分支，如吐蕃藏文、于阗文、粟特文、西夏文、梵文等。敦煌学的发展经历了发轫期、初兴期、全面展开期、深入发展期和新高潮期。敦煌文化也是一种百科全书式的文化，在甘肃这片古老而又神奇的土地上，不仅孕育了始祖文化、黄河文化，也形成了丝路文化和敦煌文化。其文化上的多元性、包容性、渗透性和混融性承载着华夏文明的博大精深，融汇了古今中外多种文化元素的丰富内涵，它保存洞窟735个、彩塑2000余身、壁画45000平方米，是世界上规模最大、内容最丰富的艺术宝库和历史画卷，是世界顶级的文化遗产。

一些敦煌邮票邮戳上盖有双（多）文字戳，主要的民族文字有藏文、维文、蒙文、朝鲜文、彝文、傣文等。两者均可纳入文字研究领域，避免因文字消亡而带来的文化损失。中国邮票的历史源于1878年7月大龙邮票的发行。中国集邮史分为诞生、兴起、发展、沉寂、恢复、繁荣几个阶段。集邮是世界性的文化活动，邮票的画面是反映人类文明的精神产品，是传播各种知识的文化媒体。集邮文化是集邮的思想性、艺术性、史料性、知识性、娱乐性的科学概括和本质体现，是以邮票为主要形式反映人类创造的物质文明和精神文明的一种文化活动，是集邮过程中所包括的各种社会文化教育功能的总和。

研究机构。1942年国立敦煌艺术研究所筹委会成立。1944年2月1日，国立敦煌艺术研究所成立。1984年8月，敦煌文物研究所扩建为敦煌研究院。在国外，尤其是对于敦煌研究颇具成果的法国和日本，也有专门的学术组织，出版了大量的著作。1987年9月20~27日，敦煌研究院在敦煌举办敦煌石窟研究国际讨论会。当今的敦煌莫高窟保护项目成为国际上研究所和大学合作的典范。

1865年，法国成立了世界上最早的集邮组织"集邮俱乐部"。1869年，英国成立了"伦敦邮学会"（注：后改称"英国皇家邮学会"）。1878年，第一次国际集邮会议在法国巴黎召开，二十多个国家的集邮家出席了会议。1922年，中国第一个集邮组织——"上海神州邮票研究会"成立（注：后因有外地会员加入，去掉"上海"二字，改称"神州邮票研究会"）。1926年6月，欧洲七国在法国巴黎成立国际集邮联合会（简称FIP），总部设在瑞士的苏黎世。1982年8月，中华全国集邮联合会成立。

敦煌研究和集邮研究的文献汗牛充栋。以辞书为例，敦煌学有《敦煌大辞典》，集邮学有《中国集邮大辞典》；以史志为例，敦煌学有《中国敦煌学史》，集邮学有《中国集邮史》；以教材为例，敦煌学有《敦煌学教程》，集邮学有《集邮学教程》；以期刊为例，敦煌学有国家社科基金资助期刊《敦煌研究》和《敦煌学辑刊》，集邮学有中华全国集邮联合会会刊《集邮》和《集邮博览》。

展览观摩。据《敦煌学纪年》记载，1909年5~8月，法国伯希和在北京六国饭店举办敦煌写本展览。当年11月28~29日，在日本京都帝国大学展出敦煌写本照片。1945年5月，敦煌艺术研究所在重庆中苏文化协会举办敦煌壁画展。1951年4月10日，敦煌文物研究所（原敦煌艺术研究所）、中央历史博物馆联合在北京天安门举办大规模"敦煌文物展"。1955年9月，敦煌文物研究所与故宫博物院举办"敦煌艺术展览"。1957年2~3月，敦煌文物研究所在波兰、捷克斯洛伐克等国举办"敦煌艺术展览"。1958年1月5日，敦煌文物研究所在日本东京、京都举办"中国敦煌艺术展览会"。另外如张大千、罗寄梅、刘先等还在国内外举办过个人展。如今敦煌作为世界的文化符号，各种国际化展览在世界范围内更加频繁且高标准地举办。

世界上最早的邮展是1852年9月比利时地理学家温地美伦，在首都布鲁塞尔的一个工艺美术展览会上展示个人收藏的邮票。中国最早的邮展于1914年7月在福州举办，邮品的中国部分由魏叔彝提供，世界各国部分由美国人威利提供。之后邮展成为国际性的活动，尤其是在国际集邮联合会的领导下，历年的世界邮展井然有序地在各国举办，是集邮界的"奥林匹克"盛会。

交融互鉴。敦煌莫高窟是中华文明杰出的文化和艺术代表，1961年莫高窟被国务院公布为第一批全国重点文物保护单位，1987年莫高窟被列入"世界文化遗产名录"。邮票是弘扬一个国家或民族精神的重要宣传载体，是一个国家历史、文化和艺术的缩影。每一个国家都积极地将本国最引以为豪、最具代表性的事物展现在邮票上，并由其随着邮件传递到世界各地。

　　敦煌研究源自1900年藏经洞发现后的10余年，英、法、美、俄、日、德等国一些汉学家掠夺了大批文献、文物，这是国外敦煌学研究的基础。当初法国的敦煌学研究在欧美国家中占据领先地位。日本的敦煌学研究在国际敦煌学领域独树一帜，在相当长的时间内代表着国际敦煌学研究的发展方向，在20世纪80年代曾有"敦煌在中国，敦煌学在日本"之说。然而毕竟中国人具有本土的语言和文化优势，经过不懈努力、开拓进取，中国敦煌学研究出现了空前繁荣的景象，在各类专题研究方面大放异彩。

　　邮票是舶来品，集邮研究中国也是后来者。1840年5月6日，世界上第一种邮票——"黑便士"在英国正式发行，之后不久就出现了与它相关的文字记录。1864年11月15日，古斯塔夫·埃尔潘在法国《邮票收藏者》上发表文章，建议从希腊文中寻找词源来命名"集邮"这项文化活动，创造出一个法文新词"philatélie"，现在广为接受的英文单词"philately"就源于此，从此"集邮"一词被集邮界沿用至今。20世纪20年代，外国人蜂拥来华，将欧美国家早年兴起的集邮活动带入了中国，引发国人的效仿。经过了一个多世纪的学习和追赶，中国的集邮水平已步入世界前列，尤其是1999年、2009年和2019年的世界邮展都在中国举办，场面盛况空前，中国集邮家成绩斐然。

四

　　《邮说敦煌》虽侧重于知识性和鉴赏性，但也不乏创新——这是一部著作的价值和意义所在。创新虽然是从无到有，但必然会经历点滴积累，从量变到质变的过程，其中有收藏的实践，也有理论的思索。

　　收藏经历。1987年笔者开始集邮，购买的最早几套邮票中就有T.116《敦煌壁画（第一组）》。这一年敦煌撤县设市，且举办了首届敦煌石窟研究国际研讨会，更重要的是敦煌莫高窟成功申报成为世界文化遗产。本人收藏了纪念封和《敦煌研究（特刊）》等相关文献，以反映这个特殊年份的印迹。

　　2020年发行《莫高窟》（注：确切内容应该是"敦煌彩塑"），笔者为此做了充分准备，求助甘肃邮友前往原地，盖首日戳后实寄，之后邀请几位当地年轻画家创作了系列同图手绘封。这套邮票笔者先后收藏了近百枚各具特色的实寄封。

　　1952和1953年发行的两套《敦煌壁画》所生成的实寄封，尤其是首日实寄封价格不菲，笔者参加了电话委托拍卖。2021年除传统的牛年生肖邮票外，还发行了唐代韩滉的名作《五牛图》，笔者都有意将它们（用作挂号补资）与《莫高窟》邮票混贴，生成个性化实寄封。

　　借鉴创新。德国诗人、思想家、剧作家歌德曾认为，"凡是值得思考的东西都有人思考过了，我们的任务是重新思考"，这也验证了中国"继承不离古、创新不离宗"的古训。敦煌莫高窟艺术就是创新的艺术：比如，中心塔柱窟是由印度支提窟结合当地特色发展变化而来；再如，敦煌飞天在吸取古希腊、古印度艺术营养的基础上，融入中国传统艺术和民族历史文化特色。任何创新都源自研习前人著作或成果后的灵感凸显，从形式上看可以是起点创新、过程创新或结果创新。笔者撰写本书受以下三部著作的理念影响颇深。

一是2011年北京市集邮协会编著的《中国现代集邮》，可以作为本书的"理论基础"。创新也是集邮的永恒话题，现代集邮是从传统集邮中衍生出来的一种具有时代感的收集邮票和编组邮集形式，其核心是降低邮展门槛，让集邮走出"贵族化"迈向"大众化"，从"猎奇斗富"步入"品鉴欣赏"，使集邮建立在更扎实的"大众化"根基之上，倡导新的集邮方式。这本身就是增强集邮生命力、永葆青春的创意。早在民国时期就有集邮"贵族化"还是"大众化"之争鸣，最后较为一致的结论是我们既需要能在邮展中"摘金夺银"的集邮家，更需要广大以集邮为休闲娱乐的普通收集者。现代集邮起源于1985年德国组织的一次国际邮展，后被世界上其他国家纷纷效仿，如今已有诸如"现代集邮沙龙""开放集邮""一框集邮""自动化集邮""生肖集邮""极地集邮""文献集邮"等类别，开启了新型集邮模式。笔者近年特别注重其中的"首日封类集邮"，这在国际上也属于最常见、最普及的邮品，收藏者遍布全世界，在此基础上中国集邮爱好者们创新和派生出"原地首日封""公函首日封""手绘首日封"等。本书中实寄封选用的绝大部分为此类别，突出邮票"首日"实寄的重要意义。

二是2003年中国地图出版社等机构编制的《中国集邮旅游地图册》，可以作为本书的"实践指南"。笔者每次旅游都会借鉴邮票的"导航"作用，因为凡是能够荣登邮票的必然是国内各省市经过精挑细选后展示的最具价值的选题，而该书正是将旅游与集邮相结合，在"跨界融合"创新思路指导下诞生的结晶。该书除了提供各地著名景点的专门性旅游地图外，还能够让读者按图索骥、定位景点、评赏邮票。尤其书中将各种集邮知识和地理简介融为一体，故而本人也尝试通过这些敦煌莫高窟主题邮票来解读多样化的集邮方式。人类认知世界最基本的方式是借助时空概念，通过体认空间中的物体来感知空间，通过经历事件来感受时间。前面所提及的集邮和敦煌的历史侧重于"时间性"，而地理侧重于"空间性"，故而在本书各章节展示的国内实寄封没有顾此失彼，注意邮品投递线路的选择涵盖34个省级行政区（包括港澳台），邮品编排在每个章节都有所侧重。"海外敦煌"一章单独列举由中国寄往"五大洲"的敦煌主题邮品，涵盖英国、法国、荷兰、德国（东德、西德）、奥地利、匈牙利、瑞典、瑞士、列支敦士登、捷克、希腊、西班牙、俄罗斯（苏联）、乌兹别克斯坦、印度、日本、朝鲜、韩国、新加坡、马来西亚、巴基斯坦、伊拉克、科威特、也门、美国、加拿大、巴西、澳大利亚、乌干达、埃塞俄比亚，共计30个国家，按照体系描述邮寄路径，展示特定时间内的特定空间性，也尝试以"国际化视野"解读邮品。

三是1998年上海辞书出版社出版的《敦煌学大辞典》，可以作为本书的"知识源泉"。笔者于2017年10月独自背包赴敦煌莫高窟朝圣，虽然事先做了些"功课"，但因参观时间有限，除赞叹历代创造者们的鬼斧神工外，短时间走马观花似的参观未能在知识环节上有所突破。后陆续购买敦煌类主题书籍研习，不知不觉间藏书已有百余册，但无论是书刊还是图集均注重某个具体的专题，没有一册具有大辞典这样的总体框架和词条注解。笔者不是敦煌学的学者，因而本书中许多关于敦煌莫高窟的描述、数据的罗列均以此辞典为参考依据，但在文字表述或与邮品介绍相结合时有所增删，以取得一部书在结构上的协调性和融合性，将图文归于一个"筐"内。

哲学思考。创新的指导思想源于哲学。笔者认为无论是中国古代最早的道家哲学还是西方文明源头的古希腊哲学都关注于六个字——"广、深、定、变、一、多"，它们可以分为对立统一、相辅相成、共生互补的三对组合，这在集邮上也有所体现。

一是"广"与"深"。"集邮"顾名思义是"搜集邮票"。最早的传统集邮就是将一枚枚邮票夹入册中，以品种多者为荣耀，最好是"上穷碧落下黄泉"般一览无余的收集，以展示邮票收藏的"广度"。后来发现要将世界上发行的所有邮票收入囊中，就是具有王者的资产也无法实现（注：英王乔治五世曾立下宏愿，以皇家雄厚财力集全世界上发行的所有邮票。但终其一生，其皇家邮集也仅占当时世界邮票总数的约70%。现在又过了近百年，各国发行的邮票呈几何级增长，个人更是不可能集全所有邮票，即便是一个国家的邮票）。于是集邮者缩小收集范围，从而诞生了专题集邮，即选择其中的某个"主题"进行收集。集邮者若要有所突破，需要针对一个专题甚至某种邮票，凭借自身的邮识和财力，甚至是机缘，进行竭泽而渔的搜集和研究，如中国古典票中的"大龙邮票"或"红印花邮票"，前者严格意义上只有3枚（3种面值），后者8枚（5种面值），"套票"和"版式"的概念是集邮者为了深入研究自行添加的。集邮界经典名著《大龙邮票集锦》《红印花邮票》等都将"邮票"部分划为"样票"和"邮票"，对每一种面值的邮票又细分为子模和版式研究，诞生了许多经典邮集和专著，强调挖掘的"深度"，将原先集邮注重的"枝繁"转向"根深"。

二是"定"与"变"。任何一种文化活动或研究若上升到哲学的层面都会形成"对立统一"的哲思。《易》曰"一阴一阳之谓道"，邮票是"静态"的存在，为"定数"，但若千邮一面，集邮者自然就失去收集和研究的兴趣。收藏的目标之一就是求珍罕、觅稀缺、比品相，或者从"单枚"到"方连"再到"版票"，产生"变数"，以体现其差异性。有些集邮者对印制过程中产生的"次品"（"变体票"），如漏齿、漏色、折白、错位等现象趋之若鹜，但光邮票仍是"静态"定数的存在。随着集邮国际化的深入，西方人的"玩法"渐渐融入中国的集邮界，尤其是邮展评奖中，比如邮戳，尤其是日戳，不具有复制性，再如实寄封片，更是每件都具有"独一无二"性，一部高档的邮集必须配有大量珍罕的实寄封才能获得大奖。各种"动态"变数充分体现在个性化邮集中，也展示了集邮者的研究水平。当然，集邮应该是"定"和"变"相结合的产物。

三是"一"与"多"。老子《道德经》指出："道生一，一生二，二生三，三生万物"，这里的数字不是指具体的数量，而是表示世间万物演化是一个由少及多，从简单到复杂的过程。本书展示的邮品绝不是数量上的堆积，笔者从收藏的邮品中遴选最具特色的进行分类、编组和阐述，意在"同中求异、异中求同"（注：同一枚经实寄的邮票具有多种存在形式，多枚实寄的邮票展现一种集邮方式）。总体而言，"票"分为特种邮票、T字头邮票、编年邮票、个性化邮票等；"折"分为前期邮折和后期带编号邮折等；"片"分为邮资片、极限片、缩普片、旅游明信片、门券邮资片、企业金卡等；"戳"分为敦煌特色戳、各地敦煌纪念戳、当地风景戳、日戳、欠资戳、火车戳、退回戳、邮码戳、约投戳等；"单"分为包裹单、汇款单、查询单等；"卡"分为邮展纪念卡、总公司票图卡等；"简"分为地方纪念邮简、邮展纪念邮简、航空邮简等；"封"是本书的重中之重，更是搜集难度所在，分为首日封（官方〈总公司、北京、甘肃原地〉封、自制封）、丝绸封、绢质封、宣纸封、公函封、首航封、调资封、美术封（手稿）、外交封、邮展封、协会封、纪念封、广告封、签名封、手绘（书）封、疫情封、牛年封等。封、片、简等均强调"实寄"且注重"首日"，这些邮品灵活体现在各个章节中。若以"多"回归"一"，则均为敦煌石窟艺术的邮品展现形式。

值得一提的还有一组对立概念："自然"和"人为"。"传统集邮"将邮品的"自然"生成看作一项至关重要的评判标准，如邮资、邮戳、邮路等环节都应符合相应的要求。然而"现代集邮"中的首日封和极限片中的大部分邮品是集邮者为收藏而"人为"制作的，如邮票发行首日刻意去原地"空寄"信封，超贴不符合标准的小型张或拼凑各种邮资等。现代集邮的理念认为"'邮'戏规则"是人为创建的，若单纯追求"自然封"会使收集的渠道越走越窄（注：众所周知，如今几乎没人再贴邮票寄信）。况且"自然实寄封"如果没有收藏者的"精心规划"，很难出现"首日"实寄邮品，或一套票甚至是一版票汇聚一封的壮观"全家福合影"，且日戳、风景戳盖销也通常不尽人意。而"人为实寄封"是"深思熟虑、精雕细琢"后的成果，收获的是更为赏心悦目的邮品。其实早期的名贵华邮古封，如宾斯封、莫斯封多是"人为"制作的藏品。笔者认为既要看到两者的对立性，更要看到两者的统一性。从本质而言，两者都能通过集邮活动获得乐趣和满足，都能增长知识、陶冶情操。本书中"人为邮品"和"自然邮品"兼收，两者之间的关系并非泾渭分明、非此即彼，而表现为相互融合、相得益彰。这就如同"世界遗产标志"那样，中央的正方形是"人为"（"文化"）创造的象征，外部的圆圈代表着"自然"（"无为"）生成的符号，但两者之间有链接通道，使其成为一个密切联系的整体，其和谐共处是人类的最高追求，即道家所推崇的"天人合一"之境界。

五

与世界最早的英国1840年发行的"黑便士"和中国最早的1878年问世的"大龙邮票"相比，尤其是一枚动辄几万、几十万，甚至上千万的经典实寄封，敦煌莫高窟邮票属于廉价普通票，虽然发行时间从1952~2020年延续了近70年，主要邮票发行了40枚（含4枚小型张），但是所有新票包括小型张的市值累加不过300元上下，同样是绘画艺术主题邮票，总价还远比不上一套新中国邮票中"最贵"的书画类邮票——1980年发行的T.44《齐白石作品选》，这样的选题似乎不值一提，更无写书的必要。但笔者想说的是敦煌莫高窟具有1650年以上的历史，而邮票问世至今不到200年。近现代画家再杰出的作品都无法与博大精深的敦煌文化底蕴相提并论，且以"现代集邮"为理论基础，不在于"争奇斗富"，只在于"弘扬文化"。

《邮说敦煌》的核心是通过邮品来展现敦煌莫高窟艺术，笔者在收藏了近千件敦煌邮品后，试图通过这个题材在展示敦煌文化之际，将集邮的名词和精髓融入其内，使普通读者在品鉴敦煌邮品的同时能够掌握基本的集邮概念。书名第一个字是"邮"，参照如"大龙邮票""小龙邮票""红印花邮票""慈寿邮票"等中国古典邮票专著的常用做法，将一种邮票的介绍划分为"邮票""邮戳""封片简"等传统结构，为了保证各章节的相对独立性和完整性，个别内容难免重叠，但各有侧重，章节之间也尽量做到相互照应。同一枚敦煌邮票在邮寄过程中所产生的戳、封也是独一无二的艺术品，都承载着邮政服务的印记，即便中国集邮总公司发行的"官白封"搜集齐全也颇有难度，更别说是首日实寄封。笔者期望本书在为读者带来知识性和鉴赏性的同时，能够通过"**一枚敦煌邮票反映独特艺术形式、一组敦煌邮品显示特定时代风采、一类敦煌邮集诠释多样收藏方式、一册敦煌邮书展现世界文化遗产**"，在回顾集邮历史和敦煌历史的同时，将集邮活动提升到文化传播的高度。

Introduction

As the name suggests, *Philatelic Rhapsody on Dunhuang Mogao Grottoes* aims to construe the extensive and profound Dunhuang art through stamps, a unique "national card", as well as interpret the various ways of stamp collection through Dunhuang symbols. On the basis of relevant Philatelic and Dunhuang literature, Dunhuang Mogao Grottoes stamps and all kinds of stamps, postmarks, folders, cards, postcards, forms, letter sheets, covers and other philatelic items derived from the postal link are used to analyze Dunhuang art and philatelic culture.

One

Dunhuang culture is a diversified and open culture dominated by the traditional culture of the Central Plains. It not only integrates the national cultural elements from the Western regions, Qinghai Tibet, Mongolia and other places, but also is a model for reference and innovation of several major civilizations in the early world, such as ancient Mesopotamia civilization, ancient Indian civilization, ancient Egyptian civilization, and ancient Greek & Roman civilization. It presents openness, diversity and inclusiveness, which is the result of thousands of years of Chinese civilization.

Dunhuang Mogao Grottoes was built in the Northern Liang Dynasty. It has been experienced 10 dynasties, including the Northern Wei Dynasty, the Western Wei Dynasty, the Northern Zhou Dynasty, the Sui Dynasty, the Tang Dynasty, the Five Dynasties, the Song Dynasty, the Western Xia Dynasty and the Yuan Dynasty. It is the largest and most abundant holy land for Buddhists in the world. Dunhuang Mogao Grottoes was announced as one of the first national key cultural relics protection sites by the State Council in 1961 and listed as World Cultural Heritage in 1987. Compared with the other five natural and cultural heritages: the Forbidden City, Zhoukoudian Peking Man Site, Mount Tai, the Great Wall and the Mausoleum of Qin Shihuang, Dunhuang Mogao Grottoes boasts deeper cultural precipitation and artistic heritage.

Dunhuang Mogao Grottoes has preserved statues and murals lasting for 1600 years, which are the "encyclopedia" and "large-scale museum" of Chinese Buddhist art. Stamps are also the encyclopedia-typed micro museum. These small papers highlight the all-inclusive history and culture with the beauty of art between heaven and earth. After the founding of People's Republic of China, the first set of special stamps was issued on October 1, 1951, marked "*S1 National Emblem*". The second set was "*S2 Land Reform*", and the third set was the "*Dunhuang Murals*" issued on July 1, 1952, fully known as "*S3 Great Motherland: Dunhuang Murals (1ˢᵗ Series)*". The "Dunhuang Murals" are regarded as the leader of the five sets of "Great Motherland" series stamps, monopolizing two sets. Additionally, S1 and S2 are the necessary political theme stamps after New China founding, therefore S3 is the first set of cultural theme stamps, which demonstrates its importance.

The stamps during the People's Republic of China (1949-2021) can be classified into five parts, namely "C-headed Commemorative and S-headed Special Stamps" "W-headed Stamps" "Serially Numbered Stamps" "J-headed Commemorative and T-headed Special Stamps" "Annualized Stamps". The stamps of Dunhuang occupy three most important stages, which fully reflect the changes of currency value, face value and postage of stamps issued in China. The issuing time span of Dunhuang Mogao Grottoes theme stamps is from 1952 to 2020. It is a unique group of stamps with up to 9 times in the history of stamp issuance in China. It can be divided into three stages:Two sets of "special stamps" in 1952 and 1953; Three sets of "T-headed stamps" and three sets of "annualized stamps" from 1987 to 1996; One set of "annualized stamps" in 2020, a total of 40 (including 4 Miniature Sheets). In addition, the miniature sheet of *Silk Road* (the main picture is 2 "Dunhuang murals") was issued in 2012, the individualized *Flying Apsaras* as well as several stamps with Dunhuang flying apsaras patterns, such as T.29、J.52、J.59、J.91, etc. Hong Kong has issued a miniature sheet of *Dunhuang Grottoes* in 2011; Macao has issued a miniature sheet of *Dunhuang Crescent Lake* in 2015.

Two

Philatelic Rhapsody on Dunhuang Mogao Grottoes is divided into ten chapters. Nearly a thousand Dunhuang philatelic items are presented （unless otherwise indicated, all of them are author's collections) as evidence to demonstrate all-embracing cultural heritage of Mogao Grottoes. The author takes the series of stamps as the starting point to interpret the significance and value of philatelic culture; The story of Dunhuang is narrated through various stamp collecting methods and colorful posted collections.

Chapter I "Silk Road". It introduces the geographical location and historical & cultural values of Dunhuang, emphasizing that the Silk Road is the first bridge between Eastern and Western cultures, which plays a significant role in promoting trade and exchanges between countries in Eurasia. The author takes Zhang Qian of the Han Dynasty and Xuan Zang of the Tang Dynasty as examples to prove the exchange and mutual learning between Eastern and Western civilizations. Dunhuang murals record the history, arts and humanities of the Silk Road.

Chapter II "Mingsha Dune and Crescent Lake". It presents from the concept of "line" of the Silk Road to the positioning of "point" of Dunhuang. As one of the "two wonders of northern beyond Great Wall" as famous as Dunhuang Mogao Grottoes, Mingsha Dune and Crescent Lake are not only magical natural landscapes, but also a branch of Dunhuang theme.

Chapers III, IV, V "Dunhuang Architectures, Dunhuang Murals and Dunhuang Painted Statues", which are three pillar components of Dunhuang Mogao Grottoes Art. First, the exterior architecture is displayed, especially the "Nine-Storey Building". Then, the miracle of Art: murals and pained statues are vividly demonstrated while entering the interior grottoes. Dunhuang Murals is the core and the most attractive part of Dunhuang Grotto Art. The painters of successive dynasties have created immortals with their paintbrushes and use rich colors to make a holy land

of Buddhists on earth. It is the spiritual home for disciples.

Chapter VI "Dunhuang Flying Apsaras". Flying apsaras integrates Chinese artistic tradition and historical and cultural characteristics on the basis of absorbing the artistic nutrients of ancient Greece and ancient India. As the symbol of Dunhuang art, they exist both in murals and pained statues. It is a cultural sign symbolizing friendly exchanges between countries, which is often used to metaphor friendly exchanges all over the world.

Chapter VII "Dunhuang Sutra-Preserving Cave". Sutra-Preserving Cave is to Dunhuang what fish is to water; meanwhile Dunhuang and Sutra-Preserving Cave are connected by flesh and blood. Most of the cultural relics in it are isolated and unique, which has core historical data and artistic value. Its discovery is the origin of the establishment of Dunhuangology. This has had a key impact on the study of Chinese history as well as on the exploration of world history.

Chapter VIII "Covers Sent to Overseas with Dunhuang Stamps". Dunhuang Mogao Grottoes stamps were affixed with covers as postage certificates and sent to many countries around the world. Philatelists from various countries witnessed the charm of Chinese Dunhuang Grottoes art and played a role in publicizing Chinese traditional culture. This chapter will classify and compile the Dunhuang theme covers sent overseas to show its wide influence in the world.

Chapter IX "World Cultural Heritage". Cultural heritage is not only the witness of history, but also the carrier of culture. It is a non-renewable precious resource. In 1987, Dunhuang Mogao Grottoes became one of the first World Cultural Heritages in China. However, this is the only one that has become an international issue——Dunhuangology.

Chapter X "Literature on Philatelicology and Dunhuangology". As the learning of researching a specific cultural phenomenon, they share the similarities in publishing monographs, operating journals, publishing papers, compiling dictionaries, writing historical books and compiling tutorials. They both belong to a branch of social culture and are their continuous treasure house and source of permanent spread.

Three

Based on the "cross-border integration" advocated by the academic circles, *Philatelic Rhapsody on Dunhuang Mogao Grottoes* discusses the "similarities" or "intersections" between "Dunhuang" and "Philately".

Discipline Demarcation. "Dunhuangology" (or "Dunhuang Studies") is the study of documents and cultural relics in Dunhuang, which originated from the discovery of the sutra-preserving cave in Dunhuang Mogao Grottoes in 1900. It is a comprehensive discipline integrating systematicness and intersection. Dunhuangology was first proposed by Chen Yinke, a master of traditional Chinese studies in 1930, and then gradually expanded to grottoes, architectures, murals, statues, Han bamboo slips, and even the ancient documents & relics unearthed in the surrounding areas, as well as the East-West cultural exchange along the Silk Road. It can be divided into Dunhuang history and geography, Dunhuang art, Dunhuang architecture,

Dunhuang music and dance, Dunhuang religion, Dunhuang document, Dunhuang language and characters, Dunhuang science and technology, Dunhuang literature, etc. Dunhuangology can be divided into Buddha statues, flying apsaras, mountains and rivers, songs and dances, stories, etc., or Buddha statues, story paintings, traditional myths, sutra paintings, Buddhist historical relics paintings, paintings of providers, decorative paintings, etc; It can also be divided into the early Grottoes (Northern Liang, Northern Wei, Western Wei and Northern Zhou), the middle Grottoes (Sui and Tang), and the late Grottoes (Five Dynasties, Western Xia, song and Yuan).

"Philatelicology" (or "Philatelic Researches") is learning about all kinds of philatelic objects and philatelic activities. It is a comprehensive discipline that understands all kinds of things and their rules in the field of philately, integrating systematicness and intersection. Philatelicology was first put forward by philatelist Zheng Ruchun in 1943. Now it can be generally divided into philatelic theory, philatelic practice and philatelic application; courier history, postal history, philatelic history, stamp history, philatelic journal history; stamps of the Qing Dynasty, the Republic of China, liberated areas and new China; stamps, postmarks, folders, cards, postcards, sheets, notes, covers, philatelic literature, etc. Philatelicology can be divided into classical, early, modern and contemporary category with the themes of landscape, scenery, architectures, cultural relics, paintings, flowers, masterpieces, etc.

Art Form. Dunhuang is a palace of art. Murals and painted statues from the 4th to 14th centuries brought people a very shocking artistic experience from the moment of their birth. Dunhuang has important reference value for the formation and development of Buddhist art, painting and sculpture, as well as the development of music, song and dance. Dunhuang's murals and statues are dignified, magnificent, graceful and noble. It is a huge art exhibition hall. Stepping into the Grottoes is the temple of aesthetics, which impacts and purifies people's soul. In addition to architectures, murals and statues, calligraphy, literature, dance and music are also aesthetic displays.

Stamp is a kind of artwork printed with patterns, which is called "national card" or "miniature artwork". Stamp collecting culture is a kind of enjoyment to cultivate sentiment. When stamps are regarded as works of art appreciated and studied by collectors, they are the form of aesthetic expression. Philatelic activity is a kind of aesthetic practice, which includes not only the pursuit and appreciation of beauty, but also the creation and cultivation of aesthetics. Dunhuang Mogao Grottoes theme stamps select the most representative and wonderful works from the huge amount of existing murals and color sculptures to show its overview of more than 1650 years and reflect the artistic styles of different times.

Cultural Inheritance. Dunhuang was excavated in 366 and has been built in 10 dynasties to form a huge scale. It is of great historical value for future generations to understand the Buddhist thought, sect, belief, the integration of Buddhism and Chinese traditional culture and the Sinicization process of Buddhism in Hexi Corridor. Dunhuang language research and textual research is a key branch of Dunhuang studies, such as Tibetan, Khotan, Sute, Xixia, Sanskrit and

so on. The development of Dunhuang studies has experienced the original period, the primary period, the comprehensive development period, the in-depth development period, and the new climax period. Dunhuang culture is also an encyclopedia culture. In the ancient and magical land of Gansu, it not only gives birth to the ancestor culture and the Yellow River culture, but also forms the Silk Road culture and Dunhuang culture. Its cultural diversity, inclusiveness, permeability and blending carry the breadth and depth of Chinese civilization and integrate the rich connotation of various cultural elements at all times, at home and abroad. It has preserved 735 caves, more than 2000 painted statues and 45000 square meters of murals. It is the largest and most abundant art treasure house and historical picture scroll in the world, which is the world's top cultural heritage.

Some postmarks on Dunhuang stamps are sealed with double (multiple) kinds of characters. The main national characters are Tibetan, Uyghur, Mongolian, Korean, Yi, Dai, etc. Both can be incorporated into the field of character research to avoid the cultural loss caused by the disappearance of characters. The history of Chinese stamps stemmed from the issuance of Large Dragon stamps in July 1878. The history of Chinese philately has developed into several stages: birth, rise, development, silence, recovery and prosperity. Philately is a worldwide cultural activity. The picture of stamps is a cultural product reflecting human civilization and a cultural medium for spreading all kinds of knowledge. Philatelic culture is the scientific generalization and essential embodiment of the ideological, artistic, historical, intellectual and entertaining nature of philately. It is a cultural activity that takes stamps as the main form to reflect the material and cultural civilization created by mankind. It is the sum of various social, cultural and educational functions in the process of philately.

Research Institutions. In 1942, the Preparatory Committee of the National Dunhuang Art Institute was established. On February 1, 1944, the National Dunhuang Art Research Institute was established. In August 1984, Dunhuang Institute of Cultural Relics was expanded into Dunhuang Research Institute. In foreign countries, especially France and Japan have made great achievements in Dunhuang research. There are also special academic organizations and published a large number of works. From September 20 to 27, 1987, Dunhuang Research Institute held an international seminar on Dunhuang Grottoes in Dunhuang. Today, the Dunhuang Mogao Grottoes protection project has become a model of cooperation between international research institutes and universities.

In 1865, France established the world's earliest philatelic organization "philatelic club". The London Philatelic Society (later renamed the Royal Philatelic Society) was established in 1869. In 1922, Shanghai Shenzhou Stamp Research Association, China's first philatelic organization, was established. In June, 1926, the International Philatelic Federation (FIP) was established in Paris, France. In August 1982, the All China Philatelic Federation was established.

There is a large number of literature on Dunhuang Research and Philatelic Research: Taking dictionaries as an example, there are *Dunhuang Dictionary* and *Philatelic Dictionary of China*;

Taking historical records as an example, there are *History of Chinese Dunhuang Studies* and *The Philatelic History of China*; Taking teaching materials as an example, there are *A Course of Dunhuang Studies* and *A Practical Philatelic Course*; Taking periodicals as an example, there are *Dunhuang Research* and *Journal of Dunhuang Studies* funded by the National Social Science Foundation, and *Philately* and *philatelic Panorama*, the publications of the All China Philatelic Federation.

Exhibition Observation. According to the Dunhuang annals, from May to August 1909, Paul Pelliot, the French explorer held an exhibition of Dunhuang manuscripts at the Grand Hotel des Wagon-Lits in Beijing. From November 28 to 29 that year, Dunhuang manuscript photos were displayed at Imperial University in Kyoto, Japan. In 1945, Dunhuang Art Research Institute held Dunhuang mural exhibition in Chongqing Sino-Soviet Cultural Association. On April 10, 1951, the Dunhuang Institute of Cultural Relics (the former Dunhuang Art Institute) and the Central History Museum jointly held a large-scale "Dunhuang Cultural Relics Exhibition" in Tiananmen, Beijing. In September 1955, the Dunhuang Institute of Cultural Relics and the Palace Museum held a "Dunhuang Art Exhibition". From February to March 1957, the Dunhuang Institute of Cultural Relics held the "Dunhuang Art Exhibition" in Poland, Czechoslovakia and other countries. On January 5, 1958, the Dunhuang Institute of Cultural relics held the "China Dunhuang Art Exhibition" in Tokyo and Kyoto, Japan. In addition, Zhang Daqian, Luo Jimei and Liu Xian have also held individual exhibitions at home and abroad. Today, Dunhuang, as a cultural symbol of the world, various international exhibitions are held more frequently and at a high standard all over the world.

The earliest stamp exhibition in the world was in September 1852 when the Belgian geographer Phillip Vandermailen displayed his own collection of stamps at an arts and crafts exhibition in Brussels. China's earliest stamp exhibition was held in Fuzhou in July 1914. Some Chinese stamps were provided by Wei Shuyi and stamps from foreign countries were provided by American Willie. After that, the stamp exhibition became an international activity, especially under the leadership of the International Philatelic Federation, the World Stamp Exhibition over the years was held in different countries orderly, which is the "Olympics" of the Philatelic cycle.

Mutual Learning. Dunhuang Mogao Grottoes are the outstanding cultural and artistic representatives of Chinese civilization. In 1961, Mogao Grottoes were announced by the State Council as one of the first National Key Cultural Relics Protection. In 1987, Mogao Grottoes was among the first Chinese Cultural Heritages to be listed as World Cultural Heritage. Stamps are important publicity carriers to promote a country or national spirit. They are the epitome of a country's history, culture and art. Each country is actively showing its most proud and representative images on stamps, which are transmitted to all over the world with mail.

Dunhuang studies originated more than 10 years after the discovery of the Sutra-Preserving Cave in 1900. Some sinologists in Britain, France, the United States, Russia, Japan, Germany and other countries plundered a large number of documents and cultural relics, which is the basis of

foreign Dunhuang studies. At the beginning, the Dunhuangology in France occupied a leading position in European and American countries. The Dunhuangology in Japan is unique in the field of international Dunhuang studies, representing the trend of international Dunhuangology for a long time. In the 1980s, there was a saying that "Dunhuang is in China, but Dunhuangology is in Japan". However, after all, the Chinese take the local language and cultural advantages. Through unremitting efforts and pioneering spirit, the researches in China have witnessed an unprecedented prosperity in all special fields.

Stamps were imported, and the study of philately in China is also a latecomer. On May 6, 1840, the world's first stamp, "Black Penny" was officially issued in Britain. Soon after that, there were written records related to it. On November 15, 1864, Gustav Elpan published an article in the French *Stamp Collector*, proposing to find the etymology from Greek to name the cultural activity of "philately", and created a French new word "philatélie", from which the now widely accepted English word "philately" appeared. Since then, the word "philately" has been used by the philatelic cycle. In the 1920s, foreigners flocked to China, bringing the early rise of stamp collecting activities in European and American countries into China, which triggered the imitation of Chinese people. After more than a century of learning and catching up, China's philatelic standard has stepped into the forefront of the world. In particular, the World Stamp Exhibitions in 1999, 2009 and 2019 were held in China. The grand occasion is unprecedented, and Chinese philatelists have made remarkable achievements in gaining gold and silver medals.

Four

Although *Philatelic Rhapsody on Dunhuang Mogao Grottoes* focuses on knowledge and appreciation, there is no lack of innovation, which is also the value and significance of a book. Although the innovation is to create something from nothing, it is the process of step by step, from quantitative alteration to qualitative alteration. It covers both collecting practices and theoretical meditations.

Collection Experience. In 1987, the author began to collect stamps. Among the earliest sets of stamps purchased was *T.116 Dunhuang Murals (1st series)*. In 1987, Dunhuang was expanded from a county to a city, and the First International Symposium on Dunhuang Grottoes was held. More importantly, Dunhuang Mogao Grottoes was successfully declared as a World Cultural Heritage. The author has collected many relevant documents such as commemorative covers and *Dunhuang Research (special issue)* to reflect this special year.

In 2020, the Mogao Grottoes (Note: the exact name should be Dunhuang Pained Statues) was issued. The author made full preparations for this, asking postal friends in Gansu to seal in local and send it on the first day, then invited several artists to draw a series of hand-painted pictures on the covers with the similar contents. On this set of stamps, the author collected nearly 100 kinds of mailed covers successively.

In 1952 and 1953, two sets of stamps on Dunhuang murals were issued. The covers,

especially mailed on the first day, were very expensive. The author participated in the "thrilling" telephone auction. In 2021, in addition to the traditional Chinese Shengxiao stamps of the bull year, Han Huang's masterpiece *Five-bull* was also issued. The author combined them with the stamps of Dunhuang Mogao Grottoes (used as supplementary funds) to generate several personalized covers.

Reference and Innovation. Goethe, a German poet, thinker and playwright, once believed that "Everything worth thinking has been thought about, and our task is to rethink", which also verifies China's ancient motto that "Inheritance is inseparable from former achievements; Creation is inseparable from imitation." The art of Dunhuang Mogao Grottoes is an innovative art: for example, the Central Pagoda Column Caves are developed from the Caitya Caves in India in combination with local characteristics; For another example, Dunhuang Fly Apsaras integrates Chinese traditional art and national historical and cultural characteristics on the basis of absorbing the art nutrition of ancient Greece and ancient India. Any innovation comes from the outstanding inspiration after studying previous works or achievements. From the form, it can be divided into starting point innovation, process innovation or result innovation. In the process of writing this book, the author is deeply influenced by the ideas of the following three books:

First, the *China Modern Philately*, compiled by Beijing Philatelic Association in 2011, can be used as the "theoretical basis" of this book. Innovation is also an eternal topic of philately. Modern philately is a form of philately, organized with a sense of the times and derived from traditional philately. Its core is to reduce the threshold of stamp exhibition, making philately turn from "aristocracy" to "popularization", from "novelty-hunting and wealth-pursuing" to "enjoyment and appreciation", so as to establish philately on a more "solid popularization" foundation and advocate new ways of collecting stamps. This in itself is the creativity to enhance the vitality of philately and maintain its youth. As early as the period of the Republic of China, there was a dispute over whether stamp collecting was "aristocratic" or "popular". Finally, a more consistent conclusion was that we need not only philatelists who can "gain gold and silver medals" in the stamp exhibition, but also ordinary collectors who take stamp collecting as leisure and entertainment. Modern philately originated from an international stamp exhibition organized by Germany in 1985 and was followed by other countries in the world. Now there are categories such as "modern philatelic salon", "open philately", "one-frame philately", "automatic philately", "Shengxiao philately", "polar philately", and "literature philately", which have opened a new philatelic model. The author lays the special emphasis on the "first-day-cover collection"(F.D.C.), which is also the most common and popular stamp products in the world. Fans of F.D.C. are all over the world. On this basis, Chinese stamp collectors innovate and derive into local first day covers, official cover first day covers, hand-painted first day covers, etc. In this book, most of the mailed covers are in this category, highlighting the significance of the "first day".

Second, the *Atlas on China's Philately and Tourism* mainly compiled by China Map Publishing House in 2003, which can be used as the "practice guide" of this book. For traveling,

the author is used to learning from the "navigation" role of stamps, because those can be honored on stamps must be the most valuable topics displayed by domestic provinces and cities after careful selection. The book is the crystallization of the combination of tourism and philately under the guidance of the innovative idea of "cross-border integration". In addition to providing specialized tourist maps of famous scenic spots around China, the book can also enable readers to find out them according to the map, locate scenic spots and appreciate stamps. In particular, the book integrates various philatelic knowledge and geographical introduction, so the author also tries to interpret the diversified philatelic methods through the theme stamps of Dunhuang Mogao Grottoes. The most basic way for human beings to recognize the world is through the concept of "time and space". We perceive the space by recognizing objects in space and sense the time by recognizing events. The above-mentioned history of philately and Dunhuang focuses on "temporality", while geography focuses on "spatiality". Therefore, the domestic mailed covers displayed in each chapter of this book are not in "imbalance condition". The author is concerned about the selection of postal delivery routes covering 34 provincial administrative regions (including Hong Kong, Macao and Taiwan) in China, and the arrangement of postal items emphasizes on each chapter. The chapter of "Overseas Dunhuang" separately lists the Dunhuang themed stamp products which were sent from China to the "Five Continents", including Britain, France, Netherlands, Germany (East Germany, West Germany), Austria, Hungary, Switzerland, Liechtenstein, Czech, Greece, Spain, Russia (the Soviet Union), Uzbekistan, India, Japan, North Korea, South Korea, Singapore, Malaysia, Pakistan, Iraq, Kuwait, Yemen, the United States, Canada, Brazil, Australia, Uganda and Ethiopia, representing 30 countries, describes the mailing path according to the system, shows the specific space in a specific time, and interprets the covers with an "international perspective".

Third, the *Dunhuang Dictionary* published by Shanghai Dictionary Publishing House in 1998 can be used as the "source of knowledge" of this book. In October 2017, the author made a "pilgrimage" to Dunhuang Mogao Grottoes by backpacking alone. Although the author did "homework" carefully in advance, due to the limited visiting time, in addition to praising the uncanny workmanship of the creators, the short-term sightseeing failed to make a breakthrough in the artistic knowledge of Dunhuang Grottoes. Later, the author bought Dunhuang-themed books one after another for study, and unconsciously collected more than 100 books. However, all the books, atlas and periodicals focus on a specific topic, and none of them has the overall framework and entry annotations of a large dictionary. The author is not a scholar in Dunhuang studies, therefore many descriptions and data of Dunhuang Mogao Grottoes in the book were based on this authoritative dictionary, but parts of words were added and deleted to combine with the introduction of philatelic items, so as to achieve the coordination and integration of the structure of a book and attribute the pictures and texts to a "basket" to yield a unified effect.

Philosophical Reflection. The guiding ideology of innovation originates from philosophy. The author believes that both the earliest Taoist philosophy in ancient China and the ancient Greek

philosophy as the source of Western civilization focus on the six characters- "breadth, depth, constant, variable, one, many". They can be divided into three combinations of unity of opposites, complementarity and symbiosis, which are also reflected in philately.

The first is "breadth" and "depth". Philately, as its name implies, is to "collect stamps". The earliest traditional philately is to clip stamps into the album and honor the numbers. It is best to have a comprehensive collect "by hook and crook", so as to show the "breadth" of collections. Later, it is noticed that even the assets of a king could not be realized, if all the stamps issued in the world are to be collected. (Note: King George V of England once made a great wish to collect all the stamps issued in the world with his royal abundant financial resources. But throughout his life, his royal stamp collection accounted for only about 70% of the total number of stamps in the world at that time. Now, after about 100 years, the number of stamps issued by various countries has increased geometrically, and it is impossible for individuals to collect all stamps, even the stamps of a country). As a result, philatelists narrow the scope of collection, thus giving birth to thematic philately. That is, selecting one of the "topics" for collection. If philatelists expect to make a breakthrough in collecting stamps, they need to concentrate on a theme or even some kind of stamps, and rely on their own philatelic knowledge, financial resources and even opportunities to collect and study them. For example, the "Large Dragons" or "Red Revenues" of Chinese classical stamps, the former only 3 (3 denominations); the latter 8 (5 denominations), all are used as postage certificates. The concept of "set" is added by philatelists themselves. In the classic works of the philatelic cycle, such as the *Whang's Illustrated Collection of the Large Dragons of China* and the *Revenue Surcharges China*, the "stamps" are divided into "specimens" and "stamps". The researches of each denomination are subdivided into cliches and settings. Many classic stamp collections and monographs have been published, emphasizing the "depth" of excavation, and changing the "luxuriant branches" of the original stamp collection into "deep roots".

The second is "constant" and "variable". If any kind of research or cultural activity rises to the aspect of philosophy, it will form the philosophical thought of "unity of opposites". *The book of changes* highlights that "Tao consists Yin and Yang". Stamps are a "static" existence, which is a "constant number". However, if all the stamps are same, philatelists naturally lose their interest in collection and research. One of the goals of collection is to seek rarity, find scarcity and compare conditions, or produce "variables" from "a single" to "a block" and then to "a sheet" to reflect their differences. Some stamp collectors are flocking to "defective products" (variant stamps) produced in the printing process, such as perforation-omitting, color-omitting, blank-trace, error-printing and so on, but after all, each stamp is still "static". With the deepening of the internationalization of philately, the "playing method" of western philatelists has gradually integrated into China's philatelic cycle, especially in the award-winning of the stamp exhibition. For example, the postmarks, especially the dates, are not reproducible. Each posted covers is "unique". An advanced stamp collection must be equipped with a large number of rare used

covers in order to win a high award. Different kinds of "variable number" are fully reflected in the personalized stamp collection, and also show the taste of stamp collectors. Of course, philately should be a combination of "constant" and "variable".

The third is "one" and "many". Lao Tzu's *Tao Te Ching* points out that "Tao generates one; The one consists of two in opposition; The two generates the Three; The Three generates all things of the world." Here, the number does not refer to the specific quantity, but indicates that the evolution of all things in the world is a process from less to more, from simple to complex. However, the philatelic items displayed in this book are by no means a quantitative accumulation. The author selects the most distinctive ones from the nearly 1000 philatelic items collected by classifying, grouping and elaborating, with the purpose of "seeking differences from the sameness and seeking common ground from the difference" (Note: the same used stamp has many forms, and multiple used stamps show a way of philately). Generally speaking, "Stamps of Dunhuang Mogao Grottoes" are divided into special stamps, T-headed stamps, annualized stamps and individualized stamps; "Folders" are divided into early folders and later numbered ones; "Postcards" are divided into stamped postcards, maximum cards, regular postcards, tourism postcards, entrance tickets, enterprise advertisement stamped postcards, etc.; "Postmarks" are divided into Dunhuang characteristic marks, local Dunhuang commemorative marks, local landscape marks, dates, postage-due marks, train marks, returned marks, postal code marks, appointment register marks, etc.; "Sheets" are divided into parcel forms, remittance sheets, etc.; "Cards" are divided into stamp exhibition commemorative cards, PTKs, etc.; "Letter sheets" are divided into local commemorative sheets, exhibition commemorative sheets, airmail sheets, etc. "Covers" are the top priority of this book, and also the difficulty of collection. They are divided into first day covers (official 〈 head office, Beijing, Gansu 〉 covers, self-made covers), silk covers, official letter covers, first flight covers, readjustment covers, art covers (manuscript), diplomatic covers, stamp exhibition covers, association covers, commemorative covers, advertisement covers, signature covers, hand-painted (written) covers, epidemic covers, bull-year covers, etc. All the selected covers, postcards and letter sheets are focused on "mailed" in "the first day". These philatelic items are flexibly reflected in 10 chapters. If "many" returns to "one", they are all the presenting forms of Dunhuang Arts.

It is worth mentioning that there is also a group of opposing concepts: "natural" and "artificial". "Traditional philately" regards the "natural" of philatelic items as a crucial evaluation standard. The postage, postmark, postal route and other links should meet the corresponding requirements. However, most of the first day covers "in modern philately" and most of the philatelic items are the result of "artificial", which are made by collectors for fun, such as the posting of stamps on the first day of issue, the sending letters with miniature sheets not conforming to the postage, etc. The concept of modern philately holds that the "rules of philately" are artificially created. If we simply pursue "natural items", the collection channels will become narrower and narrower. Without the "careful planning" of collectors, it is difficult to produce

First Day Cover or a set of stamps pasted on one cover, and the dates and landscape postmarks will not be as satisfying as expected. The "artificial mailed covers" are the result of "consideration and deliberateness" with the more pleasing philatelic items. Actually, the early renowned Chinese covers, such as those made by Robert Binns, Jilus Maus are the fruits of "artificial" items. The author deems that we should not only see the opposition between the two, but also realize the unity of them. But in essence, both can obtain fun and satisfaction through the activities, and both can increase knowledge and cultivate tastes. In this book, "natural" and "artificial" items are collected at the same time. There is no clear distinction between the two, but they are integrated and complement each other. Just like the "World Heritage Logo", the square in the center is the symbol of human "artificial" creation ("cultural"), and the outer circle represents "natural" ("non-doing"). But there is a link channel between the two, making them become a closely related unity. Its harmonious coexistence is the highest pursuit of mankind, which is the realm of "unity of heaven and man", admired and respected by Taoism.

Five

Compared with the world's earliest "Black Penny" issued by Britain in 1840 and the "Large Dragons" issued by China in 1878, especially a top cover with the value of tens of thousands, hundreds of thousands or even tens of millions of dollars, the stamps of Dunhuang Mogao Grottoes are too cheap to be mentioned. Although the issuing time has lasted for nearly 70 years from 1952 to 2020, 40 main stamps (including 4 miniature sheets) have been issued, the market price of all the new stamps, including all miniature sheets, can only add up to nearly 300 yuan. As the philatelic theme of painting art, they are far less than a set of new China Stamps—*T.44 Selected Paintings of Qi Baishi*, so-called the most expensive painting stamps issued in 1980. It seems not worth mentioning, let alone the necessity to write a book. But what the author hopes to express is that the Dunhuang Mogao Grottoes boast a history of more than 1650 years, and the stamps have only a history of less than 200 years. No matter how outstanding the works of modern painters are, they cannot be compared with the broad and profound cultural heritage of Dunhuang. The book takes "modern philately" as the theoretical basis to "carry forward culture", instead of "striving for wonders and wealth".

The core of *Philatelic Rhapsody on Dunhuang Mogao Grottoes* is to show the art of Dunhuang Mogao Grottoes through various philatelic items. After collecting nearly 1000 pieces, the author tries to integrate the terms and essence of stamp collection into Dunhuang culture through this theme, so that readers can master the basic concept of stamp collection while appreciating Dunhuang stamp products. The first character in the title of the book is "邮". Referring to the common practices of Chinese classical philatelic monographs such as "Large Dragons" "Small Dragon" "Red Revenues" and "Empress Dowager Jubilee", the introduction of a class of stamps is divided into traditional structures as "stamps" "postmarks" "postcards" "letter sheets" and "covers". In order to ensure the relative independence and integrity of each chapter,

individual contents may have duplication, but each has its own emphasis to yield a unity effect. A same stamp utilized during the mailing process can create different postmarks, covers, producing unique works of art and bearing the imprinting of the postal service. Taking the "official blank cover" issued by the philatelic corporation as an example, it is also difficult to collect the whole, let alone the mailed covers on the first day. The author hopes that the book can provide knowledge and appreciation for the readers by "mirroring a unique artistic form by a piece of Dunhuang stamp, demonstrating specific time styles by a set of Dunhuang posted items, interpreting diverse collecting ways by a kind of Dunhuang philatelic collection, and representing a World Cultural Heritage by a volume of philatelic book". While retrospecting the history of philately and Dunhuang, this book aims to raise philatelic activities to the height of cultural communication.

敦煌行

（见第250~251页）

敦煌机场

大漠客栈

街头路牌

鸣沙山月牙泉

莫高窟牌坊

敦煌壁画

第一章　丝绸之路

概　述

　　丝绸起源于中国，在华夏古国的传说中，黄帝元妃嫘祖因创造养蚕治丝之法而被奉为蚕神。近代考古发掘的资料中有殷商时期的玉蚕、丝绸残片等实物。西周和东周（春秋、战国）时期，丝绸成为上层社会的主要服装面料。汉代的丝绸工艺已经达到了很高的水平并传播到了世界各地。丝绸之路始于西汉，早期此联络东西方的通道为匈奴所阻，汉武帝派遣张骞出使西域，后命令卫青、霍去病等将领多次抗击匈奴，在其文治武功下，中原与西域之间交流盛行。

　　丝绸运输通道即为举世闻名的"丝绸之路"，有道是"丝绸之路三千里，华夏文明八千年"。19世纪末，德国地质学家李希霍芬将"从公元前114年~公元127年间，中国与中亚、中国与印度间以丝绸贸易为媒介的这条西域交通道路"命名为"丝绸之路"，这一称谓得到了世界的认同并正式使用。广义上，丝绸之路可分为陆上丝绸之路和海上丝绸之路，在本书中仅指传统意义上的陆上丝绸之路。

　　本章分为三节：一、丝绸之路与出土文物；二、丝绸之路与形象大使；三、丝绸之路与敦煌壁画。主题邮票有4套：2012-19T《丝绸之路》、2018-11T《丝绸之路文物（一）》、2017-24T《张骞》、2016-24T《玄奘》。遴选的相关邮品有"片"，如风光邮资明信片、官方和个人制作极限片等；"封"，多为首日实寄封（见第035页附1），包括自然封、纪念封、官方封（集邮公司封）、丝绸封、原地封、保价封、小全张封（版式二）等；"卡"，如企业金卡、纪念票图卡等。另有个性化的敦煌壁画手绘作品等。

第一节　丝绸之路与出土文物

　　传统意义上的丝绸之路具有2100多年的历史。中国西汉（公元前202年~公元8年）时期，以张骞出使西域的长安（今西安）为起点，经甘肃、新疆到中亚、西亚并联结地中海各国的陆上通道，以罗马为终点，全长6440公里，超过了地球的半径，由这条路西运的货物中以丝绸制品的影响最大。丝绸之路被认为是连结亚欧大陆的古代东西方文明的纽带。

　　古籍记载"十里一大墩，五里一小墩"，仅敦煌境内现存的烽燧就有80多座，成为一道亮丽的风景。烽燧是古代与长城并存的报警系统，组成一个完整的军事防御体系，在历史的长河中起到了护卫丝路畅通的重要作用，同时也为丝路上往来的使者、商队补充给养。

上图为嘉峪关市邮票公司于1990年8月10日发行的《中国丝绸之路二千一百年》纪念封（见第035页附2），程茂林设计，编号"嘉纪5（2-1）"，由甘肃嘉峪关寄（广东）广州，销纪念戳和次日（11日）邮政编码日戳，到达目的地时间为当月17日。

以上5图是中华人民共和国邮电部于1994年2月15日发行的"风光邮资明信片"（见第035页附3）《甘肃风光》（志号"YP13"）中的第9枚"丝路烽燧"，A、B组图案相同，包括15分国内邮资和1.60元国际航空邮资两种。

　　丝绸之路见证了东西方文明相互交流的不凡历程，中华文明、印度文明、阿拉伯文明、非洲文明等人类主要文明体系通过它实现借鉴和互通，丝绸等物品的交换络绎不绝，谱写了东西方人类文明发展史上的辉煌篇章。

　　一、《丝绸之路》邮票

　　2012年8月1日，中国邮政发行《丝绸之路》特种邮票，全套4枚邮票和1枚小型张，展现了丝绸之路沿途众多的历史文物古迹。标题分别为"千年帝京""大漠雄关""神秘故国""西域胜境"和小型张"交流"。邮票面值均为1.20元，规格均为30×55毫米，发行量1250万套。小型张面值6元，规格39×66毫米，外形规格150×85毫米，发行量1000万枚。

　　4-1【千年帝京】，面值1.20元。图案主要展现了作为"丝绸之路"两大东方起点的河南洛阳白马寺和陕西西安大慈恩寺、大雁塔。白马寺位于洛阳老古城以东，建于东汉永平十一年（公元68年），是佛教传入中国后兴建的第一座寺院。大慈恩寺位于古都西安南郊，是唐代长安最著名、最宏丽的佛寺；大雁塔又名大慈恩寺塔，位于大慈恩寺内，唐代永徽三年（公元652年）玄奘为藏经而修建。下方配图为西域胡人和骆驼形象的唐三彩，它是一种盛行于唐代的陶器，主要产于长安和洛阳两地。唐三彩与丝绸之路的形成和发展以及中西文化的交流密切相关。

　　4-2【大漠雄关】，面值1.20元。图案主要展现了"丝绸之路"的宁夏须弥山石窟和甘肃玉门关、阳关。须弥山石窟是中国十大石窟之一，位于宁夏固原六盘山支脉的寺口子河北麓的山峰上，始建于北魏，为固原规模最大的佛寺遗址；玉门关位于甘肃敦煌市西北90公里处，因西域输入玉石时取道于此而得名；阳关位于敦煌市西南70公里处，因在玉门之南，故称阳关。下方配图为马踏飞燕，又名"马超龙雀""铜奔马"，为东汉青铜器，1969年出土于甘肃省武威雷台墓，是中国青铜艺术的奇葩。

4-3【神秘故国】，面值1.20元。图案主要展现了
"丝绸之路"沿途的青海北山土楼观和新疆楼兰故城。
北山土楼观位于西宁市北山（土楼山）半山腰上，是涅
中羌人为纪念东汉护羌校尉邓训而在北山修建的"贤圣
之祠"。北山一些洞窟内有了浓厚的道教色彩，北山土
楼神祠也成为佛道合一的地方。楼兰是西域古国名，地
处新疆巴音郭楞蒙古自治州若羌县境内。下方配图为鎏

金银壶，1983年出土于宁夏固原市原州区南郊乡深沟村李贤夫妇合葬墓，是波斯萨珊王朝的一件金属手工
艺品，距今已有1500多年的历史。

4-4【西域胜境】，面值1.20元。图案主要展现了"丝绸之路"沿途的新疆高昌故城和新疆龟兹克孜尔
石窟。高昌故城位于吐鲁番市东的三堡乡，是古代西域留存至今最大的故城遗址；龟兹克孜尔石窟，又称
克孜尔千佛洞，位于新疆拜城县克孜尔镇东南明屋塔格
山的悬崖上，是我国开凿最早、地理位置最西的大型石
窟群，是龟兹石窟艺术的发祥地之一，其石窟建筑艺
术、雕塑艺术和壁画艺术，在中亚和中东佛教艺术中占
有极其重要的地位。下方配图为仙人奔马玉饰，1966年

陕西咸阳新庄汉元帝渭陵西北汉代遗址出土，玉饰玉质
洁白、莹润如脂，是汉代出土玉器中的绝世佳作。

以上4图为甘肃省集邮公司于2012年8月1日发行的编号"PFN"系列，由李群、马立航设计，分属陕西、甘肃、宁夏、新
疆四地的首日实寄纪念封，销甘肃嘉峪关黑色风景戳和日戳、丝绸之路特种邮票发行红色纪念戳，有《中国集邮报》记者王
宏伟的签名。发行首日由甘肃嘉峪关寄酒泉，到达目的地时间为当月3日。

左图为《丝绸之路》邮票的"版式二"
（见第035页附4），8枚2套，规格200×146毫
米，发行量155万版。版张上方偏左印有标
题"丝绸之路"；右上角边饰为骆驼队、白
马寺及连绵的沙丘和山峰；左下角边饰为古
代罗盘；邮票右下角为"北京邮票厂"厂
铭。发行首日从敦煌莫高窟实寄，盖"回
执"字样红色戳记，贴邮政挂号条。背贴单
据上有挂号件编号，收寄局、寄达局戳和收
件人印章，到达目的地时间为当月4日。

《丝绸之路》全套邮票布局依照
自东向西的路线来设计，题材融合了
陕西、甘肃、青海、新疆等地域特
色，特别是将新疆的高昌故城、龟兹
壁画、克孜尔石窟、楼兰故城、台藏
塔、丝织物等多种元素融入其中，展
示了丝绸之路沿线独特的自然风光和
众多的文物古迹，再现丝绸之路的昔
日繁华和丰硕成果。

小型张【交流】的图案由敦煌壁画中的《张骞出使西域》与《反弹琵琶》两部分组合而成，边纸图案为大漠中的嘉峪关长城、敦煌莫高窟"九层楼"和沙漠驼队风情。在有限的票面上，邮票设计师们通过山脉和地貌的变化，体现出丝绸之路沿线各地域的特色，展现出丝绸之路所包含的经济、宗教、人文等多元内容。用唐三彩胡人伎乐俑、铜奔马、波斯鎏金壶、和田古玉等精美文物表现丝绸之路在东西方文化交流中所发挥的关键作用，整体设计用丝绸和驼队、马队等共同构成画面，力求再现昔日丝绸之路的繁华。

首日封 F.D.C.

左图为手书封。选用的信封是中国集邮总公司配合《丝绸之路》邮票发行制作的首日封，由李群、马立航设计，发行量200000枚，销骆驼图案纪念戳。

信封上的文字由笔者好友题写，选用的诗句为"壮志西行追古踪，孤烟大漠夕阳中。驼铃古道丝绸路，胡马犹闻唐汉风。"这与小型张和首日封的意蕴相融合。

二、《丝绸之路文物（一）》邮票

2018年5月19日，中国邮政发行《丝绸之路文物（一）》特种邮票，全套4枚，图案选自出土于丝绸之路的文物，分别为"汉·鎏金铜蚕""汉·鎏金铜马""唐·镶金兽首玛瑙杯""唐·八瓣团花描金蓝琉璃盘"。邮票面值均为1.20元，规格均为40×30毫米，发行量1256万套。这些文物见证了陕西辉煌的丝路历史，记录了中华民族的鼎盛文明。

4-1【汉·鎏金铜蚕】，面值1.20元。鎏金铜蚕1984年出土于陕西省石泉县。通长5.6厘米，胸围1.9厘米，胸高1.8厘米，重0.01千克。铜蚕首尾共计9个腹节，胸脚、腹脚、尾脚均完整，体态为仰头吐丝状，制作精致，造型逼真。鎏金铜蚕为中国国内首次发现，国家一级文物。

4-2【汉·鎏金铜马】，面值1.20元。鎏金铜马1981年出土于陕西省兴平市西吴乡（今西吴街道）。通高62厘米，长76厘米，重25.55千克。铜马作站立状，情态神骏，造型朴实稳重，通体鎏金匀厚，金光灿烂。据考证，鎏金铜马是汉代饲养在上林苑或御厩中的大宛天马（汗血宝马）的艺术造型。秦汉时期的铜马、陶马、玉马和石马已发现了很多，但鎏金铜马仅此一例，极堪珍视。

4-3【唐·镶金兽首玛瑙杯】，面值1.20元。镶金兽首玛瑙杯1970年出土于陕西省西安市何家村。杯体高6.5厘米，长15.6厘米，口径5.6厘米。玛瑙杯由红、棕、白三色相杂的玛瑙雕成，一端雕成杯口，另一端雕琢成生动的兽首。玛瑙杯琢工精细，通体呈玻璃光泽，熠熠生辉。这是迄今所见唐代唯一的一件缠丝玛瑙雕刻制品，角状杯体由一整块极为罕见的红色缠丝玛瑙雕琢而成，对研究唐代中外文化交流具有重要参考价值。

4-4【唐·八瓣团花描金蓝琉璃盘】，面值1.20元。琉璃盘1987年出土于陕西省扶风县法门寺地宫。通体呈蓝色，具有透明感，内外壁光洁，口沿平折且外侈，浅腹，尖圆唇，平底。底部外有铁棒痕迹，盘心微凸。盘内有三重结构的刻花装饰：中心为圆圈，围绕中心的第一重为四尖叶组成的十字形四出花，又在四出花之余白刻出第二重四片尖叶，第三重则刻出八片尖叶，形成一朵大团花，团花外有两同心圆圈，圆圈外装饰相连的弧形面一周，圈内刻出细密的平行线作为团花的底衬。这件文物印证了唐代中国与伊斯兰国家间的沟通与交往。

以上2图为苏州吴江市邮政局（绸都盛泽）发行的两种2012年《丝绸之路》邮票首发纪念封，编号"JF2012"系列，发行量各2000枚，贴《丝绸之路文物（一）》邮票一套，销日戳，贴挂号条。2019年12月30日由四川成都寄本市，到达时间为次日。

《丝绸之路文物（一）》特种邮票选取的均是陕西省出土的代表性文物。"鎏金铜蚕"和"镶金兽首玛瑙杯"现藏于陕西历史博物馆，"鎏金铜马"藏于咸阳茂陵博物馆，"八瓣团花描金蓝琉璃盘"藏于法门寺博物馆。邮票图案以文物为主要元素，背景为行进在丝绸之路上的驼队、汉代画像砖和唐代花卉纹样饰成的丝带，分别向西、向东行进的驼队寓意东西方文化交流，进一步突出丝绸之路的概念。

第二节 丝绸之路与形象大使

丝绸之路不仅是古代亚欧互通有无的商贸大道，也是促进亚欧各国和中国的友好往来、沟通东西方文化的友谊之路。丝绸之路的开拓者也是丝路主题邮票表现的对象，其中陆上丝绸之路的历史人物有汉武帝、张骞、班超、唐太宗、玄奘、文成公主、成吉思汗等。在此仅以处于华夏黄金时代的汉、唐朝为例，代表人物为张骞和玄奘，在他们身后有中国历史上两位杰出的帝王——汉武帝和唐太宗，发行的特种邮票有《张骞》和《玄奘》。

公元前138年和公元前119年，西汉武帝两次派遣张骞出使西域，欧亚大陆的丝绸之路得以全线开通。张骞出使西域，开辟了东起长安、途经河西走廊、西至罗马的商业贸易通道。公元前111年，汉武帝设立酒泉、武威、张掖、敦煌四郡，为丝绸之路的繁荣奠定了基础。

上图为陕西城固县集邮协会于1995年11月3日发行的"西汉杰出外交家探险家张骞纪念封"，编号"MJF总3"，贴1992年发行的《敦煌壁画（四）》第4枚"唐·出使西域"邮票，与纪念封左侧图案相得益彰，发行首日实寄台湾，正面销原地纪念戳和日戳，贴航空条，属"原地封"（见第035页附5），背面盖台湾到达戳，时间为当月8日。

自从张骞凿空西域以后，中国和中亚及欧洲的商业往来迅速增多，通过这条贯穿亚欧的大道，中国的丝、绸、绫、缎、绢等丝制品，源源不断地运向中亚和欧洲。因此，欧洲文明的发源地——古希腊、古罗马人称中国为赛里斯国，称中国人为赛里斯人。所谓"赛里斯"即"丝绸"之意。

此敦煌壁画（见第031页）原作分三个场面：汉武帝到甘泉宫拜祭金人；汉武帝送别张骞；张骞到大夏国。邮票选取第二个场景的右部，但忽略了原画左侧的"主角"张骞。好在甘肃省邮票公司（官方）制作的首日"极限片"（见第035页附6）弥补了这一缺憾，展示了完整的情节。

丝绸之路交往的繁荣鼎盛时期是唐朝，唐太宗李世民击败了东突厥吐谷浑，臣服了漠南北。唐高宗李治又灭西突厥。唐朝设安西、北庭两都护府。大唐帝国疆域，东起朝鲜海滨，西至达昌水，是当时世界第一发达强盛国家，经济文化发展水平都居世界前列，东西方通过丝绸之路，以大食帝国为桥梁，官方、民间都进行了全面友好的交往。

唐代丝绸之路的畅通繁荣，也进一步促进了东西方思想文化交流，对东西方的社会和民族意识形态发展，产生了很多积极、深远的影响，这种思想文化的交流，是与宗教密切相关的。佛教自西汉哀帝时期传入中国，南北朝开始大行于中国，至隋唐时达到鼎盛。唐太宗时期，高僧玄奘由丝绸之路经中亚往印度取经、讲学，历时十六年，所著《大唐西域记》一书，记载了当时印度各国的政治、社会、风土人情，至今仍为印度学者研究印度中世纪历史的头等重要资料。玄奘取回佛教经典657部，受命于唐高宗在长安修建大雁塔用于藏经、译经。

一、《张骞》邮票

张骞（公元前164年~公元前114年），汉代汉中成固（今陕西省城固县）人。中国古代杰出的外交家、探险家、旅行家。张骞出使西域不畏艰险，沟通了亚洲内陆交通要道，与西欧诸国正式开始了友好往来，促进了东西经济文化的广泛交流，开拓了丝绸之路，是中国走向世界的第一人，后汉武帝以军功封其为博望侯。史学家司马迁称张骞西行为"凿空"。2014年，张骞墓作为"丝绸之路"遗产点之一，入选"世界文化遗产名录"。

2017年9月20日，中国邮政发行《张骞》特种邮票，全套2枚邮票和1枚小型张，图案分别为"凿空西域""开辟丝路"和小型张"张骞像"。邮票面值均为1.20元；小型张面值6元。邮票规格均为38×50毫米；小型张规格为64×90毫米，外形规格86×125毫米。邮票发行1740万套；小型张发行1297万枚。

2-1【凿空西域】，面值1.20元。图案以张骞第一次出使西域为背景，描绘了张骞摆脱匈奴长年囚禁后仍心系使命，在极其困难的条件下，不畏艰辛继续前行的场景。

2-2【开辟丝路】，面值1.20元。图案以张骞第二次出使西域为背景，描绘了张骞以汉朝中郎将的身份到访西域，与西域各国政权建立友好关系的场景。

小型张【张骞像】，面值6元。图案为张骞像，以汉代宫廷建筑环境为背景，展现了晚年张骞的形象。

上图和右图为两枚由中国集邮总公司制作的"丝绸封"（见第035页附7），编号为"PFSZ-85"和"PFSZ-85M"，发行量均为150000枚，正面销"鋬空"纪念邮戳，贴信函挂号条，发行首日由北京寄云南玉溪，邮票封补资后为4.2元，小型张封补资后为7.2元，到达目的地时间为当月27日。

二、《玄奘》邮票

玄奘法师（公元602年~公元664年），唐代著名高僧，法相宗创始人，洛州缑氏（今河南洛阳偃师）人，法名"玄奘"，被尊称为"三藏法师"，后世俗称"唐僧"。玄奘是集佛学家、旅行家、翻译家等身份于一身的大师。在西行求法征程中，他途经无数国家，《大唐西域记》一书中清晰地记录了他每走一地的国体民情、风俗习惯、气候物产、文化历史等，这些内容为后来的历史文献和文物考古所佐证。中国古代四大名著之一的《西游记》虽以其取经事迹为原型，但扭曲了其丰功伟绩。玄奘被世界人民誉为中外文化交流的杰出使者，因其护持佛法的巨大贡献，其思想是中国、亚洲乃至世界人民的共同财富。2004年，玄奘被联合国教科文组织提名为中国首批"世界历史文化名人"之一。

2016年9月4日，中国邮政发行《玄奘》特种邮票，全套2枚邮票和1枚小型张，图案分别为"西行求法""东归译经"和小型张"玄奘像"。邮票面值均为1.20元；小型张面值6元。邮票规格均为38×50毫米；小型张规格为64×90毫米，外形规格86×125毫米。邮票发行1979万套；小型张发行1399万枚。

2-1【西行求法】，面值1.20元。图案参考了《玄奘负笈图》（又称《玄奘取经图》）、现藏于日本东京国立博物馆的绢本设色画《玄奘法师图》和西安兴教寺内石刻的《玄奘法师像》，展现其日夜兼程、坚定取经的形象。票图衬景是世界文化遗产——印度那烂陀寺（即《西游记》中的大雷音寺）方塔的复原图，该寺于12世纪末毁于突厥军队的战火，现仅剩断垣残壁。

2-2【东归译经】，面值1.20元。图案表现了玄奘在西安大慈恩寺内夜以继日、孜孜不倦翻译佛经的情景，背景为大慈恩寺的标志性建筑——大雁塔。

以上2图为两枚保价封（见第035页附8），分别贴两个带版铭邮票方连，销0.01元邮资机戳，盖发行首日纪念戳、上海日戳和挂号戳，并贴《保价封志》标签，盖两位经办人名章。

邮说敦煌

首日封 F.D.C.

小型张【玄奘像】，面值6元。图案表现的是玄奘东归后讲经弘法的场景，采用南京的金陵刻经处"雕版水印心经"为背景，画面呈现玄奘译著《心经》（全称《般若波罗蜜多心经》）的场景，生动逼真，栩栩如生，"雕版心经"与"玄奘译经"融为一体。

上图为中国集邮总公司发行的小型张首日封，李云中设计，发行量20万枚，补资0.6元，销纪念邮戳和日戳，发行首日由福建上杭寄新疆乌鲁木齐，到达目的地时间为当月10日，封背盖乌鲁木齐双文字到达戳。

作为背景的《心经》是大乘佛教中最重要的一部经典之一，全文仅有260字："观自在菩萨行深般若波罗蜜多时照见五蕴皆空度一切苦厄舍利子色不异空空不异色色即是空空即是色受想行识亦复如是舍利子是诸法空相不生不灭不垢不净不增不减是故空中无色无受想行识无眼耳鼻舌身意无色声香味触法无眼界乃至无意识界无无明亦无无明尽乃至无老死亦无老死尽无苦集灭道无智亦无得以无所得故菩提萨埵依般若波罗蜜多故心无挂碍无挂碍故无有恐怖远离颠倒梦想究竟涅槃三世诸佛依般若波罗蜜多故得阿耨多罗三藐三菩提故知般若波罗蜜多是大神咒是大明咒是无上咒是无等等咒能除一切苦真实不虚故说般若波罗蜜多咒即说咒曰揭谛揭谛波罗揭谛波罗僧揭谛菩提萨婆诃"。

第三节　丝绸之路与敦煌壁画

敦煌是甘肃省酒泉市所辖的一个县级市，为中国国家历史文化名城。敦煌是古代中国通往西域、中亚和欧洲的交通要道——丝绸之路上的重镇，曾经拥有繁荣的商贸活动。敦煌石窟始建于前秦建元二年（公元366年），是我国现存石窟艺术宝库中规模最大、内容最丰富的一座，其中壁画约45000平方米。

本章第一节介绍了2012年8月1日发行的《丝绸之路》小型张【交流】，此处着重探讨作为主图的两幅敦煌壁画——《张骞出使西域》和《反弹琵琶》。

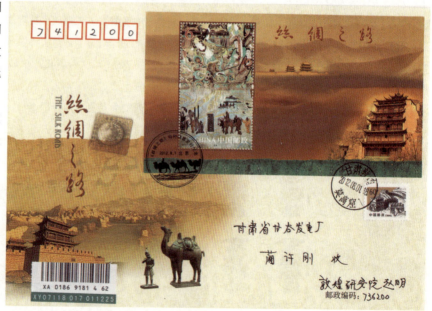

上图为中国集邮总公司发行的小型张纪念封，由陈景异设计，发行首日由甘肃敦煌莫高窟寄甘谷，销纪念戳和莫高窟日戳，补资0.6元，到达目的地时间为当月4日。

一、《张骞出使西域》

《张骞出使西域》取自莫高窟第323窟初唐北壁西端，以全景式连环画详细地描绘了这一故事。1992年9月15日发行的《敦煌壁画（第四组）》邮票中的第4枚内容取自壁画下半部分，表现了张骞向汉武帝辞行的情形：一王者骑于马上，身后臣属数人。（王者对面，一人手持笏，跪拜辞行，后有二侍从，持双节，牵四马，马上驮着物品丝绸。）

以上2图为两枚首日航空实寄台湾封，分别贴2枚面值80分的"唐·出使西域"邮票作为补资，销张骞纪念馆戳和陕西城固张骞墓日戳以及10月17日到达台湾戳。

在丝绸之路最为火热的唐代，博望侯张骞被选入敦煌壁画成为经典作品。佛教第一次传入中国，也始于丝绸之路。汉哀帝元寿元年（公元前2年），西域大月氏使臣伊存来朝，在帝都长安向中国博士弟子景卢口授《浮屠经》，从此佛教正式开始传入中国，史称这一佛教初传历史标志为"伊存授经"。佛教信众们借着张骞的名人效应，给张骞凿空西域的壮举来了一次历史错位，赋予了引入佛教的新含义。敦煌壁画中的张骞出使西域图，由三个画面组成。

右上角的第一幅画面：一座挂着"甘泉宫"匾额的宫殿内，立着两尊佛像，一位帝王正带着群臣礼拜。帝王下方的榜题上写着："汉武帝将其部众讨匈奴，并获得二金长丈余，列之于甘泉宫。帝为大神，常行拜谒时。"

居于下方的第二幅画面是故事的主体：一位帝王骑着高头大马，身后一干侍从僚属。帝王的对面，持笏板跪拜者就是张骞。他们之间的榜题写着："前汉中宗既获金人莫知名号，乃使博望侯张骞往西域大夏国问名号时。"

左上角的第三幅画面：一位使者带着两位持旌节的侍从经行山间，向一座城池进发。城内中心为一座佛塔，城门口站着两名僧人，僧人旁的榜题写着："□大夏时"。这个画面表现了张骞最后到了大夏国，见到了佛塔，终于明白了金人实际上是佛像。

绘制张骞出使西域图的初唐时期，正是道居佛先、佛道之争不息的时代。佛教信众借用张骞，把佛教传入中国的时间提前了两百多年，以此与道教的"老子化胡说"相抗衡。当时的敦煌人正是通过这样一种虚实结合的方法，创作出一部佛教史绘本，用图像记录佛教文化在中国传播的"历史"。

二、《反弹琵琶》

敦煌壁画《观无量寿经变——乐舞图》取自莫高窟第112窟，为该窟《西方净土变》的一部分。邮票画面取平台上六身伎乐呈"八"字形分坐左右的形象，右侧伎乐持琵琶、阮咸、筚篥。画面表现了在伎乐的中间，一伎乐合着音乐翩翩起舞。舞者屈身吸足，左手举琵琶至颈后，右手弯曲作弹拨状，人们习惯地称之为"反弹琵琶"。

上图为"兰州大自然饮品有限公司"企业金卡（见第036页附9）背面。左侧上方印有贺年有奖明信片的标识——手持信件的"邮政龙娃"，下方印有年份。主图为"反弹琵琶"。文字标注"反弹琵琶伎乐天（唐）、莫高窟112窟、敦煌百年 世纪宝藏"，志号"2001甘（BK）-0081（2-1）"等信息。企业金卡正面标注"中国邮政贺年（有奖）明信片、国家邮政局发行，面值60分辛巳年邮资图、兑奖须知"等信息。

敦煌舞乐图局部(创作) 唐代 Mogao Grottoes – Dancers and Musicians

上图为集邮者自制首日极限片，销《丝绸之路》小型张首发日邮戳，日期为2012年8月1日。

美的舞姿，劲健而舒展，迅疾而和谐。反弹琵琶实际上是又奏乐又跳舞，把高超的弹奏技艺和绝妙的舞蹈本领优雅迷人地集中在一个舞者的肩上。反弹琵琶是大唐文化一个永恒的符号，也成为如今敦煌市标志性建筑物（见右图）。

笔者非常喜爱这幅壁画，2020年10月邀请一位从事敦煌美术创作的95后画家手绘了一幅80×50厘米的作品。在历时约一个月的创作中，笔者记录了整个作画的过程，收到后在右下角空白处盖上了个人的收藏印章（见下页5图）。

壁画表现了伎乐天伴随着仙乐翩翩起舞，提足旋身，使出"反弹琵琶"绝技时的刹那间动势。人物造型丰腴饱满，线描写实明快、流畅飞动、一气呵成、天衣飘逸，有"吴带当风"的韵致，体现了唐代佛教绘画民族化的特色。敷彩以石绿、赭黄、铅白为主，使整个画面显得更加典雅、妩媚，令人赏心悦目。这幅"反弹琵琶"无论是从反映生活的角度，还是从绘画技法的角度，所取得的成就都是引人注目的，是敦煌壁画中的代表杰作。

反弹琵琶是敦煌艺术中最优

兰州大自然饮品有限公司 LANZHOUDAZIRANYINPINYOUXIANGONGSI

领奖人填写内容
姓名 地址或单位名称
证件名称 证件号码

2001

采用再生纸印制

敦煌百年 世纪寶藏 地址：兰州市兰林路52号 电话：（0931）8483945 8488693 邮编：730030

三、纪念票图卡

图卡是纪念票图卡（PTK）的简称（见第236页），是由中国集邮总公司发行，印有主题图案，贴相关邮票并盖相关邮政日戳的硬卡纸。最早的PTK·1《纪念长征胜利五十周年》于1986年10月22日发行。除专门系统编号的图卡之外另有特殊品种，如1988年中国集邮总公司与西安市邮票公司联合发行的《丝绸之路》图卡，全套18枚，志号为"T·PTK"，这也是中国集邮总公司首次与地方公司合作制作图卡（见第036页附10）。

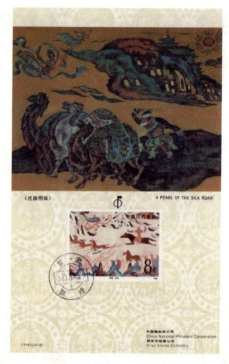

　　上图为其中的第8枚，编号"T·PTK·I"，名为"丝路明珠"。原画作者石景昭，远景展现了莫高窟外景，配有两身飞天。近景为几头骆驼和执鞭的驱赶者。贴1988年5月25日发行的《敦煌壁画（第二组）》中的第1枚"西魏·狩猎"。

<h2 style="text-align:center">小　结</h2>

　　丝绸之路在汉唐时期兴盛一时，既是国际商道，也是国际邮路，它促进了古代中国和西域各国的商贸交流、文化交流、宗教交流，影响了当时中国和西域各国人民的生活。丝绸之路被认为是人类历史上最伟大的道路之一，不仅是古代亚欧互通有无的商贸大道，还是促进亚欧各国同中国的友好往来、沟通东西方文化的友谊之路，是东西方之间的第一座桥梁，对推动欧亚大陆国家之间的贸易和交流起到重要作用。

　　丝绸之路最为卓越的艺术传播是佛教艺术，在敦煌莫高窟中的佛像、泥塑、壁画等都体现了极高的文化价值，是古代文明交流的见证。千百年来，丝绸之路成为凝结人类宝贵精神财富的文化符号，日益彰显其丰富的文化价值和独特魅力。《邮说敦煌》以丝绸之路为第一章，旨在说明它与敦煌莫高窟的紧密联系，及其在邮品中反映出的敦煌印记。

附:

1. "首日封"（F.D.C.）是指一套邮票发行的第一天，将邮票贴在信封上（贴一枚、数枚或全套邮票），加盖当天日戳或为这套邮票特制的纪念邮戳。邮政部门每次发行纪念邮票或特种邮票时，有专门印制的首日封出售，这种首日封称"官方首日封"。团体和集邮者自行印制的首日封，称"自制首日封"。信封写上收信人的姓名和地址，当日交邮局寄出，盖有收寄局在邮票发行第一天的日戳或邮戳，称为首日实寄封。首日封寓知识性、艺术性、史料性于一体，记录下邮票的发行首日，成为研究邮票发行史最为真实权威的证据，对研究邮票的发展史具有其他集邮品不可替代的作用。中华全国集邮联合会计划在2021年昆明全国集邮展览（后因疫情推延）中推出"首日封"类邮集作为一个新的邮展类别，并制定了"首日封"邮集的规则和组集的要点。本书中所展示的绝大部分邮品为首日实寄封。

2. "纪念封"（PFN）是邮政部门、集邮公司、集邮组织或其他单位、个人为纪念某种事件、某些人物而专门设计、印制的。信封上绘有与该项纪念有关的图案或文字，并加盖日戳或纪念邮戳，背面还印有关于纪念内容的说明性文字。印有邮票图案和面值的纪念封是邮资纪念封。

3. "风光邮资明信片"（YP、FP）是为宣传风光名胜、文化古迹而发行的邮资明信片。中国于1984年开始发行风光邮资片，形成YP系列（1995年将志号中的"YP"改为"FP"）。风光邮资明信片每种都分A、B两组，图案相同。早期A组单枚15分为国内邮资，B组单枚1.60元为国际邮资，明信片规格为148×100毫米；邮资图为35×28毫米。风光邮资片中的邮票图案与背面的风景图相同，又称邮资极限明信片。《甘肃风光》志号"YP13"，于1994年2月15日发行，其中的（10-9）为"丝路烽燧"。

4. "版式"是邮票出厂时一版邮票的式样。邮票中的"版式二"有别于"版式一"，版式一通常是张数最多的大版，也就是最常见的一种。版式二通常是特殊的版式，设计更自由、更新颖，一般带有美丽的边纸作为修饰或辅助说明，以供特定集邮爱好者收藏。

5. "原地封"（LC）是指所贴邮票主题或主图直接相关地点实寄的信封，且盖有所在地邮戳。原地封可细分为主题原地封、主图原地封、官方原地封、自制原地封、首日原地封、纪念原地封、极限原地封等。原地封是20世纪80年代发展起来的一种集邮方式，因其知识性和趣味性而深受集邮者的青睐，且被列入国家级邮展的正式参展项目，在近些年备受欢迎，几乎每套新邮发行首日都有众多集邮者不辞辛劳赶往原地寄发邮品。本书展示了诸多由"敦煌"寄出的原地封。

6. "极限明信片"（MC）简称极限片，也称原图卡，用有效邮票贴在画面与邮票图案相同或相似的明信片上，并盖销同邮票图案相关地点邮戳专门制作的邮品。极限明信片由明信片、邮票和戳记三大要素组成，要求明信片的图画、邮票图案和盖销邮票的邮戳，三者最大限度的一致；从内容到形式，成为相互照应、相互补充的有机整体。邮票是极限明信片的主体，必须是有效的邮资凭证，在有效期内，所盖邮戳离这枚邮票的发行首日越接近越好；明信片是载体，邮戳是连体，盖销邮政日戳、纪念邮戳、风景邮戳均可，其日期必须在邮票有效期内。

7. "丝绸封"（PFSZ）始于1989年，中国集邮总公司开发的首日封系列的一种，最早是J.162《孔子》，标"PFSZ1"，之后的依次为1990年《亚运会》、1990年《夜宴图》、1991年《避暑山庄》、1992年《近海养殖》（注：邮票名称简写）等，编号延续。丝绸封实寄的非常少，地方集邮公司也开发过丝绸封，自行编号。

8. "保价封"由邮政部门印制，是配合邮政业务项目而特制的专用信封之一，专供寄递有价证券、票证、文书等物品。交寄时由邮局人员当面核点内件后封固，并填写内件清单一式两份，除加盖"保价"戳以外，尚须在封口处加贴保价信函封志，再加盖邮政日戳和经办人员名章等。

9. "企业金卡"又称企业拜年卡，为新中国邮政用品的新品种，1992年开始从原邮电部的贺年邮资明信片中派生出来的集邮品，1995年定名为企业金卡（拜年卡），作为专题集邮素材。邮品上印有企业领导人形象、产品外观、祝福语、广告语或广告漫画等。企业金卡可以同贺年（有奖）明信片一样兑奖。

10. 1988年8月8日8时，一辆飘着"中国丝绸之路集邮品开发"旗帜的汽车，载着12位集邮者，拉着4万套图卡，从古都西安出发，依次按丝绸之路的线路前进，先后经过长安、宝鸡、天水、兰州、武威、张掖、嘉峪关、敦煌、吐鲁番、焉耆、库车、阿克苏、喀什、若羌、和田、哈密、乌鲁木齐、伊宁，共18个城市，完成了整个丝绸之路的国内线路，每到一处依次盖戳，制作了一套特种集邮图卡和纪念封。《丝绸之路》图卡分两组，依次为：歌舞迎宾、周原揽胜、麦积钟声、黄河古渡、骏马奔驰、大佛保佑、雄关晚照、丝路明珠、火州胜景、天鹅之乡、龟兹乐舞、葱岭古市、边城巴扎、和田美玉、边寨篝火、赛马叼羊、西母盛宴、民族风情，另附一枚原画作者介绍。图卡具有浓厚的民族地域色彩，每一枚背面用中英文介绍了当地的历史渊源与丝绸之路的关系。

第二章　鸣沙山和月牙泉

概　述

在敦煌，"鸣沙山和月牙泉"与"莫高窟"并称为"塞北风光二绝"，前者是大自然的奇妙馈赠，后者是人文艺术的综合展示。自然风光与人文景观在敦煌的融合是"天人合一"境界的完美体现。值得一提的是"世界遗产标志"（见第232页）展示的就是自然与文化之间的相互依存关系。世界遗产标志中央的正方形是人类创造的规则形状，外部圆圈代表自然造化，两者之间有连接通道，是一个密切联系的整体。本书虽以敦煌文化为核心主题，但也简要描述一下这处敦煌自然奇迹。

鸣沙山月牙泉风景名胜区位于甘肃省敦煌市城南5公里处，占地面积3万平方公里。鸣沙山东西长40余公里，南北宽约20公里，主峰海拔1715米；月牙泉处于鸣沙山环抱之中，其形酷似一弯新月而得名。1994年，鸣沙山月牙泉风景名胜区被评定为国家重点风景名胜区，荣获"中国最美的五大沙漠之一"等荣誉称号。2015年，晋升为国家5A级旅游景区。

本章分为三节：一、鸣沙山明信片；二、月牙泉实寄封；三、鸣沙山和月牙泉邮品。遴选的相关邮品有风光邮资明信片、回音卡、邮资明信片、手绘明信片、实寄封等。

第一节　鸣沙山明信片

鸣沙是一种奇特的自然现象，在沙漠或沙丘中因气候和地理环境的影响，造成了以石英为主的细沙因风吹震动而在气流中旋转，形成"空竹效应"，故而嗡嗡作响。鸣沙不仅在世界范围分布广，而且沙子发出的声音也各不相同，如美国夏威夷高阿夷岛上的沙子声如犬吠，苏格兰爱格岛上的沙子声音雄浑，中国鸣沙山上的沙子声如轰雷。中国有四大鸣沙山，均位于西北部，分别是甘肃敦煌鸣沙山、宁夏中卫沙坡头、内蒙古达拉特旗银肯塔拉响沙群和新疆巴里坤鸣沙山。

关于鸣沙山的记载由来已久，东汉《辛氏三秦记》中写道："河西有沙角山，峰峨危峻，逾于石山，其沙粒粗色黄……"，其中沙角山即为敦煌鸣沙山。魏晋《西河旧事》中记载："沙州，天气晴明，即有沙鸣，闻于城内。人游沙山，结侣少，或未游即生怖惧，莫敢前。"唐代《沙州图经》中描述："流动无定，俄然深谷为陵，高岩为谷，峰危似削，孤烟如画，夕疑无地。"唐代《元和郡县志》中记载："鸣沙山一名神山，在县南七里，其山积沙为之，峰峦危峭，逾于石山，四周皆为沙垄，背有如刀刃，人登之即鸣，随足颓落，经宿吹风，辄复如旧。"五代《敦煌录》写道："鸣沙山去州十里。其山东西八十里，南北四十里，高处五百尺，悉纯沙聚起。此山神异，峰如削成。"

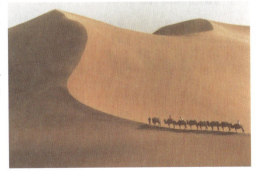

右图为中华人民共和国邮电部于1994年2月15日发行的"风光邮资明信片"（见第035页）YP13《甘肃风光》中的第6枚"鸣沙山"，包括15分国内邮资和1.60元国际航空邮资两种（见下页2图），图案相同。

第二节　月牙泉实寄封

月牙泉南北长近150米，东西宽约50米，泉水东深西浅，最深处约5米，弯曲如新月，因而得名，有"沙漠第一泉"之称，月牙泉的源头是党河，依靠河水的不断充盈，在四面黄沙的包围中，泉水清澈明丽，且千年不涸，令人称奇。历史上的月牙泉不仅"千古不涸"，而且面宽水深，汉朝起即为"敦煌八景"之一，得名"月泉晓澈"。

月牙泉泉形似月牙，泉内生长有眼子草和轮藻植物，南岸有茂密的芦苇，四周被流沙环抱，虽遇强风而泉不为沙所掩盖。因"泉映月而无尘""亘古沙不填泉，泉不涸竭"而成为奇观。相传泉内生长有铁背鱼、七星草，专医疑难杂症，食之可长生不老，故又有"药泉"之称。另有文献记载，20世纪初有人来此垂钓，其游记称："池水极深，其底为沙，深陷不可测。"月牙泉在有限的史料记载和诗词歌赋中，一直是碧波荡漾、鱼翔浅底、水草丰茂，与鸣沙山相映成趣。

上图为中国澳门于2015年3月1日发行的"中国内地景观"（见第041页附1）系列第六组——《敦煌月牙泉》小型张，面值12澳门元，邮票规格为40×30毫米、外形规格为138×90毫米。此为航空"逆原地"首日实寄封（见第041页附2），销首日纪念戳，另贴补资票2枚，销澳门当日"通讯博物馆"戳，贴挂号条。背面显示到达敦煌鸣沙山月牙泉的时间为当月3月18日，盖当地红色纪念戳（见右图）。

第三节 鸣沙山和月牙泉邮品

前面两节将"鸣沙山"和"月牙泉"单独罗列，缘于展示邮品在名称上的侧重点不同，其实两者是敦煌自然奇迹中相互融合、相得益彰的组成部分。千百年来"沙泉共处"，水光山色相映成趣，沙不填泉，泉不涸竭，水有悬泉之神，山有鸣沙之异，两者并存有2000年以上的历史，保持着矛盾又和谐的天然共存状态。

一、回音卡

回音卡（见第041页附3）是明信片的一种，邮政部门为便于收件人在接收邮件时填写并回复寄件人以示邮件妥收而提供的一项邮政业务。

上左图为1枚"回音卡"的背面，印"敦煌月牙泉"图案，编号"99甘PG0022-12-6"，右侧为邮政广告文字。上右图为正面，左侧注明"回音卡"，留"简短附言"空间，注明国家邮政局发行（也有地方发行），右上角印60分牡丹邮资图案，右下角预留书写地址空间。

二、邮资明信片

甘肃发行的许多明信片以"鸣沙山和月牙泉"景观为图案，以下仅以"敦煌美景""印象敦煌"和系列中的邮资明信片为例，展示了"鸣沙山"和"月牙泉"美轮美奂的奇妙组合。

上图为2009年发行的《敦煌美景》，手绘风格明信片，6枚1套，以敦煌莫高窟"九层楼"外景作为邮资图案，面值80分。

上图为2010年发行的《印象敦煌》，摄影作品明信片，8枚1套，经折装帧，印有荷花邮资图案，面值80分。

三、纪念封

　　2016年9月20日，中国邮政集团有限公司甘肃省邮政公司发行的首届丝绸之路（敦煌）国际文化博览
会纪念封（编号"PFN-GS-0116003"），背景图为"鸣沙山和月牙泉"两者的完美组合。

　　上图为实寄封，贴个28《马踏飞燕》（见第041页附4），附票为敦煌飞天图案，盖文博邮局日戳和敦煌鸣沙山纪念
戳。博览会首日由敦煌文博邮局寄嘉峪关，到达目的地时间为当月23日。

　　2020年9月26日，中国邮政集团有限公司甘肃省邮政公司发行的"敦煌第40届全国最佳邮票评选"纪
念封（编号"PFN-GS-0120004"）采用了同样的背景图。

　　上图为笔者于2021年10月2日赴北京拜访中华全国集邮联合会原会长杨利民先生时获赠的多枚纪念封中的1枚，贴2020年1月5日发行
的"庚子年"邮票1套，当日由北京寄出，到达目的地时间为当月5日。

小　结

　　《邮说敦煌》以鸣沙山和月牙泉为第二章，旨在展现它们与敦煌莫高窟具有自然与文化的互补属
性。鸣沙山和月牙泉是大漠戈壁中的一对孪生姊妹，"山以灵而故鸣、水以神而益秀"。在茫茫大漠中
有此一泉，在黑风黄沙中有此一水，在满目荒凉中有此一景，深得天地之韵律，造化之神奇，令人神醉
情驰。游人无论从山顶鸟瞰，还是泉边畅游，都会心驰神往，均有"鸣沙山怡性、月牙泉洗心"之感。
它们以"山泉共处、沙水共生"的奇妙景观著称于世，历来水火不能相容，沙漠清泉难以共存，月牙泉
却像一弯新月落在黄沙之中。泉水清凉澄澈，在沙山的怀抱中静静地躺了几千年，虽常常受到狂风暴沙
的袭击，却依然碧波漾漾，水声潺潺，令人赞叹大自然这一鬼斧神工的杰作。

附：

1. 中国澳门邮政自从2007年开始发行"中国内地景观"系列邮票，采用单枚小型张的形式展现了《冈仁波齐峰》（2007，编号B083），《丽江古城》（2008，编号B093），《龙门石窟》（2009，编号B098），《凤凰古城》（2011，编号B119），《开平碉楼》（2013，编号B137），《敦煌月牙泉》（2015，编号B159），《芒康县盐井古盐田》（2018，编号B191），2021年发行第8组《壶口瀑布》，通过这一主题向澳门民众展现祖国的大好河山。

2. "逆原地首日实寄封"是指在邮票发行首日寄往邮票原地邮局的首日封，这是一种新型的集藏方式，解决了不到原地邮局也能盖原地邮局邮戳的问题。

3. "回音"意即收到他人的邮件、汇款后，给予一个回信。为了便于收件人能及时回复寄件人，表示相关的邮件或汇款已经妥收而专门印制的一种卡片，称为"回音卡"。我国邮局出售回音卡，是按照原邮电部1995年11月1日关于开办"中国邮政回音卡"业务的通知实施的。关于回音卡的用法，最初规定寄件人在交纳所寄邮件或汇款相关费用外，另购一枚回音卡，随同所寄邮件或汇款通知单寄出，收件（款）人收到回音卡后，及时填写寄出。待寄件（款）人收到回音卡后，即知道收件（款）人已经妥收。这样，回音卡就完成了它的使命。这种方式类似"回执"和"双片"。

4. "个性化邮票"是以国家邮政局发行的带有空白附票的个性专用邮票为载体，在空白附票上印制个性内容，赋予空白附票个性特征，向社会提供邮票个性服务的业务。空白附票的个性特征，可印制全国性、国际性活动的徽志、吉祥物、建筑物、景点等。从2002年5月10日开始，发行个性化服务专用邮票《如意》（标志号"个1"），已开发了诸如《鲜花》《同心结》《一帆风顺》《天安门》《花开富贵》《吉祥如意》《长城》《五福临门》《岁岁平安》等五十几个品种。

第三章　敦煌建筑

概　述

敦煌既是东西方往来的交通要道，又是贸易集散地和文化交汇处，在历史上有"华戎所交一都会"之称。敦煌石窟是指以莫高窟为主体的古敦煌郡境内的所有石窟，它包括今甘肃省敦煌市境内的莫高窟、西千佛洞，安西县境内的榆林窟、东千佛洞，肃北县境内的五个庙石窟。现共有洞窟812个，分别为莫高窟735个、西千佛洞22个、榆林窟42个、东千佛洞7个、五个庙石窟6个。敦煌石窟中首推世界历史文化遗产——莫高窟，它位于敦煌市东南25公里的鸣沙山东麓，前临宕泉，东向祁连山支脉三危山，从四至十四世纪连续开窟造像不止，形成南北长1680米的石窟群。

敦煌石窟是建筑、壁画、雕塑三者结合的立体艺术，按石窟建筑和功用分为中心柱窟（支提窟）、殿堂窟（中央佛坛窟）、覆斗形顶窟、大像窟、涅槃窟、禅窟、僧房窟、廪窟、影窟和瘗窟等形制，还有一些佛塔。窟型最大者高40余米、宽30米见方，最小者高不足盈尺。从早期石窟所保留下来的中心塔柱式这一外来形式的窟型，反映了古代艺术家在接受外来艺术的同时，加以消化、吸收，使它成为中华文化形式。在多个洞窟外存有较为完整的唐代、宋代木质结构窟檐，是不可多得的木结构古建筑实物资料，具有极高的研究价值。

本章邮品展示"建筑"，按照内容分为古建筑实物、石窟建筑、壁画中的建筑三节依次介绍。遴选的相关"票"，有内地和香港发行的"小型张"；"戳"，如敦煌建筑"风景戳"和"纪念戳"等；"片"，如风光邮资明信片、邮资已付明信片、官方和个人制作极限片、缩普片、企业金卡等；"封"，多为首日实寄封，包括自然封、自制封、外交封、纪念封等。

第一节　敦煌"九层楼"建筑

据唐大历十一年（公元776年）"大唐陇西李府君修功德碑记"和敦煌文书《敦煌录》中所记载，莫高窟在唐代已是"前流长河、波映重阁"，洞窟之间"悉有虚栏通连"，结合石窟考古，崖壁上留有大量建筑遗迹，因长期自然和人为因素影响，窟外大量建筑损坏殆尽，只残存"九层楼"等少数古建筑遗物。

"九层楼"高耸在莫高窟南区中部，此洞窟编为第96号，开凿于初唐（公元618年~公元712年），窟内的大佛高35.5米，两膝间宽度为12米，为莫高窟第一大佛，是中国第三大佛，也是世界"室内第一大佛"。根据敦煌遗书《莫高窟记》记载，这尊大佛为唐代武周证圣元年（公元695年）由禅师灵隐和居士阴祖所建，是佛国三世中的"未来佛"弥勒佛，即释迦牟尼的"接班人"。窟前的建筑原为四层，晚唐（公元874年~公元879年）年间建成五层，宋初（公元966年）重修。九层楼建于1935年，第九层为八角顶，覆盖佛像窟顶，下面八层为依崖建造的五间六柱大型两角窟檐。它攒尖高耸，是莫高窟最高的建筑物，也是莫高窟的标志。

一、"九层楼"美术图案实寄封

作为信封上的附加美术图案，"九层楼"建筑被广泛地运用到"官封"和"私封"的设计中，不仅可以美化信封，而且令人一目了然地知晓邮品的原地。

（一）早期自制封

1987年5月20日《敦煌壁画（一）》发行之前，集邮爱好者就认识到"九层楼"作为敦煌标志性建筑的重要意义，在个人设计的首日实寄封中就有所体现。

上左图是由尹树家、孙洪刚设计的首日封，以古朴的黄、黑基调色描绘"九层楼"外景，图案占了整个信封的三分之一，邮票发行首日由吉林长春寄本市，销吉林长春邮政编码戳，到达目的地时间为次日。

[注：邓庆余（1913~1999）又名邓学攸，为抗战胜利后东北地区最大的集邮组织——东北邮票会的骨干成员，曾创办《集邮先声》，后改名《东北邮刊》。郭经华（1940~　）为中华全国集邮联合会荣誉会员、学术委员会委员，曾任《吉林集邮》主编。]

上右图是1988年5月25日《敦煌壁画（二）》发行时，集邮爱好者用"九层楼"作为四级信封的美术图案，呈现蜡笔绘制的艺术效果，邮票发行首日由（湖北）武汉寄（安徽）合肥，销湖北武汉纪念戳和邮政编码戳，并加盖寄信者红色印章，在素色的封面上显得格外夺目，到达目的地时间为当月28日。

（二）博览会纪念封

这里指中国邮政集团有限公司甘肃省邮政公司为敦煌国际文化博览会而制作的纪念封。

左图为中国邮政集团有限公司甘肃省邮政公司在制作"第二届丝绸之路（敦煌）国际文化博览会"纪念封（编号"PFN-GS-0117006"）时，以"九层楼"作为敦煌的代表，背景用"飞天"衬托，销"九层楼""月牙泉""飞天"风景戳和"博览会"纪念戳，有中华全国集邮联合会原会长杨利民（甘肃酒泉人）签名，2017年9月20日由甘肃嘉峪关寄酒泉，到达目的地时间为当月22日。

（三）近期自制封

近期2020年《莫高窟》自制封是相对于早期1987年第一组《敦煌壁画》自制封而言的，间隔时间33年。

左图为2020年9月26日发行的《莫高窟》首日实寄封（注：笔者认为按其展现的主题，命名为"敦煌彩塑"更妥，因为莫高窟艺术包括了壁画、彩塑和建筑等形式），集邮爱好者自制了信封，与三十几年前设计朴实的信封相比，电脑制作和激光彩打技术显示出全新的视觉效果，"九层楼"建筑图案清晰明亮，不亚于官方集邮公司的标准。小型张销首日"九层楼"风景戳和"敦煌第40届全国最佳邮票评选纪念"的"邮资机戳"（见第051页附1）0.6元补资，共计邮资6.6元，销日戳，贴挂号条，发行首日由敦煌原地寄江苏无锡，到达目的地时间为10月21日。

（四）外交封

"外交封"是由外交部集邮协会与中国集邮总公司于1999年1月1日起联合发行的"PETN·WJ"系列纪念封（见第051页附2）。

右图为2020年10月25日发行的"中国—马里"外交封，首日由广东深圳寄惠州，销日戳，贴条形码。外交封大多为"官白封"，首日实寄比较罕见。此纪念封为庆祝中国和马里建交60周年，由中国集邮总公司发行，封面图案选用了中国的敦煌莫高窟"九层楼"和马里的巴马科非洲塔，贴《莫高窟》套票第3枚"西魏·佛菩萨像"，面值1.20元。封背为中国集邮总公司标识，双语介绍，记录编号"PFTN·WJ2020-12"，到达目的地时间为当月27日，背面销红色的机盖日戳和条纹戳。

二、"九层楼"邮资图案片

虽然到目前为止，中国邮政所发行的敦煌系列邮票都未用"九层楼"建筑，但是作为邮资片上的邮资图案，它诞生较早且运用最为广泛。

（一）风光邮资片

前面两章都谈到了中华人民共和国邮电部发行的"风光邮资明信片"系列。

志号为YP13的《甘肃风光》（见第037页），展现"九层楼"建筑的是其中的第5枚"敦煌莫高窟"，图案相同，也分15分国内邮资和1.60元国际航空邮资（见上2图）两种。当年风光片通过邮政实寄的凤毛麟角，到2020年9月26日发行《莫高窟》邮票时，有集邮者从原地通过补资寄出。

以上2图各贴2枚《莫高窟》邮票，分别用25分宁夏《民居》普票和100分《长城》普票作为补资，外加明信片面值15分，每枚总计3.8元挂号邮资，贴挂号条，从甘肃敦煌盖发行首日戳和"九层楼"风景戳寄出，10月28日到达（江苏）苏州，邮寄时间超过了一个月。

右图贴《莫高窟》小型张，邮资6元，用《环保》《长城》2枚普票65分，外加明信片面值15分，总计6.8元回执邮件邮资，盖红色"回执（A.R.）"戳（见第051页附3），其余信息同上。

（二）回音卡

关于"回音卡"的介绍见第039页。

左图为国家邮政局发行的"回音卡"（见第041页），编号"99甘PG0022-12-5"，卡背面为敦煌九层楼正面摄影图，右侧为商函广告，正面为回音卡信息填写格式和简短附言，印60分牡丹邮资图。

（三）缩普片

"缩普片"是缩量发行的普通邮资明信片的简称，编号"PP"，归属于普通邮资明信片，其形式是未加印广告内容的纯白无省号、无加印图的缩普白片。简而言之，就是发行量更小、更加稀有的邮品。2002~2006年发行的邮资片数量都是2万，在集邮界这一期间的邮资片统称为缩普片。

左图为国家邮政局发行的《敦煌莫高窟》专用邮资图普通邮资明信片，邮资60分，发行量2万枚，图为"九层楼"外景，邮资规格为33×24毫米，明信片规格为148×100毫米。原定2006年3月20日发行，"白片"最早原地实寄日和北京实寄日都是2006年6月13日，故而准首日发行日期实际上是2006年6月13日。缩普片实寄的非常少见，此片寄向加拿大，另贴1994年发行的1枚50分《唐·张议潮出行图》和1枚290分《长城》普票作为补资，外加明信片面值60分，总计邮资4元通过"空运水陆路"（SAL，全称为Surface Air Lifted）邮资（见第051页附4）寄国外。背面显示的加拿大魁北克到达戳，日期为2006年6月28日。

（四）贺年（有奖）明信片

贺年（有奖）邮资明信片（见第051页附5）是指印有庆贺字样、吉祥图案和连续号码的"邮资明信片"。除可邮寄向亲友表示新年祝福外，还可通过特定的抽奖方式参加抽奖。

左图由国家邮政局发行，甘肃省集邮公司制作，正面为面值40分已印年邮资图，反面为徐福山绘制的以"九层楼"为主景的《莫高窟雪夜》图，编号"1999甘（BK）-0001"，左侧上方印有具有特色的"邮政龙娃"标识，下方为红色"丝绸古迹"印章。

（五）旅游邮资明信片

敦煌研究院是国内权威性研究机构，印制的"中国敦煌邮资明信片"多以"九层楼"外景作为邮资图案。

右图为第一集"北凉—西魏"中的1枚"萨埵太子本生故事 莫高窟第254窟 北魏"。该系列明信片印刷精美，一般游客多购买收藏，很少会用于原地实寄。此片销有敦煌莫高窟黑色风景戳和莫高窟、雅丹国家地质公园、反弹琵琶红色风景戳。盖有红色的"信筒（箱）"戳（一种责任戳记）。2019年11月22日从敦煌市博物馆寄出，到达湖北武汉的时间为当月28日。

（六）趣味邮资片

趣味邮品指集邮者自娱自乐满足个性化鉴赏的集邮品。

右图是将"九层楼"的邮资图案剪下后贴在无邮资的"九层楼"外景图明信片上，销2020年9月25日莫高窟邮戳（《莫高窟》邮票发行前一天），为集邮者制作的趣味品，因整枚邮资片是作为一个整体发售，上面的邮资图案不允许剪下后作为邮票单独使用。

（七）香港敦煌石窟内芯极限片

从2002年开始，中国香港邮政发行"神州风貌系列"小型张（见第051页附6）。2011年8月2日发行第十号——《敦煌石窟》，小型张邮票规格为28×45毫米、外形规格为140×90毫米，小型张内容将在本章第二节介绍（见第049页），这里展示两枚"九层楼"首日极限片。

除了以"九层楼"作为封、片的邮资主图外，"九层楼"建筑因结构简洁、线条清晰，无论是选择正面还是侧面或者用以刻制邮戳，都是上佳选择。在本书各个章节所展示的邮品中都能发现不同时期各式各样的"九层楼"邮戳，在此就不单列一节了。

右图1为《敦煌艺术》系列明信片，贴小型张内芯，销首日香港飞天图案风景戳。

右图2为中国北京外文出版社的俄文版片源，同样贴小型张内芯，销首日香港飞天图案风景戳。

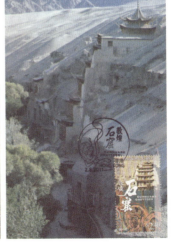

第二节　敦煌石窟建筑

在长期的开凿过程中，敦煌石窟具有了丰富多样的石窟形式，按建筑和功用可分为中心塔柱窟、覆斗形顶窟、殿堂窟、大像窟、涅槃窟、禅窟、僧房窟等，以下仅以前两种石窟形式为例，展示相关邮品。

一、中心塔柱窟

中心塔柱窟别称中心方柱窟、中心柱窟、塔庙窟。据统计，中心塔柱窟在莫高窟共计29座。此类洞窟由印度支提窟发展变化而成，在新疆地区、中原北方地区、南方地区、西藏地区的许多石窟寺中均有此类窟型，特征是石窟中有方形塔柱，塔柱四面开龛造像，窟顶前部作人字形。佛经记载，绕塔作右旋礼拜者，可得无限福报。2020年9月26日发行《莫高窟》的第3枚"西魏·佛菩萨像"为第432窟，属中心塔柱造像。

上左图为邮友自制的原地极限首日实寄封，寄笔者收藏。信封上打印的图案注明了"西魏·中心柱造像（第432窟）"，盖1.20元"敦煌第40届全国最佳邮票评选纪念"的"邮资机戳"作为补资。莫高窟早期中心塔柱窟中，多以禅定像（见上右图）来表现佛一生中居家入定思维、出家、修行、成道等主要经历。两封均为邮票发行首日由甘肃敦煌寄江苏苏州，到达目的地时间居然是10月22日，一路"走"了近一个月。

二、覆斗形顶窟

覆斗形顶窟又称倒斗型窟，隋唐洞窟基本属此形。此类窟的特色是平面方形，正壁开龛、空间开敞、光线充足，这源于人在仰视时会产生一种向上延伸的错觉，故而适于聚集佛徒讲经和信徒顶礼膜拜。窟顶中心方形深凹藻井，四面呈斜坡状，形如倒斗，是从十六国晚期到元代唯一不断出现的窟型。

（一）2020年9月26日，中国邮政发行的《莫高窟》小型张"唐·释迦佛一铺"为第45窟，属于覆斗形顶窟。此窟平面方形，覆斗藻井顶，团花井心，四披画千佛。窟正壁（西壁）开一平顶敞口龛，龛内塑佛、弟子、菩萨、天王七身像。南壁画观音经变。北壁画观无量寿经变。前壁（东壁）门两侧壁分画观音、地藏菩萨像等。

上图为集邮者自制的原地极限首日实寄封，设计成极限美术封形式，贴2枚60分《长城》普票补资，共计7.2元。发行首日由甘肃敦煌寄江西赣州，到达目的地时间为10月7日。

（二）2011年8月2日，中国香港邮政发行了《神州风貌系列第十号——敦煌石窟》（见右图）。"敦煌石窟"邮票小型张，重点表现以莫高窟为代表的敦煌石窟的悠久历史、宏大规模和丰富内容。小型张上半部分为莫高窟的"九层楼"，附建于第96窟，是莫高窟最高的建筑物；下半部分为第217窟内的佛教壁画。左右两边缀以银线勾勒的飞天仙女图，飘逸灵动。小型张展示石窟的非凡

气势，彰显佛教的文化魅力，借以歌颂敦煌艺术之美。此窟为覆斗形顶窟，是盛唐艺术的代表窟。主室窟顶藻井画团花井心，卷草、垂幔边饰，四披绘千佛。

第三节　敦煌壁画中的建筑

中国建筑具有悠久的历史，但由于天灾人祸，保存下来的建筑实物很少，唐代的木构建筑已是凤毛麟角，隋代以前的至今尚未发现。莫高窟各时期壁画上大量的建筑物形象，展示了中国封建王朝建筑历史的画卷，弥补了缺乏实物的遗憾。

一、第61窟"五台山图"

莫高窟第61窟"五台山图"，长13.45米、高3.42米、平面46平方米，是一幅鸿篇巨制的山水画和建筑画（见下图）。壁画描绘了东起河北正定，西至山西太原，方圆五百里的山川地形和社会风情，以大圣文殊真身殿作为画面中心，通过鸟瞰视角画出五台山的全景，表现了六十多处寺院建筑和整个区域的地理风光，其中的城郭、寺庙、楼台、亭阁、佛塔、桥梁等是十分珍贵的古代建筑资料。

《敦煌壁画》邮票多以佛教故事和人物为主题，涉及建筑的只有1996年8月15日发行的这枚"五台山图"了。

（一）极限明信片

关于极限明信片的概念见第035页，邮品的系统展示见第071页，此处不做赘述。

左图是"五代·五台山图"自制首日极限片，为云南省勐海县邮电局英文版片源，销莫高窟首日风景戳（以"九层楼"为图案），它拓展了邮票所截取的"河东道西门南"部分画面。右图为甘肃省邮票公司发行的官方极限片，销莫高窟首日风景戳（以"佛像"为图案），它向左拓展了邮票的画面，贴邮票的右侧为著名的"清凉寺"。

（二）邮资已付明信片

1999年5月22日，香港邮政为纪念佛诞首次成为香港公众假期，发行《佛教东传——敦煌壁画》，全套4枚（见第051页附7），均为"本地邮件"邮资已付明信片，编号"PP2"。这枚"五台山化现图"为其中之一。

以上2图为邮资明信片的正反面。反面为五台山图，左右两侧用浅绿色块突显了所标注的中英文对照说明文字。与两枚内地极限片相比，香港明信片较大的图幅展示了更为广阔的空间。正面右上角为邮资图，与反面邮资片图案相同，下方标注"香港邮资已付"中英文字样。左上角标注"本地邮件"，此邮资明信片于1999年5月22日发行首日由香港寄台湾台北，故而补资1.2港元，贴蓝色不干胶航空条，销1枚黑色"庆祝佛诞日"纪念邮戳和1枚红色"纪念迎请佛牙舍利莅港瞻礼"纪念戳，另销1枚台湾到达戳。到达目的地时间为当月26日。

二、第217窟"观无量寿经变"

前面已经介绍了香港发行的《敦煌石窟》小型张的上下两个组成部分，上幅为第96窟的外观"九层楼"，下幅为覆斗形顶窟的代表——第217窟。但小型张受图幅限制，无法展示出宏大的建筑群，而这枚企业金卡是有效的拓展。

上图是兰州大自然饮品有限公司企业金卡，背面左侧上方印有贺年有奖明信片的标识——手持信件的"邮政龙娃"，下方标有年份。右侧标注"观无量寿经变（唐）"，志号"2001甘（BK）-0081（2-2）"，主图较为完整地展现了重楼连阁的建筑：以砖石砌成高年的台基，或者在台基上立高大的木栏，上面起平坐，建殿堂，四周有栏杆，敷以红、青、绿等重彩，雄伟壮观、富丽堂皇，再现了唐代建筑技术的高度成就，为我们了解那个朝代的工艺提供了珍贵的形象资料。正面标注"中国邮政贺年（有奖）明信片、国家邮政局发行，面值60分辛巳年邮资图、兑奖须知"等信息。

小 结

敦煌石窟是敦煌建筑、敦煌雕塑、敦煌壁画三者结合的立体艺术。敦煌建筑一般来说包括古建筑实物、石窟建筑和壁画中所反映的古代建筑三个方面。敦煌建筑不仅秉承汉晋建筑传统，广受中原建筑影响，呈现出明显的中国建筑特色，而且凭借丝绸之路文化交流这座桥梁，多方位、广渠道地吸纳古代印度文明、古希腊罗马文明、波斯文明和中亚地区多民族文明中的建筑元素。这种多元文化的共存、共生和共荣，铸就了辉煌灿烂的敦煌建筑。

目前发行的九组敦煌莫高窟主题邮票，前八组为敦煌壁画，后一组为敦煌彩塑（命名为《莫高窟》），没有专门发行敦煌建筑的邮票，但"九层楼"是莫高窟的标志性建筑，在邮资明信片中出现最为频繁，另外从邮票图案中可以间接看到敦煌建筑的雄姿，因而单列一章展示多姿多彩的邮品。

附：

1. "邮资机戳"是一种直接在邮件上加盖付费凭证的邮资戳记，使用者无须再加贴邮票。而邮资机宣传戳，是指带有宣传图案或者文字的邮资机戳。2018年起，中国邮政首次推出彩色的邮资机宣传戳，此后全国各地陆续启用不同题材的"彩戳"，彩色邮资机戳不但画面感更丰富，而且主题鲜明。

2. "外交封"系列的出台是从中美这两个当今极具国际影响力的大国开始，第一枚外交封"WJ1"即为"中美建交20周年纪念封"。截止到2020年底，共发行437枚。其中发行数量最多的年份为2002年，全年发行了39枚，最少的年份为2010年全年仅发行了3枚。平均年发行量约20枚。外交封系列的突出优势在于创意独特、设计新颖，每一枚外交封都以两国国旗、两国官方文字、邮票、邮戳、建交日期组成，并且有详细的背景知识介绍、中英文对照，大多数外交封都力求封上贴中国邮票和相关国家邮票各一枚，而且纪念戳记也是一国一枚。

3. "回执戳"是盖于寄件人要投寄的挂号邮件上的戳记。与中文"双挂号"、汇款用的"回帖"及英文Acknowledgement of Receipt（缩写A.R.）、Return Receipt（缩写R.R.）戳记同义。凡盖有此戳记的信件，寄递时附有回执，经收件人签收后，邮局要将回执退还给寄件人，作为收妥凭证。

4. "空运水陆路邮件（SAL）"是中国邮政新的国际业务，介于航空和水陆路之间，在国家与国家之间，利用航空的剩余运力来运送邮件，邮件一旦到了寄达国，便开始使用轮船或火车运送。邮资比航空稍便宜，比水陆路贵，邮运速度介于两者之间。

5. 邮电部于1981年12月20日首次发行贺年邮资明信片，至1990年共发行了10套31枚。1991年底开始改为中国邮政贺年（有奖）明信片，它的发行工作正式列为邮政部门的一项正常业务，每年由国家邮政局统一印制发行，由各地邮局出售。1997年发行的虎年贺年（有奖）邮资明信片开始以"HP"为代号，即"贺""片"两字的汉语拼音第一个字母。

6. 香港邮政2002年开始发行"神州风貌系列"小型张，依次为《壶口瀑布》《苏州网师园》《陈氏书院》《钱塘江潮》《泰山》《昆明石林》《黄龙》《新疆天山》《福建土楼》《敦煌石窟》，共计10枚，较第641页澳门邮政发行的"中国内地景观"系列小型张，有异曲同工之妙，两者均选录了敦煌主题。

7. 香港发行的《佛教东传——敦煌壁画》邮资已付明信片，由何志仁设计，全套4枚，分别反映了佛教东传过程：（1）"涅槃前为母说法"：唐代壁画，位于148窟。释迦牟尼涅槃前，为悲伤不已的母亲说法。佛母闻妙法后，顿时心开意解。（2）"于阗牛头山迦叶佛"：北宋壁画，位于454窟。于阗是古代西域著名佛教国家，牛头山是当地的圣地，迦叶佛首先在此传教。（3）"隋文帝迎昙延入朝"；初唐壁画，位于323窟。隋文帝大兴佛教，请昙延法师入朝讲解佛法。（4）"五台山化现图"：五代壁画，位于61窟。五台山是文殊菩萨的道场，化现图上众神赴会，朝山者络绎于途。

第四章　敦煌壁画

概　述

　　敦煌壁画，包括敦煌莫高窟、西千佛洞、安西榆林窟中的历代壁画45000多平方米，是世界上壁画最多的石窟群。敦煌壁画是敦煌艺术的主要组成部分，规模巨大、技艺精湛。本书中所说的敦煌壁画是指地处甘肃省敦煌市三危山与鸣沙山之间的莫高窟壁画。它产生的年代正是印度佛教在中国盛传时期，壁画也反映了这一时代的生活内容，其主题虽多与佛教相关，但这些宗教艺术却能将宗教意境与人们的现实生活和思想情感紧密融合起来。

　　敦煌壁画的内容大多反映佛教生活，可分为佛像画、故事画、传统神话、经变画、佛教史迹画、供养人画和装饰画共七类。敦煌壁画的发展大体可分为三个阶段：一、两魏时期。北魏和西魏的壁画内容，均以佛、菩萨为主，用悲惨现实的苦痛牺牲来取得心灵的喘息和神灵的恩宠，风格粗犷狂放。二、隋唐时期。隋代壁画的内容，除佛、菩萨和佛传故事外，已出现以佛经为依据的经变图，隋代受中原画风影响，寓形寄意、以形写神。唐代是一个相对稳定、繁荣昌盛的和平时代，壁画大多是富丽堂皇、灿烂夺目的"净土变"，即极乐世界的佛国景象，以对欢乐和幸福的追求取得心灵的满足，这与北魏壁画描绘的悲惨世界形成对比。尤其是唐代的飞天，姿态优美舒展，通过轻软绵长的飘带，自由翱翔于天际，更富有诗意。三、晚唐至宋时期。这个阶段的壁画注重表现人间生活，神（菩萨）的形象小了，人（供养人）的形象大了；山水画开始写实，不再出现"人大于山"的景观。

　　敦煌壁画是多元文化交融的结晶，早期壁画艺术受古印度马图拉、犍陀罗佛教艺术风格影响较大，中、晚期壁画艺术多受笈多、波罗王朝佛教艺术风格影响。敦煌壁画在不断吸收外来艺术营养的同时，也充分彰显中华民族的文化优势，千年间孕育和创造出了富于中国精神和民族气派的艺术。

　　本章是本书的重点，按照收集邮品的主题分为七节：一、敦煌壁画邮票；二、敦煌壁画邮折；三、敦煌壁画极限片；四、敦煌壁画图案贺年片；五、敦煌壁画邮戳和邮政签条；六、贴敦煌壁画邮票的邮政单据；七、敦煌壁画实寄封。最后一节"实寄封"又是本章的核心所在，涵盖较大篇幅。

第一节　敦煌壁画邮票

　　邮票是由国家（地区）邮政主管部门发行，供寄递邮件贴用的邮资凭证。邮票的方寸空间展现一个国家或地区的历史文化、风土人情、自然风貌等特色。邮票有三个要素：一是铭记，即印在邮票上表示发行国家（地区）、发行机构的标记，用文字、缩写字母或特殊记号进行表示；二是面值，即印在邮票上的金额及货币单位，以表明邮件使用人纳付的邮资；三是图案，即邮票的票面，内容包罗万象，人们通过欣赏、研究邮票图案能获得丰富的百科知识。

　　中华人民共和国时期的邮票志号可划分为"老纪特"（1949年10月~1967年4月）、"文革票"（1967年4月~1970年1月）、"编号票"（1970年8月~1974年12月）、"J、T票"（1974年1月~1991年11月）、"编年票"（1992年1月~现在）五个阶段。新中国成立后的最初几个月邮票铭记为"中华人民邮政"（仅"纪1、2、3"），1950年初改为"中国人民邮政"，一直沿用了42年，从1992年开始简化为"中国邮政"加英文国名"CHINA"。

1949年10月~1955年2月发行的邮票上的货币单位是"圆"。1955年3月1日，新中国进行币制改革，将旧币10000圆改为新币1元，于是当时的平信邮资800圆也就相应改为8分，面值1元以上的仍用"元"为单位，1元以下均用"分"。1995年7月以后，邮票面值一律用"分"。2000年1月起，又改100分及以上的为"元"，100分以下用"分"。这些货币标注方式在敦煌系列邮票上得到了充分体现。

敦煌莫高窟系列邮票从1952年7月1日开始到2020年9月26日，共计发行九套，历时近70年，占据了三个最为重要的阶段（注："文革票"和"编号票"的发行正值特殊时期，选题以政治宣传为主旨，历时仅7年，约占新中国邮票发行时间的10%，绝大多数邮票不具有文化价值），涵盖后两种铭记，全面反映了新中国时期所发行邮票的币值、面值和邮资变化，其历时之长，发行枚数之多，表现内容之丰富，在中国邮票发行史乃至世界邮票发行史上绝无仅有。本节展示的图幅与邮票大小保持一致，解说性文字主要参考1998年耿守忠、杨治梅编著的《中国集邮百科知识》和同年季羡林主编的《敦煌学大辞典》中的词条，为符合一本书的统一性做了相应的调整。

一、特3 伟大的祖国——敦煌壁画（第一组）

发行时间为1952年7月1日，发行量1000万套（注：与前几章一致，本书中邮票发行量记录删繁就简，采用取整方式，按"套"统计，即为一套邮票中印量最少一枚的"万套"整数单位）。全套邮票共4枚。图案选用了"狩猎""供养人""飞天""乘虎天人"4幅敦煌壁画。设计时采用"留主舍副"的构图方法，摒弃了原壁画中复杂的背景（以下为壁画原图），使人物主图显得更加突出；画面采用中国传统的白描勾线法进行绘制，既简洁清淡，又严谨细腻，具有返璞归真的艺术效果；每枚邮票图案的右端边框上，相应地装饰着各个朝代具有代表性的花纹，富有古色古香的民族艺术风格。

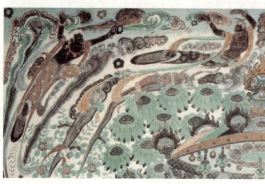

4-1【狩猎·西魏】，面值800圆。图案选用了敦煌莫高窟第285窟中西魏大统年间（公元535年~公元556年）的一幅窟顶作品，画面描绘了猎人在山涧捕射野牛的情景：一只肥壮的野牛瞪圆眼睛，蹄子抓住山崖奋力往上攀爬，尾巴直竖；猎人拉满了弓弦，箭立即就要飞出；从猎人飘舞起来的头巾和腰带看，他经历了一场追赶后才把野牛围堵到这条绝路上。画面巧妙地捕捉住了飞箭即将出弦的刹那间精彩场面，表现了狩猎过程中紧张而动人的情景，刻画了勇敢而富有力量的猎人形象。（注：邮票上标年代"魏"，为了与历史上春秋战国时期的"魏国"和三国时期的"曹魏"加以区分，一般标注为"西魏"。）

4-2【供养人·北周】，面值800圆。图案选用了敦煌莫高窟第296窟中北周（公元557年~公元581年）的一幅作品，画面描绘了两组供养人的群像：供养人即施主，指向寺院施舍财物、饮食的世俗信徒。画面描绘了两组供养人的群像（注：供养人即施主，指向寺院施舍财物、饮食的世俗信徒），她们衣着华贵，手捧钱帛，在手执团扇的侍女护拥下，前去洞窟捐献。走在前面的女供养人，体格稍大、脚步有力、年龄略大；走在后面的女供养人，身材苗条、脚步轻盈、年龄略小；从行进中的体态和面部神情看，她们都怀有对佛无限虔诚的感情。[注：邮票上标年代为"隋"，实为"北周"。敦煌壁画中第296窟等15个北周洞窟，过去曾包括在隋代115个洞窟中。20世纪60年代初，敦煌文物研究所经过考证，才将北周洞窟从隋代洞窟中划分出来，而这枚邮票上标注的是"敦煌壁画·供养人·隋"（公元581年~公元618年）。]

4-3【飞天·唐】，面值800圆。图案选用了敦煌莫高窟第320窟中盛唐（公元713年~公元742年）的一幅说法图壁画，画面描绘了飞天神人凌空飞舞、自由翱翔的情景：两个姿态优美的飞天，没有翅膀、不饰羽衣、不腾云彩，全凭飘带展卷伸缩的力量，腾空起舞、扬手散花、轻盈灵动、优美悦目，创造出了一种"天衣飞扬，满壁风动"的艺术境界。这幅壁画虽然描绘的是"神人"，但使人感觉并非缥缈在天上的"神"，而是神化了的在世间的"人"，具有不同的性格和神气。

4-4【乘虎天人·唐】，面值800圆。图案选用了敦煌莫高窟第329窟中初唐（公元618年~公元712年）的一幅龛顶作品，画面描绘了乘虎天人的雄姿：一头猛虎健壮凶猛、两目发光、昂首嘘气，带动风云滚滚；而一位稳坐在虎背上的天人，更是雄姿勃勃、怡然自得，表现出了人类驾驭自然的美好愿望和坚强信心。在壁画中，与"乘虎天人"相对应的是"乘龙天人"（注：邮票上标"龙"，应为"虎"，见第041页和第061页）。在当时的艺术造型中，龙和虎的体态相似，身躯都是修长的。但是它们之间的区别也很明显：龙头有角，足有四爪；虎头无角，蹄似拳形。从它们所处的位置看，龙在东方，虎在西方。

二、特6 伟大的祖国——敦煌壁画（第三组）

发行时间为1953年9月1日，发行量495万套（注：人民邮电出版社出版的《中华人民共和国邮票目录》为国内权威邮票目录，1997年版中记载的发行量每枚均为600万枚，2007年版和最新2018年版将第2枚的发行量修正为495.86万枚，其他均保持不变，原因不详），全套邮票共4枚。图案选用了"马夫和马""伎乐人""战斗""牛车"4幅敦煌壁画。

4-1【马夫和马·西魏】，面值800圆。图案选用了敦煌莫高窟第288窟中西魏（公元535年~公元556年）的一幅作品，画面描绘了马夫和马的自然情态：一匹驮着沉重行李的马显得有些疲倦，不想往前走，马头略微有点儿歪斜，眼睛飞瞟着，颇有惧怕主人的神气。一位马夫赤着脚，高高地挽着裤筒，双手紧握缰绳，用力拉马，想让它继续前进。画面准确地捕捉到了马夫与马之间在走与歇上发生的矛盾，既生动地表现出马夫与马的那种特殊情感，也再现了当年丝绸之路上旅程的艰难情景。（注：邮票上标年代为"魏"，现标"西魏"。）

4-2【伎乐人·西魏】，面值800圆。图案选用了敦煌莫高窟第288窟中西魏（公元386年~公元581年）的一幅作品，画面描绘了伎乐人正在舞蹈的情景：梵语中伎乐人名"乾闼婆"，天欲作乐时，此神便身出异相，然后上天，竞起歌舞。这幅壁画作品中的伎乐人手舞足蹈、载歌载舞、情酣意畅，表演仿佛已经进入了高潮阶段。画面采用特写手法造型，生动地展现出了伎乐人舞蹈的艺术特征。（注：邮票上标年代为"魏"，现标"西魏"。）

4-3【战斗·北周】，面值800圆。图案选用了敦煌莫高窟第296窟中北周（公元557年~公元581年）的"得眼林故事"，画面描绘了一个激烈战斗的场面：骑马进攻的一方，策马向前冲锋，颇有勇猛不可阻挡之势；而山前防守的一方，有的手持盾牌战刀，有的拉弓搭箭，显得毫不畏惧，决心打败敌人的侵犯。画面选取了双方即将短兵相接的一瞬间，构思巧妙，十分含蓄，富有动感。（注：邮票上标年代为"隋"，实为"北周"。）

4-4【牛车·唐】，面值800圆。图案选用了敦煌莫高窟第329窟中初唐（公元618年~公元712年）的一幅作品，画面描绘了一辆供养人乘坐的木轮牛车：这辆具有初唐交通工具特色的牛车，高轮，带篷。车装饰华贵，后跟着一个怀抱团扇的侍女，拉车的牛身躯肥硕而有力，迈着慢腾腾的脚步，昂着头，像是在疏散疲劳。牛的这个动作引起了赶车人的注意，为了保证安全，他用力扶住了车辕。壁画从进香人流中选取一个典型细节，生动地表现出了唐代盛行于河西走廊上顶礼膜拜的风情。

　　［注：《伟大的祖国》系列邮票共分五组，邮票目录名称和编号分别为：特3伟大的祖国——敦煌壁画（第一组）、特5伟大的祖国——建设（第二组）、特6伟大的祖国——敦煌壁画（第三组）、特7伟大的祖国——古代发明（第四组）、特9伟大的祖国——古代文物（第五组），发行时间1952年7月1日~1954年8月25日，其中《敦煌壁画》独占两组，可见其在中国文化艺术中的重要性。为了避免混淆，在本书之后的介绍中将这两组邮票标注为：特3《伟大的祖国（第一组）——敦煌壁画》和特6《伟大的祖国（第三组）——敦煌壁画》。］

三、T.116 敦煌壁画（第一组）

发行时间为1987年5月20日，发行量645万套。全套邮票共4枚。图案名称分别是"供养菩萨""鹿王本生""天宫伎乐""飞天"，均与宗教生活内容相关，设计古朴典雅，体现了敦煌壁画的神韵。

4-1【北凉·供养菩萨】，面值8分。图案选用了敦煌莫高窟第272窟北凉（公元397年～公元439年）的一幅作品，画面描绘了供养菩萨的形象。十六国北凉时期的作品是现存最早的敦煌壁画，艺术上较多地受西域画风的影响，具有西北边关粗犷奔放、淳朴自然的风格。壁画左右两侧共有40身听法菩萨图，绘于石窟西壁佛龛两侧，构图、线条和色彩的处理极富装饰效果。在本尊龛两侧绘制如此多的供养菩萨像，在莫高窟当属仅见。图案选自左侧下方10尊菩萨，姿态生动，神情夸张，有强烈的艺术感染力（见第127页）。敦煌壁画中的供养菩萨与敦煌壁画同始同终，从北凉到元代的洞窟内这一形象随处可见。

4-2【北魏·鹿王本生】，面值10分。图案选用了敦煌莫高窟第257窟中西壁北魏（公元386年～公元534年）的一幅"鹿王本生"，即九色鹿的故事。这是一幅寓意深刻、形象优美的壁画，以连环画形式展现故事，又构成一幅首尾呼应的统一画面，通过对人物性格和心理细腻传神的刻画，生动地表达了惩恶扬善的典型佛教主题。邮票图案选取了九色鹿向国王陈述的场景，壁画对人物的刻画极具个性，心理描写也细腻传神。

4-3【北魏·天宫伎乐】，面值20分。图案选用了敦煌莫高窟第435窟中北魏（公元386年～公元534年）的一幅"天宫伎乐"，描绘了他们歌舞和弹奏的精彩场面。这很可能是北魏孝文帝推行汉化政策后的作品。在北魏石窟中，天宫伎乐大都绘画于四壁上沿。画面上的各乐者正在演奏琵琶、海螺、腰鼓等，动态热情奔放，关系呼应和谐，高亢、优美的乐声仿佛从壁画中自然传出，显得非常生动。

4-4【北魏·飞天】，面值40分。图案选用了敦煌莫高窟第260窟中北魏（公元386年～公元534年）的一幅作品，描绘了飞天凌空舞蹈的形象。在北魏石窟中，窟顶、龛内和壁上的说法图、故事画中，几乎随处可见飞天形象，数量颇多。飞天凭借着轻盈、优美的动态和飞扬、舒展的飘带，在空中翩翩起舞，活泼自如，极富美感。敦煌飞天从艺术形象上说，不是一种文化的艺术形象，而是多种文化的复合体。具有中国文化特色的飞天不长翅膀、不生羽毛、没有圆光、借助彩云而不依靠彩云，表现为以飘曳的衣裙、飞舞的彩带而凌空翱翔的飞天。敦煌飞天可以说是中国艺术家最天才的创作，是世界美术史上的一个奇迹。

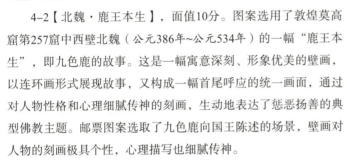

小型张【北魏·萨埵太子舍身饲虎】，发行量329万枚，面值2元。图案选用了敦煌莫高窟第254窟中北魏（公元386年~公元534年）的一幅"萨埵太子饲虎"图。这个佛教故事出自《贤愚经》卷一中的《摩诃萨埵以身施虎品》，将一个复杂的故事用大小不同的几幅画面组合在一幅图中，把不同的时间和空间的许多情节交织编排在一起，形成主题鲜明而又有变化的整体结构，构图巧妙、层面分明、严谨有序、主题突出、气氛悲壮。北魏是中国佛教艺术最重要的发展时期之一，当时的画师们具有狂热的宗教热情、旺盛的创造力和非凡的才能，在故事画方面取得了突出的成就。"萨埵太子舍身饲虎"构图严密、形象生动，以饲虎为中心，观虎、刺颈、投崖、报信、哭尸、收骨、起塔，前后情景重叠交错，巧妙地组织在一起。这是一幅极为完整而精美的传世杰作，是敦煌早期故事画的瑰宝。故事大意是太子摩诃萨埵和他的两个哥哥结伴出游，在山中见到一只母虎和七只小虎饥饿将死之状，怜悯之情油然而生。萨埵太子决心牺牲自我，舍身饲虎。他裸身并刺颈出血，纵身从崖上跳下，被群虎所食。萨埵太子的两个哥哥悲痛万分，还告父母，收拾其遗骨，修筑宝塔纪念。为了挽救老虎生命而甘愿牺牲自己肉身的萨埵太子就是佛祖释迦牟尼的前世，这种表现释迦牟尼前生累世忍辱牺牲、救世救人等各种善行的绘画作品被称为本生故事画。这幅壁画以饲虎为中心，前后情节重叠交错，充分利用了画面的空间，构图严密完美；色彩以深棕为主调，间错青、绿、灰黑、白等冷色，烘染出阴森凄厉的悲剧气氛，衬托了萨埵太子灵魂的真善美。小型张的左右边饰上以金色线条勾勒出两位古代仕女的形象和主图相互辉映，增强了整体设计的艺术效果。

四、T.126 敦煌壁画（第二组）

发行时间为1988年5月25日，发行量960万套。全套邮票共4枚。图案选取了四幅敦煌壁画，名称分别是"狩猎""战斗""农耕""建塔"。

4-1【西魏·狩猎】，面值8分。图案选用了敦煌莫高窟第249窟中西魏（公元535年~公元556年）的一幅"狩猎"图。这枚邮票图案采用了窟顶北面的一幅画面，生动地描绘了猎人在山林间驰马追捕黄羊的狩猎活动。猎人跨马急驰，手举标枪，奋力追逐一群奔逃的黄羊；黑马狂奔时前后腿抬成一条直线的形状，黄羊奔逃时惊慌失措的神态，猎人举枪伺机待投的从容姿势，惟妙惟肖，画师捕捉住猎人手中标枪即将投出的瞬间，精彩紧张、扣人心弦。画中人、马、鹿均大于崇山峻岭，与画史谓北朝山水画"人大于山"的记载恰相印证。

4-2【西魏·战斗】，面值8分。图案选用了敦煌莫高窟第285窟中西魏（公元535年~公元556年）的一幅佛经故事画"五百强盗成佛因缘"。这枚邮票图案选取了造反者与官兵战斗的场面。官兵头戴钢盔、身披铠甲、手持长矛，骑在全副盔甲的高头大马上，而造反者一手持刀、一手持盾、身着布衣、徒步奔跑，二者形成鲜明对比。正是因为力量和装备的悬殊，造反者虽然顽强奋战，但最终仍然失败被俘。从壁画中既能看到南北朝时期尖锐的阶级对立，也能感受到古代人民的勇敢反抗精神。

4-3【北周·农耕】，面值10分。图案选用了敦煌莫高窟第296窟中北周（公元557年~公元581年）的"善事太子入海品"。这枚邮票图案只截取了善事太子出游途中观看农耕的画面，展示出了古代人民辛勤劳作的状况，颇富生活情趣。背景画面上描绘了经文中所说"垦地虫出，虾蟆拾吞。复见有蛇，吞食虾蟆。孔雀飞来，啄食其蛇"等生灵相残的现象，内容丰富多彩，亲切自然。

4-4【北周·建塔】，面值90分。图案选用了敦煌莫高窟第296窟中北周（公元557年~公元581年）的"福田经变"。在佛教艺术中，将一部经书的内容画成图像，称之为"经变"或"经变相"。"福田经变"是敦煌壁画中一幅最早的完整经变，它所依据的"诸德福田经"宣称，施德行善犹如播撒福报的种子，并推崇"广施七法"可"获无量之福"。这枚邮票图案选择了"福田经变"中砌砖造佛塔的画面，就属于"七法"中的第一种"施立佛寺"。画面上，六名工匠正在砌砖造塔，建筑与人物之间的安排，既不失为古代建筑工程的真实写照，又具有强烈的装饰艺术趣味。

五、T.150 敦煌壁画（第三组）

发行时间为1990年7月10日，发行量1553万套。全套邮票共4枚。图案均选自隋代制作的敦煌壁画，名称分别是"飞天""供养菩萨""观音济难""帝释天"。

4-1【隋·飞天】，面值8分。图案选用了敦煌莫高窟第206窟中隋代（公元581年~公元618年）一幅"飞天"作品。飞天是隋代壁画中最有特色的形象，无论奏乐或散花，都呈现十分优美的舞姿。这枚邮票图案上的飞天形象绘于佛龛顶部，在飞舞的流云和天花衬托下，衣裙和长巾猎猎翻卷，身姿灵巧轻捷，动势极强，仿佛有一股激情从画面冲涌而出；在佛背光火焰纹那腾腾的烈焰之上，飞天成群结队翩翩翔舞，再加上土红色底衬的渲染，整个画面色彩明亮、热烈，显得朝气蓬勃。

4-2【隋·供养菩萨】，面值10分。图案选用了敦煌莫高窟第404窟中隋代（公元581年~公元618年）的一幅菩萨像。隋代壁画中的菩萨，亭亭玉立、俊俏典雅，具有魏晋以来人物造型清秀的特点。这枚邮票图案上的菩萨形象绘于龛口左侧，其宝冠剑环敷贴金箔，缯带璎珞装饰华贵、设色富丽、描绘精细。虽因历史沧桑而颜料变质，但仍不失为隋代盛期人物画的杰出代表。

4-3【隋·观音济难】，面值30分。图案选用了敦煌莫高窟第420窟中隋代（公元581年~公元618年）的一幅经变作品。该洞窟的覆斗形窟顶四披，布满了根据《妙法莲华经》绘制的法华经变。这枚邮票图案截取的是窟顶东坡南侧的一个场景，形象地表现了一段经文："若为大水所漂，称其（观音）名号即得浅处。"画面上，一条宽阔的河流奔腾不息，观音菩萨站在岸边，正伸手拯救落水者；一位已经得救的溺水人，正立于水中双手合十礼拜；另外两位溺水者仍然漂在水中，但从其神情看，因信仰的力量，表现得临危不惧、淡定自若。

4-4【隋·帝释天】，面值50分。图案选用了敦煌莫高窟第423窟中隋代（公元581年~公元618年）的一幅"帝释天"作品。帝释天又名"因陀罗"，是三十三天的主宰，本为印度教神明，后被引入佛教成为护法神。这枚邮票图案截自绘于窟顶的壁画，描绘了帝释天出行巡天时的壮观场面：帝释天驾一辆四龙车，风驰电掣，多姿多彩的飞天护道，环绕着祥云和花雨，其华贵显赫的气派和神异的景象，远超人间帝王。

六、1992–11T 敦煌壁画（第四组）

发行时间为1992年9月15日，发行量2763万套。全套邮票共4枚。图案都选自初唐（公元618年~公元712年）壁画，名称分别是"菩萨""伎乐""乘龙升天""出使西域"。在中国历史上，唐代是一个辉煌时代，经济和文化艺术呈现一派发展和繁荣景象。当时佛教艺术家把一些外来的图像赋予民族形式，给石窟艺术注入了新的生命力。在长达近三百年的唐代，造窟数量之多、工程规模之大和分布地域之广，均居历代首位。历史学家把唐高祖、太宗、高宗、武后四朝称为"初唐"，这个时期的文化艺术生机勃勃。初唐绘画在隋代基础上发展而来，既清丽雅致，又丰满有力，表现技法形成了鲜明的时代风格。

4–1【唐·菩萨】，面值20分。图案选用了敦煌莫高窟第401窟北壁下方的一幅菩萨形象。菩萨形象活泼自然、外貌俊美、服饰华丽，不像佛尊那样庄严肃穆，故始终是佛教艺术家喜欢描绘的对象。文献记载："自唐以来，笔工皆端严柔弱，似妓女之貌。"壁画的整个艺术风格已明显反映出由隋向唐过渡的迹象，而且更多地体现出唐人的艺术气象（注：据2019年12月最新版《敦煌艺术大辞典》第157~158页记载，此壁画绘于隋末向唐初的过渡时期）。这枚邮票图案清晰地展现出了画家以线描手法创造的菩萨形象，她身体健美、仪态从容，犹如一位风姿绰约的女子，在鸟语花香、春光明媚的大自然中，自由自在地漫步，步履轻盈、衣裙飘逸、心情愉悦，作品既准确生动，又形象传神。

4–2【唐·伎乐】，面值25分。图案选用了敦煌莫高窟第220窟北壁《东方药师净土变》里的一组乐队（见第197页）。在唐代敦煌壁画中，第220窟是敦煌大姓翟氏家庙，是唐代敦煌最早的一座纪年窟，壁画上有唐太宗贞观十六年（公元642年）的营造题记。窟内基调为石绿色，既显示出金碧辉煌的唐代风貌，又具有高雅的韵味。邮票图案中描绘的这支乐队，人物姿态各异，分别使用筝、阮、排箫、横笛、竖笛、筚篥、竽、方响、都昙鼓、腰鼓、拍板等，仿佛正在和谐地演奏着一首优美的乐曲，画面中虽然没有出现听众形象，但能够想象到当时宫廷乐舞的场景。人物关系错落有致、动态生动，能够给人一种如临其境、如闻其声之感。

4–3【唐·乘龙升天】，面值55分。图案选用了敦煌莫高窟第329窟正壁龛顶的一幅装饰画（见第041页和第055页）。这幅装饰画分为北侧和南侧两个部分，分别描绘了佛经故事中的两个情节，其中北侧画面描绘的是菩萨乘六牙白象自天而降，前往净饭王宫中投胎，以后降生为悉达多太子；南侧画面描绘的是悉达多太子半夜乘马逾城出家，走上了成佛的道路。乘象菩萨和乘马太子的形象左右对称，富有强烈动势的飞天和流云，使整个龛顶犹如翻涌奔流的天空。画中还描绘了仙人飞在空中，乘龙、乘虎为菩萨、太子引路的情景。这枚邮票图案选取的画面，描绘了乘龙升天的仙人正在作乘象菩萨的前导，祥云涌动、鲜花飘香、龙腾虎跃的壮观场面，生动地表达了对佛祖释迦牟尼的赞美。

4-4【唐·出使西域】，面值80分。图案选用了敦煌莫高窟第323窟北壁上《张骞出使西域》的一幅画面。在第323窟的左右壁上，几乎画满了佛教历史故事，其中最引人注目的作品当数此画。公元前2世纪，西汉的张骞曾两次奉命出使西域，开拓了"丝绸之路"。但是，由于唐代存在着激烈的佛道之争，为了宣扬佛教，佛教艺术家便将张骞出使西域的历史故事，牵强附会成佛教史迹。这幅壁画的内容是张骞临行前拜别汉武帝时的情景，邮票图案选取的是壁画的右半部分，展示了以汉武帝为首的送别行

列，有的挥臂、有的拱手、有的弯身、场面隆重、气氛严肃，生动地揭示了张骞出使西域的深刻意义。

（注：该邮票设计有不足，左侧"主角"张骞缺失，见第028页。）

小型张【唐·观音菩萨】，发行量2073万枚，面值5元。图案选用了敦煌莫高窟第57窟面壁《阿弥陀佛说法图》的局部——观音菩萨形象，因其造型优美典雅，被誉为敦煌石窟中最美观音，是唐代敦煌壁画艺术的杰出代表。菩萨容颜秀丽，其宝冠、项饰、臂钏、璎珞珠串都采用沥粉堆金画成，披巾和衣裙上的花纹细致入微，白色线描表现出了丝绸的纤薄和柔软，富有质感；菩萨双目微合，面部表情宁静，仿佛置身于西方净土世界，左臂上举持花束，右手曲置胸前，掌心托着一朵盛开的莲花，翘起的手指柔软而有弹性，很好地表现出年轻女性手指的特征，已达到出神入化的境界。唐代社会开放自由，在壁画上就表现为身体外露部分较多。唐代经济发达，贵族穿着讲究，壁画中层层叠叠、薄若蝉翼的纱衣，正是当时高超纺织技艺的反映。画师应该是依据唐代某女子为粉本模特所绘，"菩萨如宫娃"正是所谓的艺术反映现实，从此身菩萨像上可以了解唐人生活的富裕和对艺术的崇高追求。小型张采用棕红色衬底，邮票图案加上双条粗线边框，双条粗线中间饰有传统纹样，既使菩萨形象犹如镶嵌在一副镜框之中，显得十分精美，又渲染了一种热情追求和虔诚信仰的气氛。

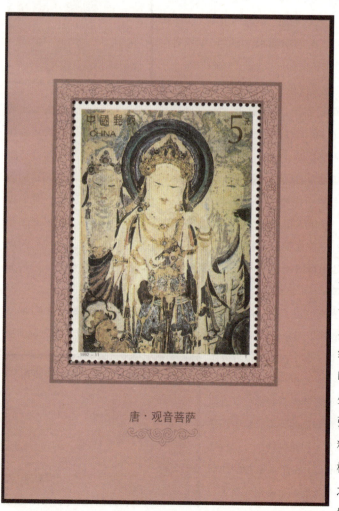

唐·观音菩萨

七、1994-8T 敦煌壁画（第五组）

发行时间为1994年7月16日，发行量3720万套。全套邮票共4枚。图案分别是"飞天""维摩诘""张议潮出行图""魔女"。邮票图案分别选自盛唐和中、晚唐时期（公元712年~公元907年）的敦煌壁画。

4-1【唐·飞天】，面值10分。图案选用了敦煌莫高窟第321窟后壁大型佛涅槃像龛中的飞天形象。按照佛教解释，佛的逝世叫作"圆寂"或"涅槃"，意思为达到了最后的超脱。画面上的飞天翱翔空中，正在朝下方已经进入涅槃境界的释迦佛卧姿塑像散花供养。民间工匠采用雕塑和绘画相结合的艺术手段，严谨细致地刻画了飞天形象，衣带舒卷、动感强烈、色彩绚烂，具有装饰之美。

4-2【唐·维摩诘】，面值20分。图案选用了敦煌莫高窟第103窟前壁南侧的维摩诘形象。维摩诘是毗耶离城一位佛道高深的居士，与释迦牟尼同时代（见第132页）。他善于应机化导，曾以称病为由，与释迦牟尼派来问候的文殊师利、舍利佛等论说大乘深义，施展神通，为佛典中现身说法、辩才无碍的代表人物。这幅经变画主要用墨线来勾勒人物形象，以线造型、以型传神。"画圣"吴道子"焦墨微染"一派画风，也传到了敦煌。画面上的维摩诘坐在床榻上，手握羽扇、探身向前、扬眉启齿、侃侃而谈，仿佛正在向着对面的文殊菩萨宣传自己对大乘教义的深刻理解，整幅画生动地刻画出了维摩诘那种胸有成竹的自信气质和咄咄逼人的辩论声势，显得栩栩传神。

4-3【唐·张议潮出行图】，面值50分。图案选用了敦煌莫高窟第156窟南壁下部《张议潮统军出行图》。张议潮（公元799年~公元872年），唐代沙州敦煌（今属甘肃）人。安史之乱后，张议潮趁吐蕃内乱，率领民众起义，驱逐吐蕃守将，恢复了唐王朝对河西十一州的统治。《张议潮出行图》由张议潮侄张淮琛开窟，画工在南壁和东壁画了这幅出行图，由一百多人组成，场面宏大、构图严谨，是一幅珍贵的历史画卷。这枚邮票图案截取的画面展现了骑兵仪仗队甲械齐整、旌旗鲜明、动感强烈、气势非凡。（注：原图分仪仗先导、主体和辎重后勤三个部分，邮票展示了开头部分，以骑马仪仗为主，表现凯旋之师的威武雄壮。但票面上未见到壁画中主角张议潮的形象，是这枚邮票设计的缺憾。）

4-4【唐·魔女】，面值1.60元。图案选用了敦煌莫高窟第196窟后壁北下角《劳度叉斗圣变》的局部，讲述的是劳度叉斗圣变借舍卫国须达长者和佛弟子舍利弗买园为释迦建造精舍之际，与他们斗法的故事。这枚邮票图案截取的画面是外道劳度叉变为夜叉，口吐火焰，乘风烧来时，遭到舍利弗化毗沙门天王呼风回火的痛击，外道魔女们狼狈不堪，欲退无路，纷纷至舍利弗前剃度出家为沙门。壁画场面巨大、人物众多，民间工匠刻画出了魔女们在狂风中力不能支、身不由己的千姿百态。

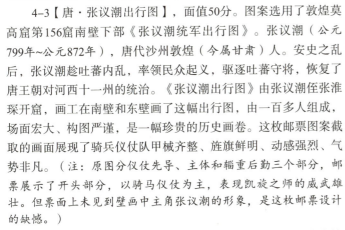

八、1996-20 敦煌壁画（第六组）

发行时间为1996年8月15日，发行量2051万套。全套邮票4枚。这套邮票的图案，按照总体规划设计，选取的是莫高窟敦煌壁画晚期的作品。敦煌壁画艺术经历了唐代辉煌灿烂和高度成熟的阶段之后，又历经五代、北宋、西夏、元等朝代的发展演变，呈现出不同的面貌，出现不少新的壁画题材。敦煌艺术虽然步入晚年时期，但在此后四个半世纪的变化和创新过程中，仍然保持着生命的活力，呈现出丰富的面貌。图案分别是"五台山图""于阗国王""观音济难""供养菩萨"。

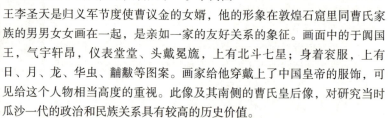

4-1【五代·五台山图】，面值10分。图案选自敦煌莫高窟第61窟，它是五代时期专为供奉文殊菩萨而开凿的洞窟。宏大的西壁画出了佛教胜地五台山的全景，规模恢宏、气势壮阔，既是引人入胜的山水风景，又可看作一幅全息的地理图。图高3.42米，长13.45米，平面46平方米，是莫高窟面积最大的壁画。邮票取其南侧"河东道西门南"部分画面（见第049页），人物建筑与山水草木和谐地交织在一起，以淡雅柔和的青绿色调为背景，轻染淡皴，既具有青绿山水的韵味，又显示出写意山水的意趣。

4-2【五代·于阗国王】，面值20分。图案选自敦煌莫高窟第98窟东壁南侧。该像高约3米，宽1米多，像前方有墨书榜题："大朝大宝于阗国大圣大明天子"。于阗国王李圣天是归义军节度使曹议金的女婿，他的形象在敦煌石窟里同曹氏家族的男男女女画在一起，是亲如一家的友好关系的象征。画面中的于阗国王，气宇轩昂，仪表堂堂、头戴冕旒，上有北斗七星；身着衮服，上有日、月、龙、华虫、黼黻等图案。画家给他穿戴上了中国皇帝的服饰，可见给这个人物相当高度的重视。此像及其南侧的曹氏皇后像，对研究当时瓜沙一代的政治和民族关系具有较高的历史价值。

4-3【宋·观音济难】，面值50分。图案选自敦煌莫高窟第55窟，取材于《妙法莲华经·观世音菩萨普门品》，比起隋代充满浪漫主义情趣和寄寓美好理想的艺术表现，其形象更贴近现实。画面对以大船为中心的水中遇难场景作了生动的描绘：在岸上罗刹鬼和水中大恶鱼威胁航船安全的时刻，船上乘客双手合十礼拜，念观音法号，求其保佑，在大船周围浮现出象征佛法的宝球与莲花，使人们转危为安。画面形象地表达了在国家分裂、生活艰难和处处潜藏着社会危机的形势下，民众对救星的殷殷企盼。

4-4【西夏·供养菩萨】，面值100分。图案选自敦煌莫高窟第328窟东壁北侧，其人物其造型、衣冠服饰、绘画作风等方面均与北宋敦煌石窟壁画一脉相承。画面四身菩萨排列有序，形象服装大同小异，力图于统一中求变化。该画色调热烈明快，是西夏壁画的代表作之一。绘画中的人物造型十分准确，表现出纯熟的技巧。北宋之后，敦煌曾长时间被西夏党项族所占领。党项族是一个接受、融汇能力很强的民族，统治时期继承并发展了北宋王朝石窟壁画艺术的成果，呈现出更为丰富多彩的面貌。

　　小型张【元·千手观音】，发行量1625万枚，面值500分。公元1227年，蒙古铁骑攻破沙洲城，敦煌从此归入蒙元版图。元代近百年中，由于较晚才对敦煌行使有效的统治，修造窟龛的数量不多，但颇具精品。此枚小型张图案选自敦煌莫高窟第3窟，该窟为元代唯一的汉密观音窟，也是唯一供奉千手千眼观音的壁画洞窟，且唯一知道画师名为"史小玉"的作品。此窟南北均绘此经变，但内容稍有差异。此图选自南壁，画正中千手千眼观音立于莲花之上，身后为月轮，千手均在月轮之中，展现了观音菩萨以千手千眼普济众生的形象，主体画成十一面四十二只大手，除当胸双手合十、腹前双手捧法器外，其余皆为空手，手心均具一眼，菩萨顶上为一"化佛"，四周环绕飞天及部众。十一面千手千眼是在真实的基础上加上想象和幻想，以解脱人们现实生活中的苦难，给人以精神慰藉。壁画用线描勾绘，笔势圆转酣畅，似行云流水，丰腴柔美的体态自然匀称，虽锦帛集束亦不失顺风而动的轻柔，柔曼中又显出劲拔顿挫，作品集中国古代人物画线描造型技艺之大成，将千眼千手观音绘画与中国传统的线描荟萃一壁。在元代，敦煌石窟的营建工程接近尾声，这幅名作呈现了其最后的辉煌。（注：2019年12月最新版《敦煌艺术大辞典》第118页标明此窟建于元代，但第270页标明此壁画为西夏时期绘制。）

九、敦煌莫高窟邮票的分类

敦煌莫高窟邮票共发行九组，共计40枚。为整理方便需要分类，如按照邮票大小规格划分、按照邮票所反映的敦煌作品创作时代划分，也可以按照邮票主题内容划分。

（一）按邮票规格划分

敦煌莫高窟邮票发行分三个阶段：一是1952、1953年的两组，二是1987~1996年的六组，三是2020年的一组，其版票设计各不相同。第一阶段的二套邮票规格均为38×22毫米，整版枚数8×12=96枚。第二阶段的6套邮票规格为54×40毫米（或40×54毫米），整版枚数第一、四、五、六组为4×7（或7×4）=28枚；第二、三组为4×5（或5×4）=20枚。第三阶段的一套邮票规格为38×50毫米（或50×38毫米），整版枚数为4×3（或3×4）=12枚。四枚小型张的规格依次为142×93毫米（邮票规格93×78毫米）；90×130毫米（邮票规格52.2×70毫米）；96×135毫米（邮票规格46×102毫米）；150×84毫米（邮票规格81×62毫米）。

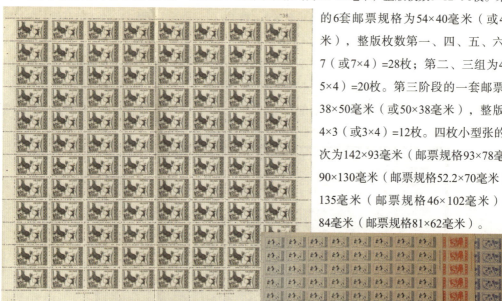

1952和1953年《敦煌壁画》邮票全张图
（图片来源于网络）

1987~1996年《敦煌壁画》邮票全张图
[注：有另一种4×5（或5×4）枚]

2020年《莫高窟》邮票全张图

（二）按所处时代划分

邮票所反映的敦煌莫高窟作品的创作时代可分为：北凉、北魏、西魏、北周、隋、唐、五代、宋、西夏、元，共计十个。1987~1996这十年发行的六组《敦煌壁画》邮票是这样编排的，算上1952和1953年发行的两组"伟大的祖国"和2020年发行的一组"莫高窟"，共计40枚。按照时代分为：

1. 北凉：T.116（4-1），共1枚；

2. 北魏：T.116（4-2）、T.116（4-3）、T.116（4-4）、T.116小型张、2020-14T（4-1）、2020-14T（4-2），共6枚；

3. 西魏：特3（4-1）、特6（4-1）、特6（4-2）、T.126（4-1）、T.126（4-2）、2020-14T（4-3），共6枚；

4. 北周：特3（4-2）、特6（4-3）、T.126（4-3）、T.126（4-4），共4枚；

5. 隋：T.150（4-1）、T.150（4-2）、T.150（4-3）、T.150（4-4），共4枚；

6. 唐：特3（4-3）、特3（4-4）、特6（4-4）、1992-11T（4-1）、1992-11T（4-2）、1992-11T（4-3）、1992-11T（4-4）、1992-11T小型张、1994-8T（4-1）、1994-8T（4-2）、1994-8T（4-3）、1994-8T（4-4）、2020-14T（4-4）、2020-14T小型张，共14枚；

7. 五代：1996-20T（4-1）、1996-20T（4-2），共2枚；

8. 宋：1996-20T（4-3），共1枚；

9. 西夏：1996-20T（4-4），共1枚；

10. 元：1996-20T小型张，共1枚。

（三）按主题内容划分

按照主题大致可分为佛（菩萨）像、飞天、人物、故事、生活共计五类，以邮票志号分为：

1. 佛（菩萨）像：T.116（4-1）、T.150（4-2）、T.150（4-3）、1992-11T（4-1）、1992-11T小型张、1996-20T（4-3）、1996-20T（4-4）、1996-20T小型张、2020-14T（4-1）、2020-14T（4-3）、2020-14T（4-4）、2020-14T小型张，共12枚；

2. 飞天：特3（4-3）、T.116（4-4）、1994-8T（4-1）、T.150（4-1）、2020-14T（4-2），共5枚；

3. 人物：1992-11T（4-4）、1994-8T（4-3）、1996-20T（4-2）共3枚；

4. 故事：特3（4-4）、特6（4-3）、T.116（4-2）、T.116小型张、T.126（4-2）、T.126（4-3）、T.150（4-4）、1992-11T（4-3）、1994-8T（4-2）、1994-8T（4-4），共10枚；

5. 生活：特3（4-1）、特3（4-2）、特6（4-1）、特6（4-2）、特6（4-4）、T.116（4-3）、T.126（4-1）、T.126（4-4）、1992-11T（4-2），1996-20T（4-1），共10枚。

从1952年到2020年发行的九套邮票的出版信息可简化为下表：

（注：为了统计方便，将下一章"敦煌彩塑"并入本章统计。）

敦煌莫高窟系列邮票发行一览表

编号	邮票志号	发行时间	第1枚	第2枚	第3枚	第4枚	小型张
1	特3 伟大的祖国(第一组)——敦煌壁画	1952年7月1日	狩猎·西魏 800圆 285窟	供养人·北周 800圆 296窟	飞天·唐 800圆 320窟	乘虎天人·唐 800圆 329窟	
2	特6 伟大的祖国(第三组)——敦煌壁画	1953年9月1日	马夫和马·西魏 800圆 288窟	伎乐人·西魏 800圆 288窟	战斗·北周 800圆 296窟	牛车·唐 800圆 329窟	
3	T.116 敦煌壁画(第一组)	1987年5月20日	北凉·供养菩萨 8分 272窟	北魏·鹿王本生 10分 257窟	北魏·天宫伎乐 20分 435窟	北魏·飞天 40分 260窟	北魏·萨埵太子舍身饲虎 2元 254窟
4	T.126 敦煌壁画(第二组)	1988年5月25日	西魏·狩猎 8分 249窟	西魏·战斗 8分 285窟	北周·农耕 10分 296窟	北周·建塔 90分 296窟	
5	T.150 敦煌壁画(第三组)	1990年7月10日	隋·飞天 8分 206窟	隋·供养菩萨 10分 404窟	隋·观音济难 30分 420窟	隋·帝释天 8分 423窟	
6	1992-11T敦煌壁画(第四组)	1992年9月15日	唐·菩萨 20分 401窟	唐·伎乐 25分 220窟	唐·乘龙升天 55分 329窟	唐·出使西域 80分 323窟	唐·观音菩萨 5元 57窟
7	1994-8T敦煌壁画(第五组)	1994年7月16日	唐·飞天 10分 321窟	唐·维摩诘 20分 103窟	唐·张议潮出行图 50分 156窟	唐·魔女 1.60元 196窟	
8	1996-20T敦煌壁画(第六组)	1996年8月15日	五代·五台山图 10分 61窟	五代·于阗国王 20分 98窟	宋·观音济难 50分 55窟	西夏·供养菩萨 100分 328窟	元·千手观音 500分 3窟
9	2020-14T莫高窟	2020年9月26日	北魏·释迦禅定像 1.2元 259窟	北魏·影塑飞天 1.2元 437窟	西魏·佛菩萨像 1.2元 432窟	唐·菩萨坐像 1.2元 196窟	唐·释迦佛一铺 6元 45窟

2019年12月出版的权威著作——《敦煌艺术大辞典》第77页有一项词条为"敦煌石窟代表窟",标注了在艺术、考古、历史、文化上具有特殊意义和价值的洞窟,根据所列五项专业鉴定标准,确定有百余窟,列举了北凉时期的268、272、275窟;北魏时期的257、254、259、248窟;西魏时期的288、285窟;北周时期的428、296窟;隋代的305、427、419、420窟;初唐时期的220、335、96、321、328、332窟;盛唐时期的45、172、217、103、320、323、445、130、148、41、180窟;中唐时期的365、231、194、112、159、158窟;晚唐时期的16、17、156、85、9、12、14、196窟;五代时期的61、98、100窟;北宋时期的55、454窟;西夏时期的65窟;元代的第3、465窟。(榆林窟略)九组邮票的选题充分兼顾了各个时代和各项内容,为精华中的精华。

第二节　敦煌壁画邮折

邮折作为一个收藏类别,是一种折叠式的邮票册页,上面贴有成套邮票或样票,或贴有盖销首日戳的邮票。

1952年10月1日,中华人民共和国邮电部邮政总局发行《伟大的祖国》系列特种邮票邮折,这是第一本特种邮票邮折,内贴1952年7月1日发行的特3《敦煌壁画》邮票和1952年10月1日发行的特5《建设》邮票各1套,分别为五组系列的第一组和第二组。中华人民共和国初期制作的邮折,多为赠送国内外有关人士的礼品,主要用于宣传,并不出售。

中国集邮总公司邮折从1986年1月5日T.107《丙寅年》开始，以"PZ"开头自成一系列。1987、1988、1990、1992、1994、1996年发行的六组敦煌邮票的邮折编号分别为PZ-5、PZ-9、PZ-16、PZ-27、PZ-36、PZ-47（注：1990年7月10日发行"PZ-16"《敦煌壁画（三）》邮折时，"中国集邮总公司"更名为"中国邮票总公司"，直到1994年1月5日，发行"PZ-35"《甲戌年》邮折时，又恢复使用"中国集邮总公司"）。限于篇幅仅展示第一组邮折。

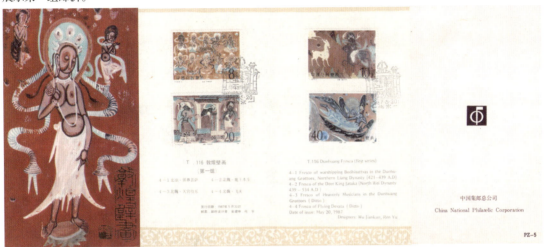

上图为中国集邮总公司制作的邮折，封面为第1枚邮票"北凉·供养菩萨"内容的拓展——第272窟正中穹窿顶佛龛上方一尊站立的供养菩萨，面对的是一尊佛像彩塑（见第127页）。封面正中为总公司标识，下方为中英文公司名称，右下角标注"PZ-5"。内侧贴第一组全套邮票，销北京首日纪念戳，注明设计者为吴建坤、任宇和每枚票名，均中英文对照。

除中国集邮总公司外，北京市邮票公司也印制过敦煌系列邮折，也以第一组为例。

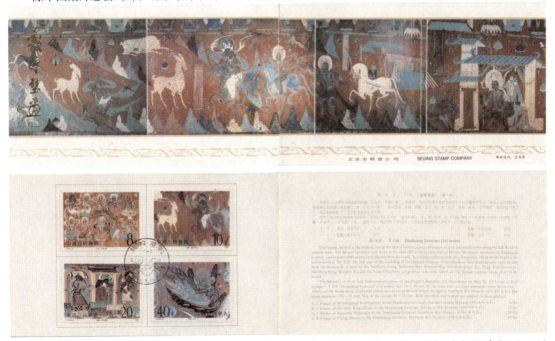

上图为北京市邮票公司制作的邮折，封面和封底是第2枚邮票"北魏·鹿王本生"的延伸——第257窟中九色鹿的故事连环画，下方标中英文公司名称，并注明宗书琴设计。内页左侧贴第一组全套邮票，销北京圆形首日纪念戳，右侧为邮票发行及每一枚邮票的中英文简介。

笔者藏有以下特3和特6邮折，封面标注"敦煌文物纪念邮票 第一（二）集 中国人民邮政发行"，封背标注"东京 极东书店·京都"字样，折内文字为日文（据说是"日本邮趣协会"理事长水原明窗为图案做的说明），贴特3和特6旧票各一套。

根据所购得的网络平台商品介绍：这是从国外回流的邮品，由"中国人民邮政"出口，专供日本集邮爱好者，不对国内出售，发行量1000套。早期老纪特票品未发行首日封及邮折，故而较为罕见。因缺乏权威说明信息，仅记录在此聊备一格。

第三节　敦煌壁画极限片

极限明信片（见第035页）是在美术明信片图画一面贴一枚相同或相似图案邮票，并在邮票和明信片上加盖相关邮戳制成。收藏极限明信片是集邮的一个类别，它以制作、收集、欣赏、研究极限明信片为活动主体。

一、集邮公司极限片

与邮票的原始吸引力相比，极限明信片是在此基础上的一次艺术扩展。极限明信片通过邮票、明信片、邮戳三者之间的完美组合，更好地诠释了邮票的主题和意境。明信片选材上的特殊要求，加强了邮票的艺术感染力，由此而产生的视觉效果，更为全面地拓展了收集者的欣赏空间和想象余地。

　　限于篇幅，仅在此展示3套1987年5月20日发行《敦煌壁画（第一组）》时，由公司发行的首日极限片：上页第一组由甘肃敦煌邮电局发行，盖莫高窟首日纪念戳和"敦煌邮电局"红色字样。上页第二组未标注制作单位，可能由中国集邮总公司发行，盖莫高窟首日戳。本页第三组由北京市邮政局发行，盖北京中文和拼音日戳。

二、集邮者自制极限片

　　极限明信片受追捧的原因很多，与集邮公司批量制作的千篇一律的"印刷品"相比（见第148页附1），集邮爱好者更注重极限片的"创造性"，享受"自己动手（DIY）"的乐趣，自制极限片是"据票寻觅片源和邮戳"的过程，从诸多明信片中选择后，盖戳、销印，每个环节都显示着制作者的独特思想和创意。实现自己内心的想法才是真正的收藏趣味所在。

　　一般说来，选片以摄影版明信片为佳，出版时间越早越好，至少要早于相关邮票的发行时间，销票日期距离邮票发行日越近越好，盖邮票发行首日戳最为完美。当然自制极限片代价也相对较高，早期明信片本身就价格不菲，而且很多时候几套明信片都未必能够选出一枚中意的，即便选出了，原本成套的明信片也只能当"废品"处理了。因而许多集邮者认为使用"老片"制作极限片得不偿失。

　　左3枚极限片为1992年9月15日发行的《敦煌壁画（第四组）》中的第1枚"唐·菩萨"：左图为甘肃省邮票公司发行的"官片"。中图和右图是收藏者自制的极限片，前者用的是近期明信片；后者用的是20世纪60年代的老片（明信片菩萨造型与邮票图案反向）。

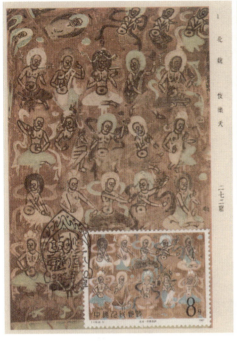

以上2枚（仅以1987～1996年间发行的6组《敦煌壁画》邮票中的最早1枚和最后1枚为例，标题均为"供养菩萨"）也是20世纪60年代片源，在邮票发行首日制作（分别为1987年5月20日和1996年8月15日）。

值得一提的是片与二十世纪八九十年代发行的邮票命名有所不同：邮票名为"北凉·供养菩萨"，左图片名为"北魏·伎乐天"，时代标注有误。"供养菩萨"也有命名"听法菩萨"，"伎乐天"应是第272窟上段周壁与"飞天"一起绘制的乐伎，即佛教中的香音之神，石窟的塑造时间应该是"北凉"而不是"北魏"。上图的石窟塑造时间标注"宋"也有误，应该是"西夏"。

极限片若参加邮展，规定之一是所贴邮票面积不能超过明信片面积的四分之一，因而小型张就显得勉为其难了。下面展示的是1987～1996年间发行的3枚敦煌壁画小型张极限片，用的是1963年文物出版社的老片源，均销盖敦煌莫高窟首日戳。但标注略有差异，第一、四、六组小型张上的说明文字依次为"北魏·萨埵太子舍身饲虎""唐·观音菩萨""元·千手观音"，极限片上题写的依次为"二五四窟 北魏 萨埵那太子本生""初唐 观音及供养菩萨""元 千手千眼观音"。

以下这枚T.116《敦煌壁画》第一组小型张极限片，采用的是2000年香港旅游版片源，在2012年8月1日发行《丝绸之路》邮票时，加盖甘肃敦煌莫高窟日戳，因片源在邮票发行之后（小型张发行是在1987年5月20日），故从意义和价值上来看自然就无法与前页展示的那枚相提并论了。

从艺术品位上讲，极限明信片有着制作严谨、画面饱满、内蕴深邃、容易引发欣赏者思维联想等特点。这些因素的存在使得极限明信片以较强的艺术感染力吸引了众多的集邮者。这超越了邮政用品在形式和概念上的界定范围，逐步拓展成为一种新兴的收藏品种。另外，极限明信片是对邮票画面的资料性补充和还原，充分显示了极限明信片本身所特有的史料作用，一些设计上的错误和缺陷，能够在明信片的对照下体现出来 [如前面所谈到的《敦煌壁画》邮票中的"唐·出使西域"（见第028页）]，这对于集邮研究都有着重要的参照价值。

第四节　敦煌壁画图案贺年片

　　这里的贺年片全称是"贺年（有奖）邮资明信片"（见第051页），是国家邮政部门针对中国传统节日春节而发行的邮资品种，是春节期间亲朋好友相互问候与祝福的专用明信片。贺年明信片的正面印有邮资图、国家邮政局发行及收件人地址等信息；背面印有图画，邮资图绝大多数是当年生肖，是对十二生肖邮资图的有效补充。

　　以上展示的是全套2000"千禧年"贺年（有奖）明信片，共计10枚，正面为面值60分的庚辰年邮资图案等信息，背面为《敦煌壁画》系列图案，左上角印有独特的"邮政龙娃"标志，左下角为每一枚的编号，右下角标注2000闽（BK）－0473，虚线的左侧注明属于R05组，并提供兑奖信息。

第五节　敦煌壁画邮戳和邮政签条

书信是寄信人和收信人之间的纽带，作为寄信人需要选用信纸、信封、邮票，并完成写信过程，之后贴邮票、粘信封，将信件投入邮筒的一刻即完成了所有流程，而收件人只是负责接收信函，中间环节是由邮政部门的工作人员完成，信封上的邮戳和签条即为服务的印记。本节选用与敦煌相关的邮品展示"邮戳"和"邮政签条"。

一、邮戳

集邮界所指的"邮戳"一词，不是指邮政业务用的"戳具"而是指其"印样"，所研究的邮戳内涵也是指邮政戳记。广义上是指邮政部门在其业务范围内使用的加盖在邮件或邮政业务单式上的各种戳记的总称；狭义上仅指邮政日戳及可以用来盖销邮票的戳记。邮政日戳独具时间和地点管理功能，是邮件查询依据，也是研究邮政发展和集邮收藏的重要项目。

（一）个性化展示——具有敦煌特色的纪念或风景邮戳

笔者将敦煌纪念戳分为"外地"和"原地"两类，前者展示的是各地敦煌纪念邮戳；后者又可细分为"原地邮戳"和"原地戳记"。

1.《敦煌壁画》发行时各地的纪念邮戳

每组敦煌壁画邮票的发行都会引发各地邮票公司或个人的关注，设计的纪念邮戳百花齐放、争奇斗艳。以下仅展示1987年5月20日《敦煌壁画（第一组）》发行时，各地"官方"设计的纪念邮戳。

有些省市的邮票公司会制作当地的纪念邮戳卡，这是专供加盖各种邮政戳记而印制的一种小型硬纸片，或者是集邮部门为满足集邮者需要而特制加盖好的各种邮戳卡。

以上3枚分别是北京、上海和广东省邮票公司制作的纪念邮戳卡。

一些地方邮票公司，尤其是省会城市的邮票公司会设计各式各样的纪念邮戳，加盖在各市自行设计的首日封上，如：敦煌（原地）、北京、天津、上海、黑龙江（哈尔滨）、辽宁（沈阳）、山东（济南）、山西（太原）、江苏（南京）、浙江（杭州）、湖北（武汉）、湖南（长沙）、广东（广州）、云南（昆明）、陕西（西安）、广西（南宁），另有牡丹江、齐齐哈尔、青岛、扬州、镇江、常州、无锡、嘉兴、厦门、江门等，多以"飞天"为图案，邮戳样式见下页。

2. 敦煌壁画邮票甘肃纪念邮戳

甘肃省邮票公司和敦煌市邮电局在1987~1996年发行六组《敦煌壁画》邮票时都设计了纪念邮戳盖销于首日封上，成为一道独特的风景线，邮戳样式见下6图。

3. 别致的挂号戳记

甘肃敦煌邮局发行每组《敦煌壁画》首日封时，都设计了别致的挂号戳记，独具一格，富有敦煌特色。前4枚为前4组的挂号戳记，第5~6组有挂号和快件之别。

（二）共性的体现——各类加盖在敦煌邮票上的邮戳

邮戳的分类有多种方式，笔者将其分为普通邮戳、专用日戳和邮政副戳三类。

1. 普通邮戳

普通邮戳指各级邮政业务部门日常使用的邮戳，就是通常用的普通组合戳，戳记表明收、发邮件的时间和地点，有的带有戳具编号，如一号戳、二号戳或其他标识等。一般的邮件上大多用此类邮戳。本节遴选的邮品依次为三格式戳、集邮公司日戳、双地名戳、双文字戳、邮资机邮戳、机盖戳等。

（1）三格式戳

三格式戳是圆形邮政日戳的形式之一。外部为圆形虚线或者实线，内部有两条虚线或者实线将圆戳分割成三格，标注地点和时间。

A. 改造日戳

中国人民邮政沿用修改过的中华邮政日戳，故称"改造日戳"。中华人民共和国成立初期，限于物质条件，难以全部及时更换日戳。1951年10月1日邮电部决定，将中华邮政日戳面英文地名凿掉后继续使用，一般用到1956年，个别到1957年为止。

以上4图为1952年7月1日发行的特3《伟大的祖国（第一组）——敦煌壁画》首日盖销戳记，属于改造日戳。虚线三格式圆戳内分为三格，上格标地址，中格标日期，下格原先为英文地名，铲除后留有空白。

B. 未铲字戳

以上4图为1953年9月1日发行的特6《伟大的祖国（第三组）——敦煌壁画》，均销"首月"戳记。第1和第4枚为三格式戳中的单线戳，其中第1枚为"首日戳"，下格为英文地名；第2和第3枚为三格式戳中的点线戳；第4枚中格时间用的是汉字。

C. 纪念戳

上图为笔者好友的藏品。1952年11月7日为纪念苏联十月革命三十五周年而制作的纪戳封，贴全套特3邮票，盖5枚红色纪念戳（正面4枚，背面1枚），销上海改造日戳，当日由上海寄浙江宁波，背贴挂号快递函件执据，盖收藏者章。

（2）集邮公司日戳

集邮公司日戳是指国有集邮公司业务专用日戳，限公司营业部门用来加盖集邮品或集邮业务单据，除对当日实寄的首日封盖销邮票和表示邮件收寄之用外，在其他情况下不准用作表示邮件收寄、投递等功能，规格式样与普通日戳相同，有些刻有"集邮"字样。

以上2图为1990年7月10日发行的《敦煌壁画（第三组）》福州市邮票公司封，由祝友设计，福州寄本市首日实寄封2枚一组，销福州纪念邮戳和日戳，戳上刻有"集邮"字样，贴挂号条。到达目的地时间为次日。

（3）分拣日戳

分拣日戳是加盖于邮局窗口收寄、信箱取出的邮件上，供邮局内部办理邮件分拣、封发、市运、转运使用的日戳，如"筒取戳""封发戳"等，属邮局内部专用责任戳记。

上左图贴1992年9月15日发行的《敦煌壁画（第四组）》第1枚"唐·菩萨"，面值20分。封面左侧油印敦煌莫高窟造型及简要介绍文字，中间盖有浙江湖州红色纪念戳。由浙江湖州寄嘉兴，销发行首日"筒取"戳。

上右图贴1994年7月16日发行的《敦煌壁画（第五组）》全套，贴航空条，为湖北当阳寄台湾中坜的实寄封，销发行首日"封发"戳。

（4）双地名戳

双地名戳又名"更改名称之邮戳""两重地名戳""新旧地名邮戳"，含义均为随时代演进而更名，为公众谙熟起见而推行的一类邮戳，戳内局名除镌新地名外，附列加括弧的旧地名。

左图为贴"T.126（4-2）西魏·战斗"的实寄封，盖浙江双地名戳"上虞（百官）"。秦始皇帝二十五年（公元前222年）置上虞县。据传，上虞县是虞舜后代的封地，地名虞宾。据《太康地记》："舜避丹朱于此，故以名县。百官从之，故县北有百官桥。亦云舜与诸侯会事造，因相娱乐，故曰上娱（娱通虞）。"秦王嬴政二十五年（公元前222年）建县时县治设百官镇，唐长庆二年（公元822年）县治迁丰惠镇。1954年9月，县人民政府迁至百官镇。1992年10月18日，上虞撤县设市。百官镇位于浙江的东部，是上虞区的市中心，属于绍兴地区最东边的城市，其地名与其历史具有不可分割性。

（5）双文字邮戳

双文字邮戳，也称双语邮戳，是指在邮戳中出现两种或两种以上的文字（不含阿拉伯数字）的特殊邮戳，是邮戳爱好者收集的一个种类。

通常在少数民族聚集区的邮政局（所）会出现双文字邮戳，使用的民族文字主要有：藏文、维文、蒙文、朝鲜文、彝文、傣文、哈萨克文（甘肃阿克塞）、东巴文（云南丽江）、哈尼文（云南红河）、满文、景颇文（云南德宏地区是景颇文、傣文、汉文三文字戳）、壮文（广西南宁）、苗文（少量地区）、拉祜文（云南澜沧）、侗文（贵州凯里）、布依文（贵州都匀）、傈僳文等。个别地区（如云南瑞丽等）有三文字邮戳。

在此笔者仅以从西藏寄出，贴《敦煌壁画》邮票的邮戳为例，涵盖西藏所辖的6个地级市、1个地区，分别为拉萨（曲水县）、日喀则（白朗县）、山南（措美县）、那曲（尼玛县）、昌都（左贡县）、林芝（波密县）和阿里地区（日土县），括号内为邮戳地名。

右图为西藏拉萨曲水县寄往广东深圳市的航空信封，贴面值10分的"T.150（4-2）隋·供养菩萨"敦煌壁画邮票，背贴2枚其他邮票资费12分，共计22分邮资，盖"西藏曲水"双文字戳，且为邮政编码戳，寄出时间为1991年7月31日，到达目的地时间为1991年8月13日。

为节省篇幅，将信封裁切，仅展示敦煌壁画邮票和销印在票上的双文字邮戳。

以上5图是从西藏的白朗县、措美县、尼玛县、左贡县、波密县寄出的实寄封，销双文字戳，且均为邮政编码戳。

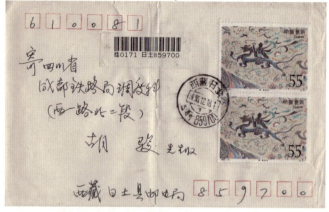

左图为西藏阿里地区日土县寄往四川成都的邮件，贴2枚面值55分的"1992-11 T（4-3）唐·乘龙升天"敦煌壁画邮票，盖"西藏日土"双文字戳，且为邮政编码戳，寄出时间为1995年12月18日，到达目的地时间为1996年1月10日，正面贴挂号签条，背面贴国内挂号邮件收据。

（6）邮资机邮戳

邮资机邮戳即邮资机戳，又称邮资机符志、邮资机印志。邮资机戳标有邮政铭记、邮资数值，一般与日戳一并直接加盖在邮件上，相当于已贴邮票，多为红色盖印。邮资机邮戳种类繁多，最为常见的由两部分组成，左边是与现行的普通邮政日戳相似的单圈型的日戳，右边是三格式的戳记，上格是"中国邮政"铭记，中格是邮资金额，下格为该邮资机的编号。

左图为中学生参加竞赛的信件，由甘肃武威寄北京清华大学，信封为甘肃省邮政局监制的"73-0001-2"普通信封，封面左下角用"敦煌剪纸"（见第140页）图案修饰。邮资机戳左侧为单圈型日戳，标注"甘肃古浪（县），2006年11月9日，大靖（镇）"，到达清华大学的时间为当月18日，右侧为三格式戳记，上格是"中国邮政"铭记，中格是邮资0.80元，下格"甘 HB2"为该邮资机的编号。

（7）机盖戳

用机械方式盖印的戳记，包括单一手动的或电动机盖的代资戳、过机戳、包裹收寄机戳、日戳与销票戳、日戳与邮资戳等组合戳，以及由电脑控制自动盖印的邮政日戳等。

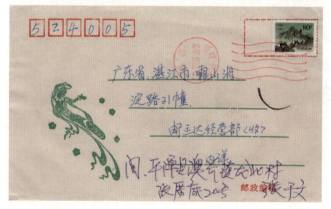

左图为福建平潭寄广东湛江的信件，2000年9月22日寄出，当月25日送达。信封为福建省邮电管理局监制的"35-0235-普2"信封，封面左下角用"敦煌飞天"（见第187页）图案修饰。

2. 专用邮戳

专用邮戳指邮局的专业部门或专设邮局所用的邮戳，其中前者如专为军队寄递邮件使用的军邮戳；后者如火车邮局、流动邮局或临时邮局等戳，除了均刻有专用方面的字样外，还标明收件的日期、时间，甚至地点、船号、行车线路等。在此以敦煌邮品中的军邮戳、火车邮戳、快递戳、印刷品戳和航空戳为例。

（1）军邮戳

军邮戳是专为军队寄递邮件使用的戳记，带有部队番号（代号）或"军邮"字样的免费邮戳。中国人民解放军军邮总局成立之前，各野战军、兵团和军区使用各种军邮局免费戳，规格不尽相同。1951年3月1日，中国人民解放军军邮总局成立以后使用新式邮戳，戳上边刻有"中国军邮"字样的圆形戳。1957年9月1日~1969年3月31日，各军邮站全部撤销，邮件寄递工作移交各地邮局，寄递时统一使用"免费军事邮件"字样的三角戳。1984年10月1日，实行新兵役法后开始启用"义务兵免费信件"字样的三角戳。

A. 中国军邮戳

军邮戳记。1951年3月1日开始使用，又称军邮代号戳。戳式为圆形，直径30毫米，戳上边刻有"中国军邮"四个字，下方刻有军邮局代号，无具体地址。

右图为杭州2740部队（编号60201）寄北京大学的信封，盖军邮戳，寄出时间为1955年8月21日，到达北京的时间为当月24日，封背盖有紫色的投递员姓名章。左上角的红色美术图案（较第097页）标注为"敦煌壁画·供养人·隋"，实则图案选用的是敦煌第296窟中北周时期的一幅作品（见第055页，特3邮票介绍）。

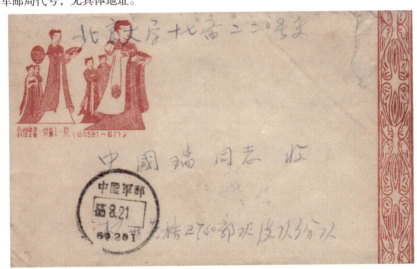

右图为华东第三连（编号60205）寄浙江省委党校的信封，盖军邮戳，寄出时间为1955年3月24日，到达杭州的时间为当月26日。左上角的蓝色美术图案（较第097页）标注为"敦煌壁画·供养人·隋"，实则图案选用的是敦煌第296窟中北周时期的一幅作品（见第055页，特3邮票介绍）。

B. 免费军事邮件戳

现役军人免费寄平信的戳记。1957年9月1日，中国人民解放军军邮工作移交地方，军人免费信件统一加盖单线边、带五角星图案的等腰三角形"免费军事邮件戳"，每边长27毫米，单线，上角内镌一颗五角星。1969年4月1日开始停止使用。

上图为吉林省延吉市天宝山驻军寄四川省洪雅县的信封，盖军邮戳，左下角印有"敦煌飞天"美术图案。

C. 义务兵免费信件戳

现役义务兵免费寄平信的戳记。1984年10月1日，恢复义务兵免费邮寄平信制度，同时制作义务兵免费邮件戳加盖此类信件，戳式一般为文武边等边三角形，每边长一般为36毫米，上方是"八一"军徽，下方是"义务兵免费信件"七个字。

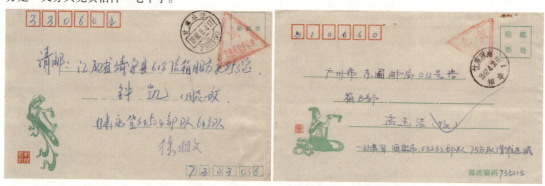

上左图为甘肃永登84504部队64分队寄江西靖安的信封，盖军邮戳，左下角印有"敦煌剪纸"飞天造型（见第187页）美术图案。
上右图为甘肃酒泉68233部队75分队寄广东广州的信封，盖军邮戳，左下角印有"敦煌剪纸"礼佛图（见第140页）美术图案。

（2）火车邮戳

我国的火车邮局戳始于海关邮政时期。1896年，当天津、山海关、沟帮子铁路通车时，海关邮局即开始在该线路运递邮件。早期的火车邮局邮戳文字极不统一，形式也不相同。

如今火车邮戳与邮政日戳都是邮政部门处理日常业务的印章，同邮政日戳一样，它的日期具有法律效力，不同之处在于它是火车上的邮政车在沿途办理邮件时使用。其戳式是双线加腰框式。邮戳的上半环为火车线路名称，刻有邮路区间，另加"火车"两字表示该戳为火车邮局用戳。下半环为邮政派押局名，并加括号，腰框上为年月日，但没有具体时间。广义上的火车邮局戳，也包括纪念戳、指示戳等。

　　上左图贴T.116《敦煌壁画（第一组）》第1枚"北凉·供养菩萨"邮票，信封是福州市邮票公司发行的首日封，由刘兴森设计，左侧图案是一位奏乐的飞天。销首日"福厦沪火车"3号戳，时间为首发日1987年5月20日，到达时间为当月22日。

　　上右图贴T.116《敦煌壁画（第一组）》第1枚"北凉·供养菩萨"邮票，销1989年5月21日"京青火车"4号戳，到达时间为当月22日。

　　上左图贴T.126《敦煌壁画（第二组）》第1枚"北魏·狩猎"邮票，为首发日1988年5月25日，销首日"青济火车"3号戳，到达时间为当月28日。

　　上右图贴T.126《敦煌壁画（第二组）》第2枚"西魏·战斗"邮票，为首发日1988年5月25日，销首日"青兰火车"9号戳，到达时间为当月29日。

　　上图贴T.126《敦煌壁画（第二组）》第1枚"北魏·狩猎"邮票，寄发时间为1990年5月4日，销首日"宁沪火车"4号戳，到达时间为当月7日。

（3）快递戳

国际快递邮件的专用标志戳记。为矩形，规格37×13毫米，有边框，中法文对照，用红或紫色盖印。世界各国快递戳大多用法文（EXPRES）全称。

上图为航空信封，贴1994年7月16日发行的《敦煌壁画（第五组）》全套，补资5分，总邮资2.45元，销红色快递（EXPRES）戳、纪念戳和邮政编码日戳，贴挂号条，发行首日由江苏无锡寄台湾台北。

（4）印刷品戳

印刷品戳是盖于准寄书报刊和图书目录邮件上的标志戳记。个人交寄的印刷品经邮局窗口检视后封固，由邮局加盖红色印刷品戳记。各地的印刷品戳并不统一，除印刷品戳外，还有"印刷品挂号""印挂""挂刷"等。

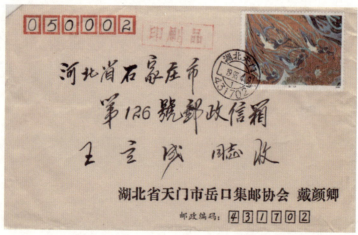

上图是由湖北省天门市岳口集邮协会寄河北省石家庄市实寄封，贴T.150《敦煌壁画（第三组）》第1枚"隋·飞天"，盖印刷品戳。1992年7月1日起，寄外埠印刷品资费调整为8分，此信于1993年4月9日寄出。

（5）航空戳

航空戳是一种刻有"航空"字样的戳印，盖于航空邮件上，属于航空邮件的专用戳记。

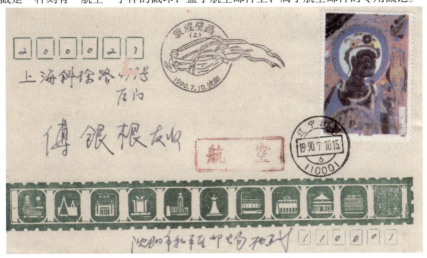

上图贴1990年7月10日发行的T.150《敦煌壁画（第三组）》第2枚"隋·供养菩萨"，面值10分，它是沈阳市邮票公司发行的宣传封（封背印有沈阳这座城市的介绍文字），编号"SYF（1-2）1988"，发行首日由辽宁沈阳寄上海，销沈阳纪念戳和邮政编码日戳，盖红色"航空"戳，到达目的地时间为当月13日。

3. 邮政副戳

邮政副戳又称邮政业务戳。除邮政日戳以外，邮政部门办理各种业务所使用的其他戳记的统称，其特点是无销票功能。各种戳记根据不同情况分别盖印于收寄、分拣、封发和投递的邮件上。中国的邮政副戳包括通知戳、欠资戳、试投戳、退件戳、说明戳等。

（1）通知戳

通知戳是通知收寄件人或向其说明邮件情况的戳记，如向收寄人解释邮件在运递过程中出现的各种情况和原因；通知收寄人正确书写信函；按规定时间、地点领取邮件等。通知戳包括正确书写邮政编码戳、事故戳、快件速取戳、误投戳等。

上图贴1988年5月25日发行的T.126《敦煌壁画（第二组）》第2枚"西魏·战斗"，首发由山东济南寄青岛，盖有红色的青岛市邮电局邮政编码通知戳。

（2）欠资戳

欠资戳指邮局加盖在未贴邮票或未贴足邮资、贴已停用邮票的邮件上，标注邮件欠资，通知寄信人或收信人补交邮资的专用邮戳。其戳多为横椭圆形，上面刻有"欠资"字样，中间有填写补交邮资欠额的空格。投递员根据此戳与标定欠资数额，随投件收取欠资。

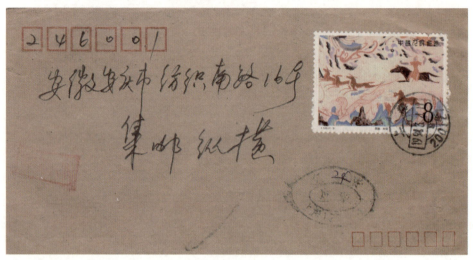

上图为上海寄安徽安庆《集邮纵横》编辑部的印刷品信件。贴T.126《敦煌壁画（第二组）》第1枚"西魏·狩猎"，盖有黑色双椭圆欠资戳，外圈上注"欠资"字样，下注地名（上海），内圈注"应收"字样。

（3）试投戳

由投递局盖印于因收件人地址不详、邮政编码有误、收件人单位迁址等原因而无法投递邮件的一种戳记。

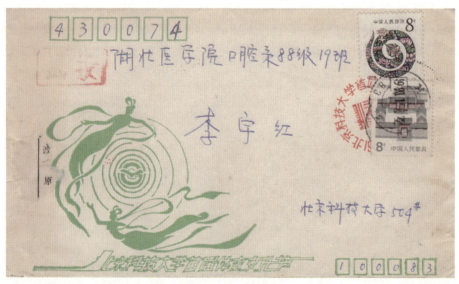

上图为北京科技大学学生会集邮协会制作的纪念封，以"敦煌飞天"为美术图案，由北京寄湖北武汉，到达时间为1990年1月1日，1月8日退回北京，加贴1枚邮票后于1月11日到达湖北武汉。信封左上角盖有红色"试投"戳。

（4）退件戳

邮局退件戳是指邮件由于寄件人书写地址不详或有误而无法投递，邮局按章办理退件手续，将邮件退原寄件邮局，在信封上加盖的一种邮政业务戳。有的邮局不使用退件戳，而使用改退批条。

上图为中国（辽宁）沈阳寄美国加利福尼亚州卡森市实寄封，贴1994年发行的《鹤》和《敦煌壁画》中第4枚"唐·魔女"各1枚，总邮资3.6元，盖红色航空邮戳和英文退回戳。1994年12月1日寄出，退回时间为当月26日。

（5）说明戳

对邮件相关情况做出文字说明的邮戳。

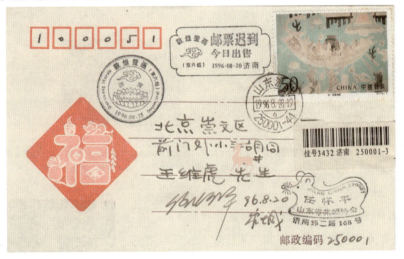

上图为山东济南寄北京的实寄封。《敦煌壁画（第六组）》于1996年8月15日发行，集邮者非常注重"首日"的意义，但说明戳印有"邮票迟到今日出售"的文字，比发行首日晚了5天。盖寄信者山东省集邮协会任怀平的个性化鼠年戳及签名，信封贴第3枚"宋·观音济难"和挂号条，销济南纪念戳（15日）和日戳（20日），到达目的地时间为当月22日。

邮政戳记是邮件处理、传递过程的记录，从一个侧面反映了邮政发展和变化。对集邮者而言，邮戳是实寄邮品不可缺少的构成要素之一，是收集邮品的重点、鉴定真伪的要点和编组邮集的素材。

二、邮政签条

"邮政签条"是邮资主管部门统一规定，各地邮政部门印制，粘贴在邮件上的各种标志。按邮件种类性质分为责任签条和标记签条两大类，前者给据邮件贴用，如挂号、包裹等邮件的收、运、投，均须办接交手续以明确责任；后者只表示邮件运输方式的标志，如航空签条就是标记签条的一种，由寄件人自贴，不须办理交寄手续。

（一）航空标签和挂号签条

航空标签是表明用飞机运递的标签。国内航空标签一般有两种：一种为天蓝色有边框，只印中文"航空"二字，四周打孔或印有虚线；另一种为蓝色白字有齿或无齿无边框，印中法文对照的"航空"字样。

挂号签条是由邮政部门印制的寄递挂号邮件贴用的标签，当办完挂号手续时，把挂号签条贴在信封边角，表明邮件已经付足挂号邮资。挂号签条上印有挂号号码和收寄局名称，由邮局经办人粘贴，以别于其他邮件。中国现行的国内挂号邮件用的挂号签条为条形码形式，国际挂号邮件用带"R"字母的签条。

以上4图为1987年5月20日发行的《敦煌壁画（第一组）》首日封，由北京市邮票公司制作，发行首日由北京寄香港。销纪念邮戳和日戳，贴"航空标签"和红色"R"字"挂号标签"，4枚封按照邮票面值，贴普票补资，每枚总邮资不低于80分。

（二）挂号信函贴条

表示挂号邮件的标志戳记。中国挂号戳始于1878年3月23日海关试办邮政时期，用"R"表示。之后逐步改为中英文或中文"挂号"戳。中华人民共和国成立初期也多沿用旧戳式挂号戳，后改为竖形中文"挂号"和有边框"单挂号""双挂号""挂号信函"等戳式，一般左栏只有"挂号"两字竖排，右栏上格为挂号邮件编号，下格为收寄局名称。自粘贴挂号签条后，挂号戳记基本停用。

上图为1987年5月20日发行的《敦煌壁画（第一组）》小型张实寄封，发行首日由（辽宁）沈阳寄吉林敦化，销沈阳敦煌壁画纪念邮戳和日戳，贴"挂号"条，注明挂号邮件编号和收寄局名称。到达目的时间为当月25日，销敦化双文字戳。

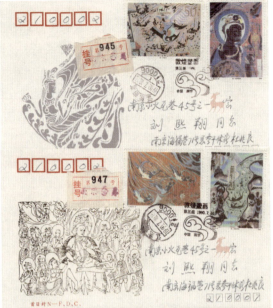

上图为1988年5月25日《敦煌壁画（第二组）》发行首日由厦门寄本市的实寄封，销纪念邮戳和邮政编码日戳，贴"挂号信函"条，注明挂号邮件编号和收寄局名称。到达目的地时间为次日。

右2图为南京市邮票公司为配合1990年7月10日发行的《敦煌壁画（第三组）》而制作的首日封，由徐健设计，编号"N.S.F（90-10）"，发行首日由南京寄本市，销南京敦煌壁画纪念邮戳和日戳，贴"挂号"条，注明挂号邮件编号和收寄局名称。到达目的地时间为次日。面上的信封图案较有特色地用金线勾勒出"尸毗王本生故事"，与第一组小型张"萨埵太子本生故事"相呼应，都绘制了佛祖前世慈悲献身，造就后世成佛的因果（较第058页）。

（三）地方附加费贴条

地方附加费贴条是地方邮政部门在应该支付邮资之外收取费用的凭证。地方附加费是地方邮政部门在国家规定邮资外征收的费用。1987年1月1日，广东省先开始收取，之后许多省市也相继效仿，到1990年7月30日之前，全国有24个省、市、区都不同程度征收"邮件附加费"，用于地方邮政通信建设。1990年7月31日，中国开始调高国内邮政资费，附加费暂时取消，但因这次邮政资费调整不到位，有些省、市、区又恢复征收。1993年10月1日后，各地征收附加费被制止，仅有极个别地方延续了不长时间。

邮电部在有关通知中曾明确："邮件附加费凭证虽然不是邮票，但也是一种邮资凭证。"附加费虽然消失了，但它作为中国现代邮政史上的特殊事实，有着重要的史料价值，并产生了专门的收藏和研究群体。

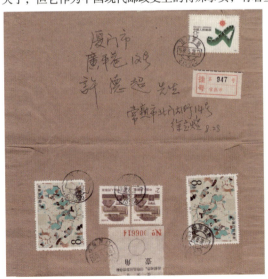

上左图为1988年8月28日江苏常熟寄福建厦门实寄封，贴2枚T.126《敦煌壁画（第二组）》"西魏·战斗"和1枚J.151《亚运会》，2枚《民居》普票，总邮资28分，贴附加费条，收取附加费1角，贴挂号条，销邮政编码日戳。

上右图为1989年2月18日四川自贡寄山西祁县实寄封，贴2枚T.126《敦煌壁画（第二组）》"北周·农耕"，总邮资20分，贴附加费条，收取附加费0.10元，贴挂号条，销邮政编码日戳。

（四）国内邮件代封纸

国内邮件代封纸，又称代封券、代封票、重封纸等，它是邮件在寄递过程中，由于未封口、封口破损或邮件封皮破裂，为避免内件遗失，由邮政员工代为补封所贴用的封签条，粘贴后加盖邮局日戳以明责任。它由邮局印刷，供内部使用。

从1953年开始印制以"中国人民邮政"为铭记的国内邮件代封纸，经1963年6月到20世纪70年代、80~90年代的几次修订，代封纸在图案、规格、颜色、字体、边框、花纹上略有变化，但主体依然为"中国人民邮政、收到已破邮局代封、代封人签名、主管人签名"等信息。

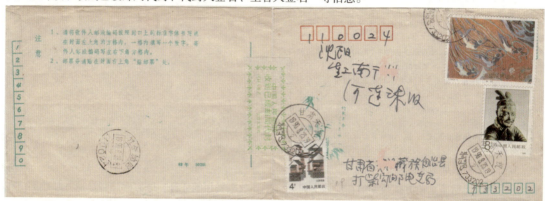

上图是甘肃天祝寄（辽宁）沈阳的信件，贴1990年发行的《敦煌壁画（第三组）》第1枚面值8分"隋·飞天"，1枚面值8分《秦始皇陵铜车马》和1枚4分普票《民居》，共计邮资20分，盖3枚甘肃天祝双文字戳，日期为1990年8月23日（邮资已经调整为20分），到达辽宁沈阳的时间为当月28日，盖当地邮政编码戳。封面和封底连接处破损，贴黄绿色代封纸1枚。

（五）试投批条和改退批条

试投批条是处理国内邮件投递手续的一种批条。因邮件上书写的邮政编码与收件人地址不符、道路同名或更改、门牌号重编或新设等原因需要试投，贴试投批条，转他局投或由本地邮递员试投。

改退批条是邮局收到的国内邮件无法正常处理时使用的一种批条。因收件人地址不详、迁移新址、查无此人或邮资不足等原因，邮件需要退回寄件人或改寄他址时，由邮局勾批后粘贴在邮件上加盖日戳和经办人名章。

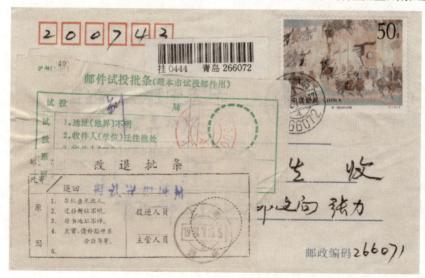

上图是（山东）青岛寄上海的实寄封，贴1枚1994年7月16日发行的《敦煌壁画（第五组）》中的"唐·张议潮出行图"，贴挂号条，7月19日从青岛挂号寄出，7月22日到达上海，贴1枚"邮件试投批条"，试投无果后，7月23日又在此条上贴"改退批条"。

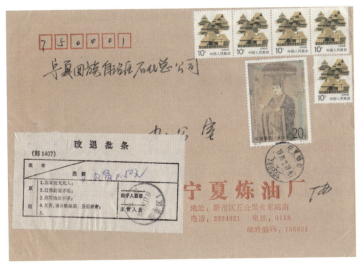

　　上图为宁夏银川寄本市的"公函封"，贴1枚1996年8月15日发行的《敦煌壁画（第六组）》中的"五代·于阗国王"（4-2，20分）和5枚面值10分的《民居》，共计70分邮资，改退批条上注明"欠资0.50元"，日戳时间为1999年7月19日，但批条上落地戳却显示1999年7月17日，早于日戳，且漏盖邮票，属于"改退欠资漏销错戳"的自然实寄趣味封。

（六）邮政快件标志签

　　邮政快件标志签为专用于邮政快件信函、快件汇款单和物品型邮政快件包封上贴用的标志。中国于1987年11月10日开办国内邮政快件业务，1998年7月1日停办。邮政快件标志签于1989年1月1日开始使用。

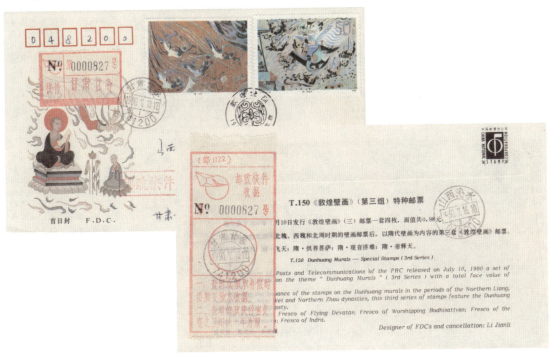

　　上图为1990年7月10日总公司发行的《敦煌壁画（第三组）》首日封，甘肃甘谷寄山西沁水县，封面盖有红色"邮政快件"戳，贴"邮政快件标志签"，到达目的地时间为当月16日，附有1枚寄发时的"邮政快件收据"。

　　邮政签条是邮政管理部门为其从事各种业务而制作的签条。尽管不是邮资邮票，但这些签条均为官方印制的正式邮品，并由此形成了邮政服务研究的一个类别。

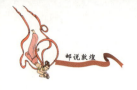

第六节　贴敦煌壁画邮票的邮政单据

邮政单据是邮政部门处理各项业务时，在邮政内部各个环节、邮政部门与用户之间进行交接时所使用的单据。常见的有包裹单、汇款单、查询单等，在领取相关邮件时需要交回邮局存档，因而一般难以收集。下面以贴有敦煌壁画邮票的单据为例，解读不同的邮政单据。

一、包裹单

包裹单是邮政部门和物流公司在邮寄包裹时附上的单据，包括由寄件人填写的收件人栏、寄件人栏、包裹物品名称，由邮局填写的包裹号码、接收局号码、包裹重量、资费等信息。早期的在背面印有附言、领取包裹通知、领取包裹收据等信息，是运送合同的体现和凭据。包裹单为集邮者留下一份宝贵的素材，从专题集邮的角度来看，它具有各种丰富的信息，在《FIP竞赛性邮展规则暨邮集制作指南》中，也明确地提到邮政业务中的包裹邮件是适用的组集邮品。

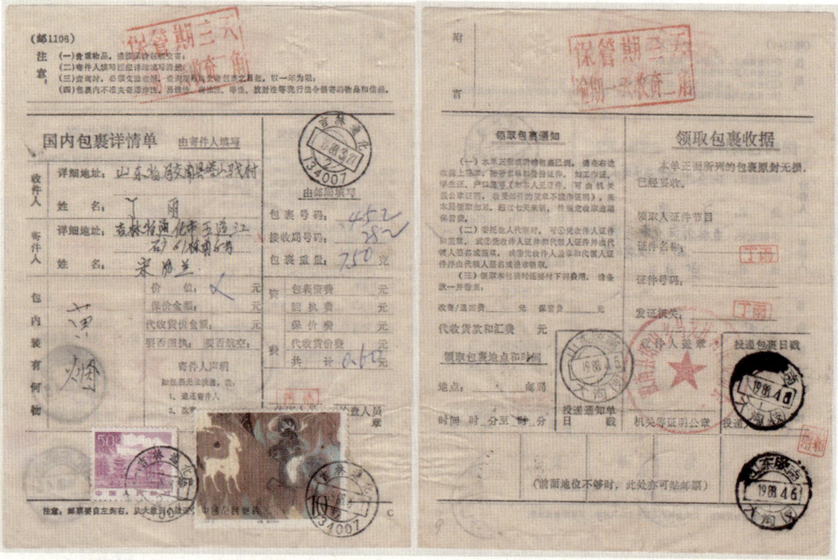

左图是由吉林通化市寄往山东胶南县的包裹单，寄送的是黄烟，重750克。正面贴有1枚T.116《敦煌壁画（第一组）》中面值10分的“鹿王本生”，另加1枚面值50分的《祖国风光》普票，共计运费0.6元。盖1988年3月27日吉林通化邮政编码戳，有收寄人员盖章，到达山东胶南的时间为4月5日，有收件人和投递人盖章，正反面都盖有“保管期三天逾期一天收费二角”的红色戳记。

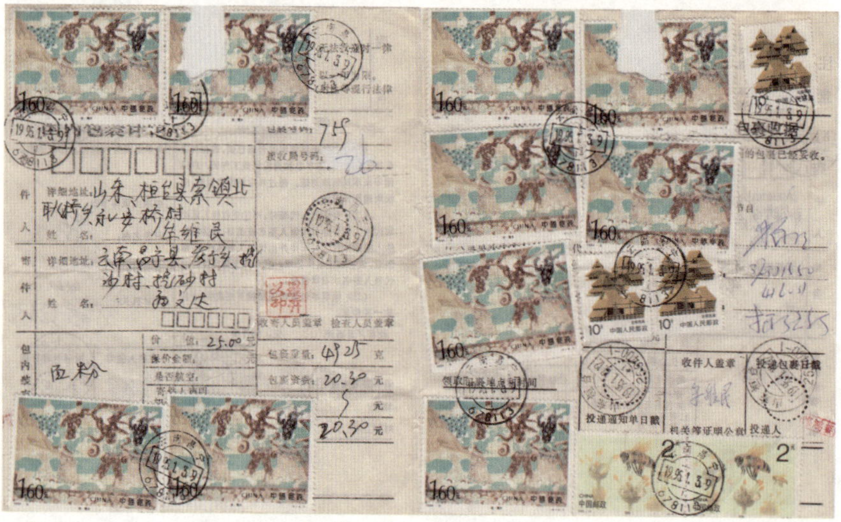

左图是由云南昌宁县寄往山东桓台县的包裹单，格式与上一枚大同小异，较为明显的是添加了邮政编码框（见第149页附2），寄送的是面粉，重4925克。正反面共贴有10枚面值1.60元的《敦煌壁画（第五组）》1994-8T（4-4），这是发行的所有敦煌壁画邮票中，除小型张外面值最高的1枚，另加2枚面值2元的《蜜蜂》和3枚面值10分的《民居》，共计运费20.3元。盖1995年1月3日云南昌宁邮政编码戳，有收寄人员盖章，到达山东桓台的时间为1月17日，有收件人签名和投递人盖章。

二、汇款单

（中国人民）邮政汇款通知单是国内汇兑使用的单据，绿色双面印，袋式。正面分两部分，由汇款人与邮局分别填写。反面印收款人注意事项和取兑时的填写要求。汇票装在袋内一并寄兑付局备验。

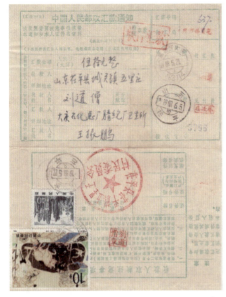

上左图为"中国人民邮政汇款通知"，由（黑龙江）大庆汇款到山东茌平县，汇出时间为1989年5月21日，销黑龙江大庆邮政编码戳，到达时间为当月27日，盖山东茌平县，兑付时间为6月5日，汇款金额50元，盖"快件汇款"戳记，背面贴1988年5月25日发行的《敦煌壁画（第二组）》第3枚"北周·农耕"，面值10分，另贴1枚普票《祖国风光》40分，共计汇费50分。正面盖有收汇局、收汇员、兑付员印章，收款人未填证件名称和号码，盖有收款人章和村民委员会的证明机关章。

上右图为"中国人民邮政汇款通知"，由湖北巴东汇款到恩施，汇出时间为1995年5月12日，销湖北巴东邮政编码戳，到达时间为当月17日，盖湖北恩施邮政编码戳，兑讫时间为当月19日，汇款金额300元，盖"快件汇款"戳记，背面贴2枚1994年7月16日发行的《敦煌壁画（第五组）》第1枚"唐·飞天"，面值10分，另贴1枚普票《民居》80分，共计汇费100分。正面盖有收汇员、兑付员印章，反面填收款人姓名、学生证号码，盖有恩施土家族苗族自治州工业学校领取邮件专用章。

三、查询单

邮件查询单是寄件人因收件人未收妥所寄的邮件，故而向邮电局提出申请查询相关邮件投递情况的单式。

右图为"查询邮件申请书"，寄件人地址为北京首都师范大学，收件人地址为陕西省。交寄时间为1995年7月11日，单据上贴1994年7月16日发行的《敦煌壁画（第五组）》第3枚"唐·张议潮出行图"，面值50分，销北京1995年8月19日日戳，盖红色北京市西区邮电局查询专用章和经办人印章，另有查询编号等信息。

从集邮的角度来看，贴在包裹单、汇款单和查询单上的邮票和盖销的邮戳记录了邮寄资费、邮路历程、时间跨度等信息，包含多样性的邮政内容，通过用户和邮局的交互过程也可以了解某个时期的邮政操作流程。以逾期收取保管费用的戳记为例，各地方逾期收费不尽相同，有些是1天收费2角，有的3角，有的在7天后收7角等。单据上的戳记可以作为素材，编组到相关的专题邮票中参展。这些都蕴含着无比丰富的邮识，也是时代的印记。

第七节　敦煌壁画实寄封

信封是专门用来包装所要寄递的书信或资料等纸质品的封套。信封经过实寄后，上面盖有各种戳记，有些还贴有签条，记录了比邮票、邮戳更多的信息，具有历史见证和史料价值，是研究邮政史和邮票史的佐证，是集邮收藏、研究的重要对象，也是制作邮政史邮集、传统邮集和专题邮集的重要邮品。

实寄封按照不同的功能和寄递方式，可分为平信封、挂号封、印刷品封等；按照业务可分为航空封、军邮封、快件封等；按照所贴邮票可分为老纪特封、JT票封、编年票封等；按照寄发时间可分为首日封、首航封、尾日封等；按照邮资可分为贴票封、免资封、欠资封等；按照制作机构可分为"官封"（由各级邮票公司发行）和"私封"（由集邮爱好者设计）等；按照艺术性可分为手绘封（手书封）、签名封、美术封等；按照信封材质可分为普通纸质封、丝绸封、绢质封、宣纸封等。

本节选用的是以敦煌壁画为主题，经过邮政实寄的信封，且绝大多数是首日实寄封。笔者按照自己的藏品遴选、分类实寄封，共展示以下12项："特3、特6封""官方首日封""首航封""尾日封""快件封""公函封""外展封""特色封""纪念封""广告封""艺术封""牛年封"，各项又以邮票发行的时间顺序进行排列。这样的分类纯属"个性化"展示，因为它们之间无法做到泾渭分明，往往表现为相互融合的关系，只是侧重点不同而已。本节不仅是本章的重点，也是本书的核心。

一、特3、特6实寄封

1952年7月1日发行的特3《伟大的祖国（第一组）——敦煌壁画》和1953年9月1日发行的特6《伟大的祖国（第三组）——敦煌壁画》，距今虽有70年的历史，却属于"廉价票"系列，目前两套新票加起来的市场价不过100元左右，但贴有这些邮票的实寄封，尤其是贴全套邮票的老纪特旧币票（注：共计8枚，每枚面值均为800圆，当初旧币的800圆相当于新人民币8分）首日实寄封却可遇而不可求，偶尔能够在邮品拍卖时一睹尊容。

（一）原地实寄封

原地封是20世纪80年代初在中国兴起的一个集邮类别，其概念由香港邮学家朱桐于1984年提出，但在此之前早已有符合原地实寄封定义的邮品存世。原地封是指从与发行邮票主题或主图直接相关地点实寄的信封，在权威的《中国集邮百科全书》《中国集邮大辞典》中均收录解释性词条。

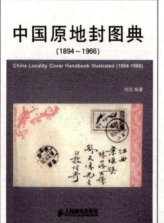

2009年，何欣编著了《中国原地封图典（1894~1966）》一书（见左图），图文并茂地收录了70多年间的400多件中国原地封精品，每件藏品均有翔实的解说。封面采用了贴有特3第3枚敦煌飞天邮票的同图美术封，书中第233~236页分别展示了全套4枚实寄封（见下页4图），并注明"信封与邮票同图美术封，形成极限封，目前仅见此一件"。这4件实寄封于1955年3月28日从甘肃敦煌寄出，收件人均为舒天保，到达江西景德镇的时间为4月10日，这与特3发行日期间隔了近3年（注：第4枚信封上的美术图案为特6中的第4枚造型，当时特6已发行了两年，不知为何不做"相应匹配"）。估计是这两套邮票发行后，其删繁就简的构图给予信封设计者以灵感，从而制作了此类美术封。笔者通过一些藏品推测这批"敦煌美术封"可能于1955年前后印制，且产地可能是浙江。本书中的军邮戳（见第083页）、美术封（见第105页）、飞天封（见第183页）部分有相关信封展示，虽然信封的敦煌壁画图案及右侧花纹都高度相似，但颜色和大小有差异。

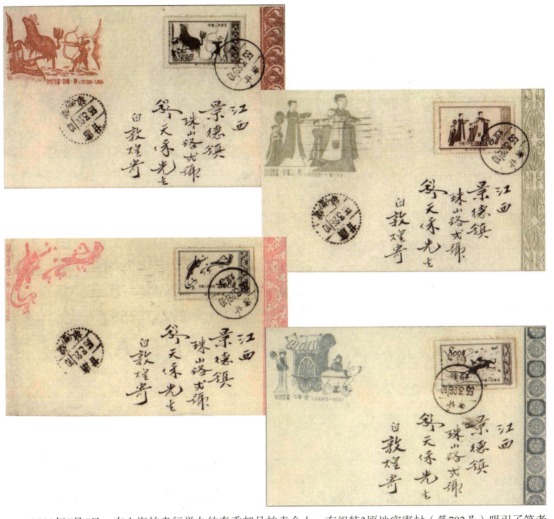

　　2020年7月5日，在上海拍卖行举办的春季邮品拍卖会上，有组特3原地实寄封（第792号）吸引了笔者的注意，与书中记载的信息雷同，也是由甘肃敦煌寄江西景德镇，寄发时间相同，信封上美术图案颜色一致，但收信人为李仁山，且书写地址使用的是钢笔而不是毛笔，另外第3枚右侧修饰图案破损。邮品从起拍价5,000元开始，一路飙升至94,000元，加佣金后108,100元成交，创造了原地封拍卖的最高记录。根据景德镇陈圣成的《通过信封看历史：2020年7月春拍10.81万的新中国原地第一封的故事》一文介绍，这些敦煌壁画原地封由早年新光邮票会会员李仁山（1911~1992）、甲戌邮票会会员舒天保（1899~1981）等早期集邮家制作，为我们留下了集邮艺术的精品。

　　（二）首日公函封

　　2009年版《中国集邮大辞典》第210页将"公函封"（见第149页附3）简洁地定义为"因公使用或印有寄件单位名称的信封"。

　　2020年12月27日，上海华宇举办2020秋季拍卖，笔者看中了4枚贴全套《敦煌壁画》的实寄封，结果"抢"到了2枚。以下2枚（图片源自华宇网）经过反复争夺，最终因远超心理价位而放弃，深感如今新中国邮品比清代邮品还要疯狂，可能是物以稀为贵的原因，也或许是需求至上的结果。

　　（注：笔者刚开始集邮时，偶尔听到老集邮家感叹"小猴"胜"大龙"，后来才知道是指现代1980年发行的生肖猴邮票比清代1878年中国最早发行的大龙邮票都贵，颇有玩家不识珍品之意。）

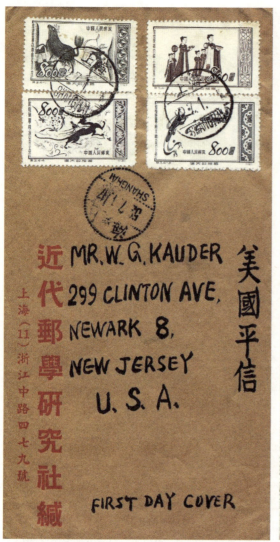

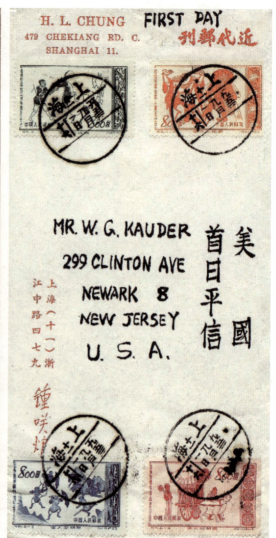

　　上左图为拍号1785的1952年上海寄美国贴特3《伟大的祖国（第一组）——敦煌壁画》套票首日实寄封："近代邮学研究社"信封贴全套票，销上海1952年7月1日三格式戳，平信寄美国。笔者通过电话授权，拍到15,000元时放弃，落锤价为17,000元，加上15%的佣金，最终成交价为19,550元。

　　上右图为拍号1795的1953年上海寄美国贴特6《伟大的祖国（第三组）——敦煌壁画》套票首日实寄封："近代邮刊"信封贴全套票，销上海1953年9月1日三格式戳（改造日戳），平信寄美国。笔者目前一个未中，所以拍到8,000元也就放弃了，落锤价为15,000元，加上15%的佣金，最终成交价为17,250元。

　　近代邮学研究社由上海著名集邮家、邮学家、邮商钟笑炉（1903~1976）创办，会刊《近代邮刊》累计出版6卷72期，其最主要的贡献是完成了邮学从"崇古"到"研今"的转向，还系统地刊载研究解放区的邮文，留存的资料至今仍然被集邮界广泛引用。《近代邮刊》载有最完整的抗日战争胜利后至《集邮》杂志创刊前邮票发行的原始信息，对邮学研究具有重要意义。

　　这两枚实寄封是"近代邮学研究社"的"公函封"，由钟笑炉寄美国顶级华邮收藏家高达医生（Warren G. Kauder）。高达曾藏有"华邮第一古封""红印花小壹圆""万年有象试印票""大龙样票"等诸多清代邮票珍品，是华邮收藏和研究的领军人物。

（三）首日实寄封

首日实寄封的定义见第一章附录部分（见第035页）。20世纪50年代，中国集邮尚不普及，存世的首日实寄封比较罕见，多为集邮家之间的互寄和交流。

1. 中国内地寄香港封。下图展示的是笔者好友、国内著名集邮家藏品：贴全套1952年7月1日发行的特3《伟大的祖国（第一组）——敦煌壁画》，总计邮资3200圆。邮票发行首日由天津寄香港，收件人为石少东，正面销4枚天津1952年7月1日三格式首日戳（改造日戳）。背面贴天津红色"R"字挂号条。

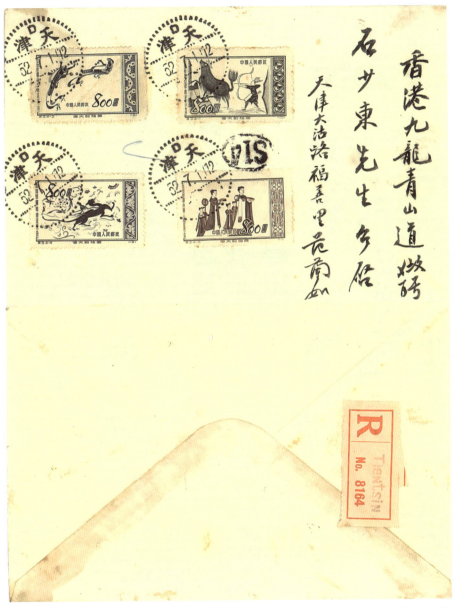

[附：石少东（1906~1983），美籍华裔集邮家。20世纪30年代开始集邮，以组编万寿邮票集、香港邮政史集等著名。他不仅藏品丰富，对邮学也有系统研究。1970年定居美国，多次参加国际邮展，先后获美国和国际奖牌104块，其中金奖30块，被集邮界誉为"冠军中的冠军"。1974年被聘为美国集邮协会邮展评审员，并荣获英国皇家邮学会会士称号。1983年在纽约逝世，家属遵其遗嘱，于1985年将其所藏重约1吨的集邮书刊捐献给中国集邮出版社和中国邮票博物馆。]

2. 中国寄加拿大封。下图为笔者电话委托拍得的一件首日实寄封（拍号1793）：贴全套1953年9月1日发行的特6《伟大的祖国（第三组）——敦煌壁画》和2枚航空邮票——航1《航空邮票（第一组）》中的第2和第3枚（见第149页附4），总计邮资11200圆。邮票发行首日由上海寄加拿大温哥华（经由香港），正面销4枚上海1953年9月1日三格式首日戳，贴航空条。背面销经广州1953年9月4日三格式戳，另销红色上海海关驻邮局办事处第二号验讫戳。起拍价100元，成交价4,300元，另加15%佣金，共计4,945元。

（四）普通实寄封

与前面展示的有目的、有准备而制作的"人为"实寄封相比，普通实寄封贴票仅用作邮资凭证，更侧重通信的"自然"性，但从美学视角来看就略逊一筹了。

1. 中国寄英国封。上图为由中国山东寄英国萨塞克斯郡的实寄封，贴全套1952年7月1日发行的特3《伟大的祖国（第一组）——敦煌壁画》，总邮资3200圆，销2枚1952年7月8日山东三格式日戳和波浪形过机戳，与邮票首发日相差一周，属于"首月封"，背面盖7月14日广州中转戳，有航空邮件英文字样。

2. 中国寄美国封。右图为由中国北京（第22号邮箱）寄往美国田纳西州查特怒加市的实寄封，贴全套1952年7月1日发行的特3《伟大的祖国（第一组）——敦煌壁画》，总邮资3200圆，销3枚1952年7月31日北京三格式日戳，属于"首月封"，销8月4日广州中转戳。销波浪形过机戳。

此信封中夹有一页比较独特的书信（见下页），首行显示此信写于1952年7月4日，是邮票发行后的第三天。从信件的内容来看是在"普及文化知识"。因与"敦煌"相关，笔者大致翻译如下，以便我们从外国人的视角来了解他们对敦煌的认识程度。

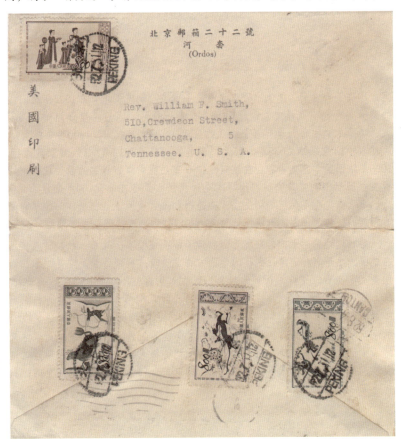

亲爱的朋友：

在我们的神（耶稣基督）诞生之前，中国已经与印度、阿拉伯、帕提亚（今伊朗东北部）、美索不达米亚和中亚的一些国家和地区建立了商贸和外交关系，如阿拉伯与中华帝国交换马匹和首蓿种子，从此中国开始种植首蓿。中国还从其他地方引进葡萄、胡桃和石榴。公元58年，中国皇帝（译者注：汉明帝刘庄）做了个梦，之后就派遣使者去西方引进基督教（译者注：这与佛教徒们借题发挥指出汉武帝派遣张骞出使西域是为了引进佛教如出一辙）。那时因长时间的交通隔绝，故而穿越土库曼斯坦（中亚）的道路之一是经过塔克拉玛干南部和罗布泊盆地。当使者到达分叉路口时，他们向南进入了印度而不是向西前进，因此佛教在基督教之前传入了中国。佛教徒远途跋涉穿越塔克拉玛干和罗布泊，到达了海拔超过1000米的山丘之地。我有一张近代地图，原收藏者对中亚的事物非常感兴趣。这些山丘是由黄土构建，因而可以挖掘洞窟。我记得在中国黄河北部的很多地方，挖掘12～15英尺见方的安全住所，冬暖夏凉。若洞口朝南，采光更好。（敦煌）经过几个世纪的挖掘，形成了千佛洞。佛像比较容易用黄土塑造，洞室的入口在1036年封闭。为什么？气候变化可能使来往的商客大大减少（译者注：原因至今莫衷一是）。当它再度开启时，发现了15000卷中文、藏文、蒙古文、婆罗米文手稿。也有基督教（约公元600年传入中国，1600年之前所知甚少）（译者注：基督教第一次传入中国是在公元635年，称为"景教"。公元781年，《大秦景教流行中国碑》在长安大秦寺落成。1908年法国汉学家伯希和在敦煌鸣沙山石室发现并盗回巴黎的敦煌遗书中的《大秦景教三威蒙度赞》是景教在中国流传的宝贵资料。此写本是唐代僧人景净在公元760年翻译公元635年阿罗本传入中国的景教经文。"三威"指圣父阿罗诃、圣子弥施诃和圣灵净风王三位一体）传单和摩尼教手稿。最近对这些洞窟又有了新的兴趣，原因之一就是壁画（一些墙体内有多层壁画覆盖痕迹）。

贴在这个信封上的邮票能让你初步了解敦煌壁画。（第一枚）猎人使用弓和箭（射猎）。（第二枚）在中国，龙是一种瑞兽，这不同于西方将龙隐喻成黑暗力量，它是"水神"，象征着滋润万物的雨水，特别是在旱涝季，是作为祈祷的对象。现在人们当然不这么认为了。龙也比作正义的执政者，是皇权的象征。第三枚代表着信徒在去往天堂的路上。第四枚代表着一些指导开凿洞窟的人们（译者注：原文如此，邮票图案介绍可见第055页）。这套邮票使人回想起遥远的过去。当今的远东地区文明或多或少能从封存的洞窟中寻到蛛丝马迹。那时中国很可能是世界上最文明的国度，为东方最繁荣的时期，而以欧洲为中心的西方正处于愚昧无知、堕落黑暗的中世纪。将来会如何呢？我们所处之地充满希望和勇气。世界正飞速发展，我们一代或几代可能会实现我们的梦想。但结果却是显而易见的：我们不可能活着看到那一天了。祝你工作顺利。

你真挚的朋友，

威廉·凯利

3. 中国寄德国封。右图为航空封（见第149页附5），贴全套特3《伟大的祖国（第一组）——敦煌壁画》、特5《伟大的祖国（第二组）——建设》、纪21《庆祝三八国际妇女节》，总计邮资8000圆。1953年6月23日由北京寄德国（德意志民主共和国）柏林潘科，正反面共销5枚北京三格式日戳，贴航空条。

4. 内地实寄封。右图为笔者电话委托拍得的另一件实寄封（拍号1794）：西式封贴全套1953年9月1日发行的特6《伟大的祖国（第三组）——敦煌壁画》，总计邮资3200圆。销4枚广州1956年2月4日三格式戳和1枚2月5日广州转戳，贴广东红色"R"字挂号条。有澳门1956年2月7日六边形落地戳。此封为旧币票使用于新币时期的实物（见第149页附6）。起拍价100元，成交价1,600元，另加15%佣金，共计1,840元。

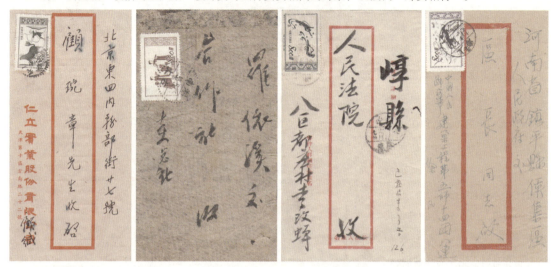

（五）普通一票一封

一票一封是指一枚信封上只贴一枚邮资与函件资费相同的邮票，以强调"邮资相符"。

上图1为1952年9月19日，天津寄北京实寄封，属于"公函封"，贴特3《伟大的祖国（第一组）——敦煌壁画》第1枚"狩猎·西魏"。背面印有"天津总公司""北京分公司""上海分公司"的地址、电报挂号和电话等信息。

上图2为1953年5月25日，湖南古丈寄罗依溪实寄封，贴特3《伟大的祖国（第一组）——敦煌壁画》第2枚"供养人·北周"。销古丈小地名戳。

上图3为1953年12月7日，山西太原寄山西崞县实寄封，贴特3《伟大的祖国（第一组）——敦煌壁画》第3枚"飞天·唐"。

上图4为1953年7月11日，上海寄河南省镇平县实寄封，贴特3《伟大的祖国（第一组）——敦煌壁画》第4枚"乘虎天人·唐"。

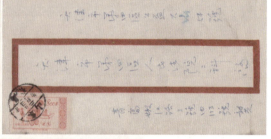

上图1为1953年11月25日，山东烟台寄北京实寄封，贴特6《伟大的祖国（第三组）——敦煌壁画》第1枚"马夫和马·西魏"。

上图2为1954年2月12日，山东青岛寄天津实寄封，贴特6《伟大的祖国（第三组）——敦煌壁画》第4枚"牛车·唐"。

上图3为1953年11月15日，上海寄美国北卡莱纳州夏洛特市实寄封，贴特6《伟大的祖国（第三组）——敦煌壁画》第2枚"伎乐人·西魏"和第3枚"战斗·北周"，另贴普3和普6各1枚，总邮资为2200圆。（注：为了与前2枚实寄封配套，展示了这枚"多票一封"。）

（六）普通美术封

美术封一般分为普通美术封和邮资美术封：前者封面只印有图案点缀信封；后者既有图案又有邮资符志。二十世纪五六十年代，因印刷工艺简陋，信封上的美术图案一般采用简洁的花卉、动物，而特3和特6两组八枚《敦煌壁画》邮票均采用"留主舍副"构图，简洁朴实，故而被用作那个时代的美术封图案。据笔者所知，邮政尚未发行过敦煌主题的邮资美术封，而普通美术封却以敦煌邮票图案为蓝本，但色彩不同，如前面介绍的原地实寄封（见第097页）；本章第五节介绍的免邮资军邮戳封（见第083页）；飞天美术封（见第183页）等。限于篇幅，以下仅展示两组中的第1枚普通美术封，图案均为西魏时期的壁画。

上左图的美术图案为特3第1枚"狩猎"，1955年4月5日由（浙江）诸暨寄杭州，次日到达目的地。上右图的美术图案为特6第1枚"马夫和马"，1965年8月18日由（福建）莆田寄连江县，次日到达目的地。相关邮政信息均位于封底，从略。

二、官方首日封

集邮者习惯将国家各级邮政部门或国营邮票公司印制发行的首日封，称为"官方首日封"。在此仅展示1987~1996年间六组《敦煌壁画》邮票的中国集邮总公司封、北京市邮票公司封、甘肃省邮票公司封（+绢质封）和各地方邮票公司（仅展示部分T.116《敦煌壁画（第一组）》）发行的首日实寄封。

（一）中国集邮总公司封

中国集邮总公司（China National Philatelic Corporation）成立于1955年1月10日，是中国邮政集团公司直接领导下的全国性集邮专业公司，是其授权的国家级集邮品制作与销售、邮票进出口的全国性公司。中国邮政每年发行30套左右纪特邮票，配合每一套新邮发行，中国集邮总公司制作首日封、邮折、极限片等传统邮品，以满足传统集邮爱好者的需求。

以上2图为1987年5月20日发行的《敦煌壁画（第一组）》总公司封，由吴建坤、任宇设计，北京寄（福建）泉州首日实寄封2枚一组，盖挂号戳记，销北京纪念邮戳和日戳。到达目的地时间为当月25日。

 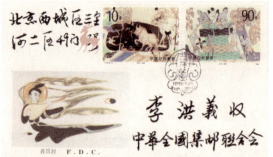

以上2图为1988年5月25日发行的《敦煌壁画（第二组）》总公司封，由吴建坤、任宇设计，北京寄本市首日实寄封2枚一组，销北京纪念邮戳和日戳。到达目的地时间为次日。

[注：李洪义（1922~2014）曾任中华全国集邮联合会第一届理事会秘书长。]

以上2图为1990年7月10日发行的《敦煌壁画（第三组）》总公司封，由李建丽设计，上海寄本市首日实寄封2枚一组，销上海纪念邮戳和日戳，贴挂号条。到达目的地时间为次日。

以上2图为1992年9月15日发行的《敦煌壁画（第四组）》总公司封，由李建丽设计，海南海口寄本市首日实寄封2枚一组，销北京纪念邮戳和海南海口"简取"日戳（注：寄件人通过将信件投入邮筒的方式发信，为分拣日戳的一种）。到达目的地时间为次日。

以上2图为1994年7月16日发行的《敦煌壁画（第五组）》总公司封，由吴建坤设计，甘肃敦煌寄西藏山南首日实寄封2枚一组，销北京纪念邮戳和甘肃敦煌日戳，盖红色敦煌挂号框（较第078页）。到达目的地时间为8月1日。由敦煌寄西藏的实寄封非常少见。

　　以上2图为1996年8月15日发行的《敦煌壁画（第六组）》总公司封，由吴建坤设计，广西桂林寄（广东）广州首日实寄封2枚一组，销北京纪念邮戳和广西桂林日戳。到达目的地时间为当月17日。

　　上图为1987年5月20日发行的《敦煌壁画（第一组）》小型张总公司封，由吴建坤、任宇设计，北京寄（福建）泉州首日实寄封，盖挂号戳记，销北京纪念邮戳和日戳。到达目的地时间为当月25日。

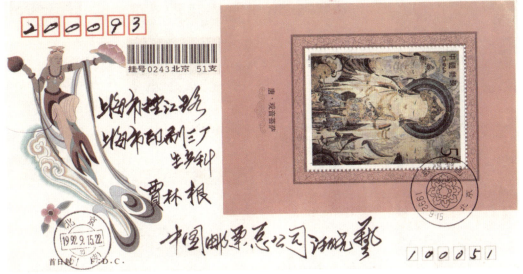

　　上图为1992年9月15日发行的《敦煌壁画（第四组）》小型张总公司封，由李建丽设计，北京寄上海首日实寄封，销北京纪念邮戳和日戳，贴挂号条。到达目的地时间为当月18日，背盖红色邮递员章。

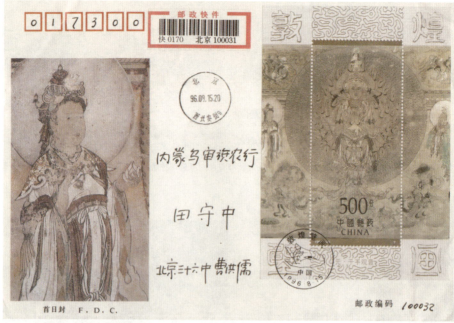

上图为1996年8月15日发行的《敦煌壁画（第六组）》小型张总公司封，由吴建坤设计，北京寄内蒙乌审旗首日实寄封，贴邮政快件签条，销北京纪念邮戳和日戳。到达目的地时间为当月18日。

（二）北京市邮票公司封

北京市邮票公司（Beijing Stamp Company）于1988年11月14日成立。公司经营范围包

括销售邮票、集邮品、邮票信托、设计集邮品、集邮用具、文化用品、工艺美术品、办公设备、通信器材、家用电器、日用百货等。

以上4图为1987年5月20日发行的《敦煌壁画（第一组）》北京市邮票公司封，由宗书琴设计，北京寄山东首日实寄封4枚一组，贴挂号条，前2枚背面贴票补资（20分挂号）盖北京日戳。

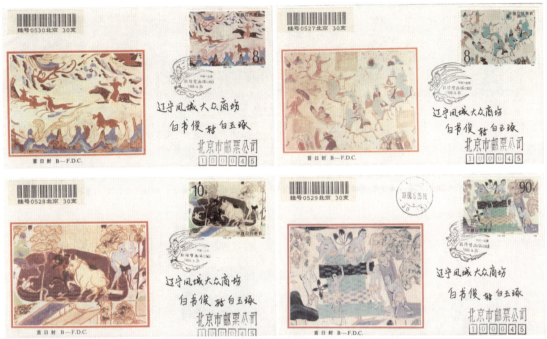

以上4图为1988年5月25日发行的《敦煌壁画（第二组）》北京市邮票公司封，由宗书琴、黄文昆设计，北京寄辽宁首日实寄封4枚一组，贴挂号条，前3枚背面贴票补资（20分挂号）盖北京日戳。

（注：白玉琢曾于1980~1989年间个人创办《集邮报》《邮友通讯》《我的集邮》等7种油印小报。）

以上4图为1990年7月10日发行的《敦煌壁画（第三组）》北京市邮票公司封，由黄文昆设计，北京寄（江苏）苏州首日实寄封4枚一组，贴挂号条，前2枚贴票补资（20分挂号）销北京纪念邮戳和日戳。到达目的地时间为当月13日。

北京市邮票公司制作的前三组首日封，采用了一票一封的"极限封"（见第149页附7）形式，但后三组却采取了一封贴两票的做法，总体设计未保持一致性。

　　以上2图为1992年9月15日发行的《敦煌壁画（第四组）》北京市邮票公司封，由黄文昆设计，北京寄本市首日实寄封2枚一组，信封上第1枚用的是20分"唐·菩萨"图案，第2枚用的是80分"唐·出使西域"图案，贴挂号条，销北京纪念邮戳和日戳。到达目的地时间为当月17日。

　　以上2图为北京市邮票公司同时制作的2枚独特的"全息"封，当光线斜射时，利用塑料面层的折光作用，将敦煌壁画的图案展现得远近有序、层次分明，具有立体感，由张勇、汪钟放设计，第1枚折射的是25分"唐·伎乐"图案，第2枚折射的是55分"唐·乘龙升天"图案，与上一组的美术图案正好形成互补。全息图还具有较强的防伪功能，在30年前属于"高科技"。2枚封首日由北京寄吉林辽源，销北京纪念邮戳和日戳。到达目的地时间为当月18日。

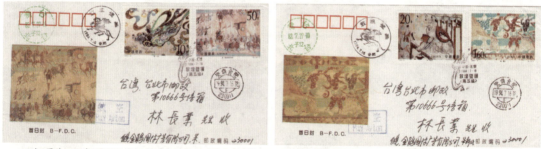

　　以上2图为1994年7月16日发行的《敦煌壁画（第五组）》北京市邮票公司封，由黄文昆设计，安徽寄台湾首日实寄封2枚一组，信封上第1枚用的是50分"唐·张议潮出行图"图案，第2枚用的是1.60元"唐·魔女"图案，销北京纪念戳和安徽合肥纪念邮戳、日戳，盖蓝色航空戳。另销有绿色台湾落地戳，时间为当月27日。

　　以上2图为1996年8月15日发行的《敦煌壁画（第六组）》北京市邮票公司封，由黄文昆设计，北京寄台湾首日实寄封2枚一组，信封上第1枚用的是10分"五代·五台山图"图案，第2枚用的是100分"西夏·供养菩萨"图案，销北京纪念邮戳，盖蓝色航空戳。背面各补资50分，销黑色波浪形机盖戳。到达目的地时间为当月21日。

上图为1987年5月20日发行的《敦煌壁画（第一组）》北京市邮票公司小型张封，由宗书琴设计，首日北京寄山西运城，销北京纪念邮戳和日戳，贴挂号条。到达目的地时间为当月23日。

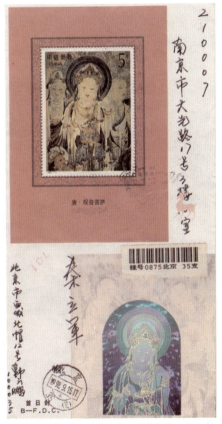

上左图为1992年9月15日发行的《敦煌壁画（第四组）》北京市邮票公司小型张封，由黄文昆、张勇设计，首日（江西）南昌寄本市，销北京纪念邮戳和南昌日戳。贴挂号条，到达目的地时间为当月18日。

上右图为另一种北京市邮票公司小型张封，由汪钟放、张勇设计，采用独特的全息图案。发行首日由北京寄（江苏）南京，销北京纪念邮戳和日戳，贴挂号条。到达目的地时间为当月18日。

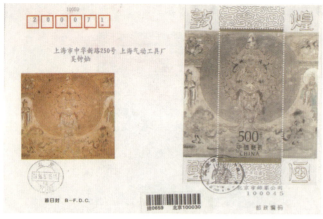

左图为1996年8月15日发行的《敦煌壁画
（第六组）》北京市邮票公司小型张封，由
黄文昆设计，首日北京寄上海，销北京纪念
邮戳和日戳，贴挂号条。到达目的地时间为
当月18日，背盖红色邮递员章。

（三）甘肃省邮票公司封

1980年9月16日，中国集邮总公司兰州分公司成立。1982年9月15日，甘肃省
邮电管理局批准成立甘肃省邮票公司（Gansu Stamp Company）。敦煌是甘肃省的
核心文化区，因而作为邮票公司也大力开发敦煌主题的集邮产品，从邮戳、邮
简、极限片到各类独特的纪念封一应俱全。从实寄封的角度来说，都属于"原地
封"，信封图案设计采用了一些与敦煌莫高窟相关的素材，属于开拓创新，并未
采用如同北京市邮票公司的"极限封"形式。

1. 普通首日封

以上2图为1987年5月20日发行的《敦煌壁画（第一组）》甘肃省邮票公司、敦煌县邮电局首日封，由吴建坤、任宇设计，编号"甘首
（5）"，发行量13000套，由敦煌原地寄四川成都首日实寄封2枚一组，销独特的敦煌挂号戳、敦煌纪念邮戳和日戳。

以上2图为1988年5月25日发行的《敦煌壁画（第二组）》甘肃省邮票公司、敦煌市邮电局首日封，由吴建坤、任宇设
计，编号"甘首（7）"，发行量15000套，由敦煌原地寄浙江余姚首日实寄封2枚一组，第1枚封背补资2分，销独特的敦煌挂
号戳、敦煌纪念邮戳和日戳。到达目的地时间为6月20日。

以上2图为1990年7月10日发行的《敦煌壁画（第三组）》甘肃省邮票公司、敦煌市邮电局首日封，由吴建坤、任宇设计，编号"甘首（11）"，发行量27200套，由敦煌原地寄辽宁抚顺首日实寄封2枚一组，销独特的敦煌挂号戳、敦煌纪念邮戳和日戳。到达目的地时间为当月14日。

与北京市邮票公司制作首日封的顺序刚好相反，甘肃省邮票公司、敦煌市邮电局的前三组首日封，采用了两票一封的形式，后三组为一封贴一票，总体设计也未保持一致性。

以上4图为1992年9月15日发行的《敦煌壁画（第四组）》甘肃省邮票公司、敦煌市邮电局首日封，由凡君、吴建坤设计，编号"甘首（15）"，由敦煌原地寄辽宁抚顺首日实寄封4枚一组，第1、2枚背面补资成50分邮资，盖独特的敦煌挂号戳，销敦煌纪念邮戳和日戳。到达目的地时间为10月2日。

左图为这一组第1枚首日封加盖烫金文字纪念封。（广东）深圳寄湖北老河口的实寄封，销1992年9月20日机盖戳。到达目的地时间为当月24日。

以上4图为1994年7月16日发行的《敦煌壁画（第五组）》甘肃省邮票公司、敦煌市邮电局首日封，由王铁成设计，编号"甘（22）"，发行量16000套，由敦煌原地寄广东深圳首日实寄封4枚一组，第1枚背面补资10分，后2枚盖独特的敦煌挂号戳，销敦煌纪念邮戳和日戳。到达目的地时间为当月25日。

左图为另印发的1枚独特的首日发行纪念封，由吴建坤、任宇设计，编号"甘纪（40）"，发行量13200枚，贴20分"唐·维摩诘"票。纪念封由敦煌原地发行首日寄（新疆）乌鲁木齐。到达目的地时间为当月19日。

上页下4图为1996年8月15日发行的《敦煌壁画（第六组）》甘肃省邮票公司、敦煌市邮电局首日封，由王铁成设计，编号"甘首（25）"，发行量25000套，由敦煌原地寄天津首日实寄封4枚一组，第1枚背面补资10分，后2枚盖独特的敦煌挂号戳，销日戳。到达目的地时间为当月21日。

右图为另印发的1枚独特的首日发行纪念封，由吴建坤设计，编号"甘纪（55）"，发行量4000枚，贴20分"五代·于阗国王"票。纪念封由敦煌原地发行首日寄北京。到达目的地时间为当月28日。

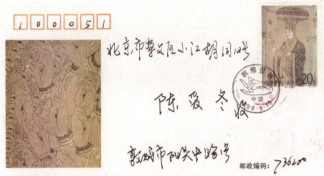

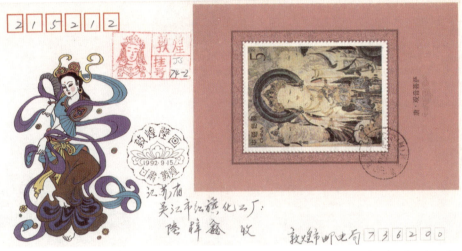

上图为1992年9月15日发行的《敦煌壁画（第四组）》甘肃省邮票公司、敦煌市邮电局小型张首日封，由凡君、吴建坤设计，编号"甘首（15）"，由敦煌原地发行首日寄江苏吴江，盖独特的敦煌挂号戳、销纪念邮戳和日戳。到达目的地时间为当月26日。

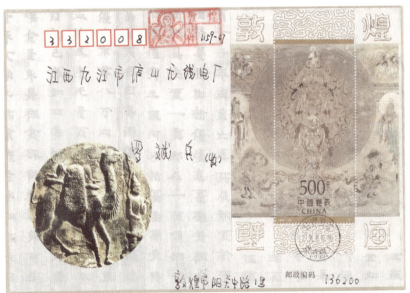

上图为1996年8月15日发行的《敦煌壁画（第六组）》甘肃省邮票公司、敦煌市邮电局小型张首日封，由王铁成设计，编号"甘首（25）"，由敦煌原地发行首日寄江西九江，盖独特的敦煌挂号戳，销日戳。到达目的地时间为当月23日。

2.绢质首日封

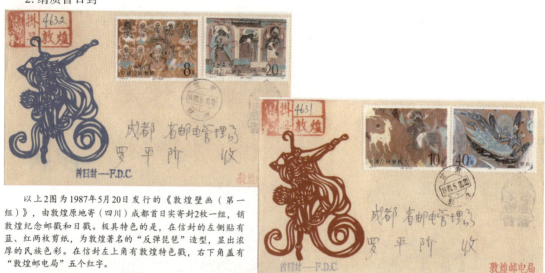

以上2图为1987年5月20日发行的《敦煌壁画（第一组）》，由敦煌原地寄（四川）成都首日实寄封2枚一组，销敦煌纪念邮戳和日戳。极具特色的是，在信封的左侧贴有蓝、红两枚剪纸，为敦煌著名的"反弹琵琶"造型，显出浓厚的民族色彩。在信封左上角有敦煌特色戳，右下角盖有"敦煌邮电局"五个红字。

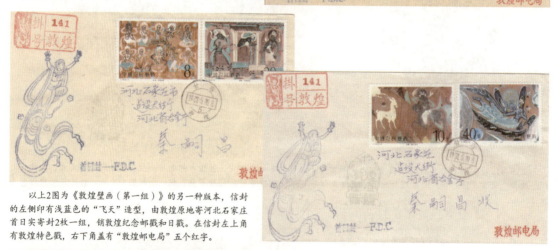

以上2图为《敦煌壁画（第一组）》的另一种版本，信封的左侧印有浅蓝色的"飞天"造型，由敦煌原地寄河北石家庄首日实寄封2枚一组，销敦煌纪念邮戳和日戳。在信封左上角有敦煌特色戳，右下角盖有"敦煌邮电局"五个红字。

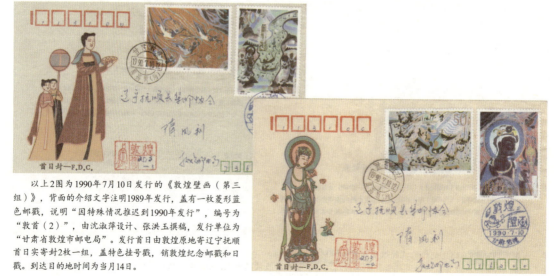

以上2图为1990年7月10日发行的《敦煌壁画（第三组）》，背面的介绍文字注明1989年发行，盖有一枚菱形蓝色邮戳，说明"因特殊情况推迟到1990年发行"，编号为"敦首（2）"，由沈淑萍设计、张洪玉撰稿，发行单位为"甘肃省敦煌市邮电局"。发行首日由敦煌原地寄辽宁抚顺首日实寄封2枚一组，盖特色挂号戳，销敦煌纪念邮戳和日戳。到达目的地时间为当月14日。

以上2图为1992年9月15日发行的《敦煌壁画（第四组）》，编号为"GS（1）"，由吴建坤设计、邹常伟撰文，发行单位为"甘肃省邮票公司、敦煌市邮电局"。发行首日由敦煌原地寄江苏吴江实寄封2枚一组，盖特色挂号戳，销敦煌纪念邮戳和日戳。到达目的地时间为当月28日。

以上2图为1994年7月16日发行的《敦煌壁画（第五组）》，编号为"GS（2）"，由吴建坤设计、邹常伟撰文，发行单位为"甘肃省集邮公司、敦煌市邮电局"。发行首日由敦煌原地寄江西南昌市首日实寄封2枚一组，盖特色挂号戳，销敦煌纪念邮戳和日戳。到达目的地时间为当月22日。

以上2图为1996年8月15日发行的《敦煌壁画（第六组）》，由敦煌原地寄四川重庆首日实寄封2枚一组。图片源自7788商城，非作者藏品。

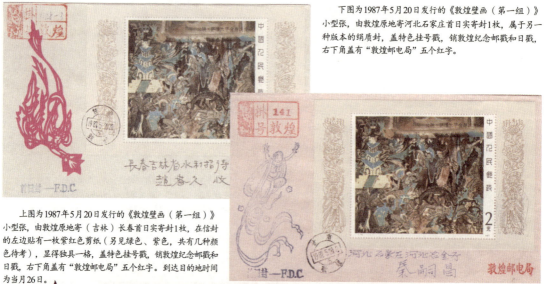

下图为1987年5月20日发行的《敦煌壁画（第一组）》小型张，由敦煌原地寄河北石家庄首日实寄封1枚，属于另一种版本的绢质封，盖特色挂号戳，销敦煌纪念邮戳和日戳，右下角盖有"敦煌邮电局"五个红字。

上图为1987年5月20日发行的《敦煌壁画（第一组）》小型张，由敦煌原地寄（吉林）长春首日实寄封1枚，在信封的左边贴有一枚紫红色剪纸（另见绿色、紫色，共有几种颜色待考），显得独具一格，盖特色挂号戳，销敦煌纪念邮戳和日戳，右下角盖有"敦煌邮电局"五个红字。到达目的地时间为当月26日。

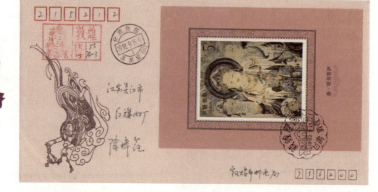

上图为1992年9月15日发行的《敦煌壁画（第四组）》小型张，编号为"GS（3）"，由吴建坤设计、邹常伟撰文，发行单位为"甘肃省邮票公司、敦煌市邮电局"，由敦煌原地寄江苏吴江首日实寄封，盖特色挂号戳，销敦煌纪念邮戳和日戳。到达目的地时间为当月28日。

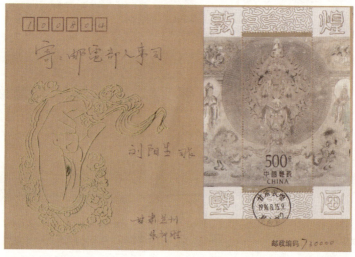

上图为1996年8月15日发行的《敦煌壁画（第六组）》小型张，编号为"GS（3-3）"，发行单位为"甘肃省邮票公司、敦煌市邮电局"。非实寄。

（四）各地方邮票公司发行的首日封（仅展示部分省市1987年发行的T.116《敦煌壁画（第一组）》）

地方邮票公司是各省、市、自治区及主要城市所设经营集邮业务的企业，主要从事邮票和邮品发售、预定、邮购等业务。

上左图由广西壮族自治区邮票公司发行，王蔚设计，发行量2500枚，盖有广西南宁纪念戳和日戳，1987年5月20日发行首日由广西南宁寄黑龙江绥化。到达目的地时间是当月26日。

上右图由广东广州邮票公司发行，销广东广州纪念邮戳和日戳，1987年5月20日发行首日由（广东）广州寄四川成都，贴"广州2支"挂号条。到达目的地时间是当月26日。

上图由江苏省邮票公司发行，销扬州纪念邮戳和日戳，1987年5月20日发行首日由（江苏）扬州寄南京，盖有红色"回执"戳，贴挂号条。到达目的地时间是当月22日。

以上2图由西安市邮票公司发行，赵钧龙设计，销2枚不同的西安纪念邮戳和日戳，编号为"（1987）F18-总67"，1987年5月20日发行首日由（陕西）西安寄四川成都。到达目的地时间是当月24日。

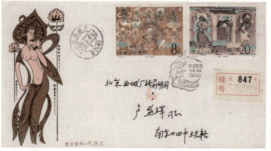

　　以上2图由南京市邮票公司发行，销南京纪念邮戳和日戳，编号为"N.S.F.（87-7）"，1987年5月20日发行首日由（江苏）南京寄北京，贴挂号条。到达目的地时间是当月23日。

　　以上2图由常州邮电局发行，时有福、高加林设计，发行量500枚，销常州纪念邮戳和日戳，编号为"CF87-7"，1987年5月20日发行首日由（江苏）常州寄上海，贴挂号条。到达目的地时间是当月22日。

　　一般官方首日封的背面印有较为详细的邮票发行资料，有些还是中英文对照。首日实寄封较为完备地还原了当时寄信的流程，信封上含有邮票、邮戳、邮政编码、书写邮寄地址等信息，对于集邮者欣赏邮票，了解邮票发行的历史和意义或者从事集邮探索和研究，增长知识颇有益处，同时也是研究集邮史和邮政史的重要资料。

三、首航封

　　"首航封"（见第149页附8）指新辟航空邮路首日运递的信封，是首日封中的特例。近年来，随着经济发展与开放进程加快，以及西部大开发的决策实施，新辟航线越来越多，各地邮票公司都颇为重视，纷纷制作首航纪念封。

　　上图为"乌鲁木齐—敦煌首航纪念封"，贴T.116《敦煌壁画（第一组）》中第1枚"北凉·供养菩萨"，面值8分，补贴2分《民居》，邮资10分。封面销新疆乌鲁木齐双文字戳和红色"首航戳"（见第150页附9）。原定首航时间为1987年8月，后因故推迟到9月2日，封底盖敦煌日戳和"因故九月二日执行"戳。

上图为"敦煌—乌鲁木齐首航纪念封",贴《民居》1枚,邮资10分。封面以甘肃敦煌标志的"飞天"和新疆维吾尔族少女图案作为背景,销甘肃敦煌邮戳和红色首航戳。原定首航时间为1987年8月,后因故推迟到9月2日,封底盖新疆乌鲁木齐双文字戳和"因故九月二日执行"戳。

首航封是国际集邮界公认的集邮品,由于制作要求较高,受时间的限制,一条航线只有一次制作机会,错过时间就无法再制,收集难度较大。它真实地记录了邮史、航空史资料,是编组邮集的重要邮品。

四、尾日封

1990年7月31日起,中国邮政历经三四十年的邮资不变后,开始了大幅调整,如平信邮资本埠从4分调整为10分、外埠从8分提高到20分,挂号由12分调整为30分,快信从50分调整为80分。因此,当年7月30日寄出的实寄封就是老邮资的"尾日封"(见第150页附10),而7月31日寄出的实寄封就是新邮资的首日封。

上左图为1990年7月30日四川蒲江寄成都的实寄封,贴T.150《敦煌壁画(第三组)》"隋·飞天"1枚,面值8分,在调资前的最后一日寄出。到达目的地时间为8月2日。

上右图为1990年7月30日(四川)成都寄安徽合肥实寄封,贴T.150《敦煌壁画(第三组)》"隋·飞天"1枚,另贴1枚2分《民居》和航空条,共计邮资10分,在调资前的最后一日寄出。到达目的地时间为8月5日。

右图与上2枚相对比,信封寄发日差1天,为1990年7月31日(江西)景德镇寄安徽合肥实寄封,贴T.150《敦煌壁画(第三组)》第2枚"隋·供养菩萨"和第3枚"隋·观音济难"各1枚,另1枚10分《民居》普票,共计邮资50分(调资后外埠邮资20分,外加挂号费30分),贴挂号条,销江西景德镇邮政编码戳3枚,在调资后首日挂号寄出。到达目的地时间为8月4日。

五、快件封

快信邮票始于1885年的美国，之后许多国家纷纷效仿。中国清代于1905年11月4日开办快件邮政业务。中华人民共和国成立后沿用快件制度，但未发行快信邮票，至1953年1月1日起停办快件业务。

邮政部门自1987年11月10日起在全国196个大中城市办理邮政快件业务。1988年5月1日起扩大到2000个城市，到1992年底全国县及县以上城市都可办理邮政快件业务。邮电部为此制作了供邮政快件使用的专用信封：信封四周印有红色断续粗细条杠，左下角印有由信封、时钟长短针组成的飞雁形图案的邮政快件标志。

最初寄发快件既可使用快件信封，也可使用一般信封，且不贴用邮票，由邮局当面称重后计费收取现金并在封上贴标签、填写、盖章。但这一方法仅执行了13个月，1989年1月1日起改为不再贴标签而是贴邮票，信封也必须使用快信信封。快件邮寄支付费用高于平信邮资，1987年11月10日启用初始，快信邮资为50分，1990年7月31日起调整为80分，1992年7月1日起调整为1元，1996年12月1日起调整为2元，1998年7月1日起快件业务停办。

1987~1998年的12年正是六组《敦煌壁画》发行的时段，其中还历经几次快信资费调整，留存了一些贴敦煌壁画邮票的快件实寄封，但时间区间原则上限于1989年1月1日~1998年6月30日。以下选取七枚快件封，前六枚信封上的贴票分别代表了六组邮票，涵盖了莫高窟修建十个朝代中的北魏、西魏、隋、唐、宋和西夏六个朝代的壁画作品，其中第1、3、5枚为"自然封"；第2、4、6枚为"首日封"；第7枚为"尾日封"。另选4枚贴小型张快件封，属于邮资超贴封。

上图为1989年7月26日（浙江）余姚寄温州的快件实寄封，贴T.116《敦煌壁画（第一组）》（首发日为1987年5月20日）中的第4枚面值为40分的"北魏·飞天"1枚，以及10分的《白鹤》1枚，总邮资50分，贴快件条，销当地邮政编码日戳，到达目的地时间为当月30日。

上图为1990年7月10日（辽宁）沈阳寄上海的快件实寄封，当天是T.150《敦煌壁画（第三组）》的首发日，信封上贴面值50分的"隋·帝释天"1枚，另盖有红色"收取挂号附加费每件壹角"的附加费章，贴快件条，销敦煌沈阳纪念邮戳和邮政编码日戳，背面盖有投递员章，到达目的地时间为当月13日。

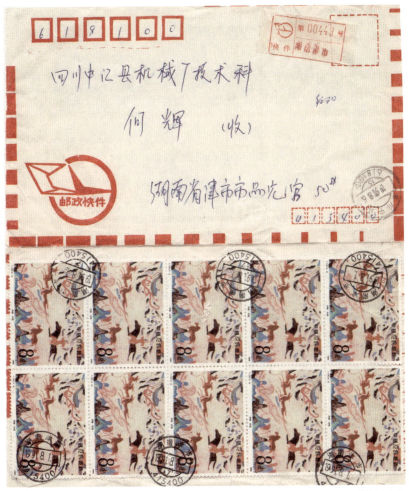

上图为1991年8月1日湖南津市寄四川中江的快件实寄封，贴10枚面值8分的T.126《敦煌壁画（第二组）》（首发日为1988年5月25日）第1枚"西魏·狩猎"，总邮资80分，贴快件条，销当地邮政编码日戳，到达目的地时间为当月6日。

上图为1992年9月15日（四川）都江堰寄泸州的快件实寄封，当天是1992-11T《敦煌壁画（第四组）》的首发日，贴面值20分的"唐·菩萨"和80分的"唐·出使西域"各1枚，总邮资100分，贴快件条，背贴叁角邮政地方建设费收据，到达目的地时间为当月20日。

上图为1994年11月18日（江苏）南通寄南京的快件实寄封，贴1994-8T《敦煌壁画（第五组）》（首发日为1994年7月16日）中的第3枚面值50分的"唐·张议潮出行图"2枚，总邮资100分，贴快件条，销当地邮政编码日戳，次日到达。

上图为1996年8月15日（广东）广州寄本市的快件实寄封，当天是1996-20T《敦煌壁画（第六组）》的首发日，贴面值50分的"宋·观音济难"2枚，邮资100分，贴快件条，次日到达。

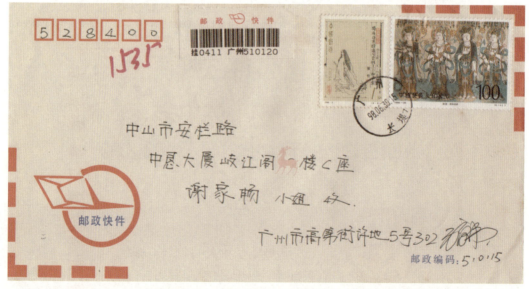

上图为1998年6月30日（广东）广州寄中山的快件实寄封，这是邮政快件"尾日封"，1998年7月1日开始快件业务停办。信封贴面值100分的《敦煌壁画（第六组）》（首发日为1996年8月15日）第4枚"西夏·供养菩萨"1枚和面值1元的《中国古代文学家（第二组）》第4枚纪念邮票1枚，总邮资200分，贴快件条，到达目的地时间为7月2日。

上左图为1992年9月15日（广东）广州寄本市的快件实寄封，当天为1992-11T《敦煌壁画（第四组）》的首发日，贴面值5元的"唐·观音菩萨"小型张1枚，邮资5元，当时的快信邮资为1元，信封上盖有紫色的"自愿多贴"章，贴快件条，次日到达。

上中图为1992年9月15日黑龙江哈尔滨寄河北保定的快件实寄封，当天为1992-11T《敦煌壁画（第四组）》的首发日，贴面值5元的"唐·观音菩萨"小型张1枚，邮资5元，信封上贴快件条，销哈尔滨纪念邮戳和邮政编码日戳，到达目的地时间为当月17日。

上右图为1992年9月15日天津寄（广东）广州的快件实寄封，该信封由圣艺设计，天津市邮景公司发行，编号"TJF（92-11C）"，当天为1992-11T《敦煌壁画（第四组）》的首发日，贴面值5元的"唐·观音菩萨"小型张1枚，邮资5元，信封上贴邮政快件条，销天津纪念邮戳和邮政编码日戳，到达目的地时间为当月19日。

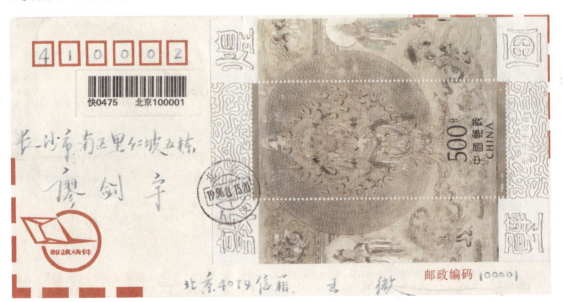

上图为1996年8月15日北京寄（湖南）长沙的快件实寄封，当天为1996-20T《敦煌壁画（第六组）》的首发日，贴面值500分的"元·千手观音"小型张1枚，邮资500分，贴快件条，当月17日到达。

六、公函封

关于公函封的介绍见第097页，在此仅展示第一组（T.116）首日实寄封、小型张和第六组（1996-20T）原地实寄封各一套作为代表。

以上2图为"广州市工艺美术研究所"寄本市的公函封，销广东广州纪念邮戳和日戳，贴挂号条，1987年5月20日发行首日由广州市寄本市，到达目的地时间为次日。

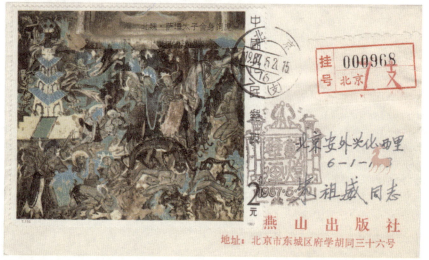

上图为北京"燕山出版社"寄本市的公函封，销北京纪念邮戳和日戳，贴挂号条，1987年5月20日发行首日由北京寄本市，到达目的地时间为次日。

[附：朱祖威（1935~2013），出生于北京，曾任北京燕山出版社副社长，著名集邮家，中华全国集邮联合会会士，北京市集邮协会原副会长，连任7届北京鼓楼集邮研究会会长。1979年8月19日，在北京发起成立全国第一个经政府批准的民间集邮社团——"北京鼓楼集邮研究会"（原名"北京市东城区文化馆集邮研究会"），是经历"文革"后，中国最早成立的集邮组织，创办的《鼓楼邮刊》为国内经典邮刊。]

以上2图为"敦煌邮电山庄"寄天津塘沽的公函封，信封由甘肃省邮电管理局监制，编号"73-0038-P5"，贴全套1996年8月15日发行的《敦煌壁画（第六组）》，销甘肃敦煌日戳，第1枚封贴10分"五代·五台山图"和50分"宋·观音济难"，补资后为1.2元。第2枚封贴20分"五代·于阗国王"和100分"西夏·供养菩萨"，邮资1.2元。2008年10月13日寄出，到达目的地时间为当月19日。

（注：2006年11月15日，国内平信首重100克以内，资费从每重20克本埠0.6元、外埠0.8元，上调为本埠0.8元、外埠1.2元，至今未变。2006年10月30日发行的2006-26J《中国—东盟建立对话关系15周年》面值为80分，从2006年12月30日发行的2006-27J《中国邮政开办一百一十周年》开始，单枚邮票的面值主要为1.2元。）

七、外展封

"外展封"（见第150页附11）是国际邮展系列封的简称，记录了中国参加或举办国际集邮展览活动的历史。中国集邮总公司有外展封专题系列，凡中国参加国际邮展、在国外举办中国邮票展览、为外国在华举办集邮展览等活动，均设计、印制、发行纪念封。

上左图为中国集邮总公司发行的"中国参加1988年（捷克斯洛伐克）布拉格世界邮票展览"纪念封，贴T.126《敦煌壁画（第二组）》第1枚"西魏·狩猎"，编号"WZ49"，时间为1988年8月26日~9月4日。该封发行首日由北京寄本市，销纪念邮戳和首日戳各1枚，到达时间为次日。

上右图为中国集邮总公司发行的"中国参加第四十届（意大利）里乔内国际邮票博览会"纪念封，贴T.126《敦煌壁画（第二组）》第2枚"西魏·战斗"，编号"WZ50"，时间为1988年8月27日~8月29日。该封发行首日由北京寄本市，销纪念邮戳和首日戳各1枚，到达时间为次日。

八、特色封

对于集邮爱好者而言，在邮票发行首日制作各类实寄封实属一大乐事，虽然设计和准备过程充满艰辛，邮寄中又有各种不确定风险，成品也未必尽如心意，但能体验和享受这一过程，只有身临其境的痴迷者方能体会。

特色封展示为两个部分：第一部分单列1987年5月20日发行的T.116《敦煌壁画（第一组）》第1枚"北凉·供养菩萨"，展现多种制作成果，体现"以一及多"。第二部分节省篇幅、删繁就简，各以1枚首日实寄封作为代表，展示"由多择一"。所谓"特色"是以个人审美视角进行综合评估后遴选的结果，如展示各省市邮票公司的"官封"，考虑私人制作信封中的图案、设计、邮戳、快件、挂号、航空、公函等各种元素，选择不同地域的寄件人和收件人，多种成套实寄封中仅展示其中的一枚作为代表。

（一）"北凉·供养菩萨"首日封

北凉（公元397年~公元439年）是十六国时期最后一个国家（注：西晋末年"八王之乱"爆发，形成了十六国混战局面。敦煌先后归属前凉、前秦、后凉、西凉和北凉五个政权统辖，北凉最终被北魏所灭）。有道是"敦煌壁画从北凉开始"：敦煌莫高窟开凿于十六国及北朝初期，起先没有绘制壁画且石窟较小，直到北凉以后才开始绘制壁画。这一时期的敦煌壁画，受印度雕塑、绘画艺术的影响较大，绘制的各类佛、菩萨、罗汉、飞天等形象，躯体健壮，面相丰满，鼻梁高隆直抵额际。人物绘画线条朴实古拙，着色用笔雄健壮丽，立体感很强，具有原始的粗犷风格。

　　1952~2020年发行的九组敦煌莫高窟邮票中，共有"正票"40枚，而属于北凉时期的作品仅有1987年5月20日发行的T.116《敦煌壁画（第一组）》第1枚"北凉·供养菩萨"，邮票选用的是第272窟中一侧墙面（见上页下图）左下方10尊听法菩萨的形象。为缩小展示邮品的范围，以下仅遴选10枚包含"飞天"美术图案或邮戳的首日实寄封作为代表。

　　上左图为广州邮票公司设计的纪念封，信封左下角印有两位"飞天"形象。发行首日由（广东）广州寄安徽合肥，销广州纪念邮戳和日戳。

　　上右图为江苏戚墅堰寄江阴的首日封，销常州戚墅堰"飞天"纪念邮戳和日戳，信封左侧盖有3方收藏印章。

　　上图为广州市戳封研究会何永德设计的首日封，左侧印有红色的敦煌第320窟唐代"双飞天"形象，发行首日由（广东）广州寄（浙江）杭州，销广州"飞天"纪念邮戳和日戳，到达目的地时间为当月24日。

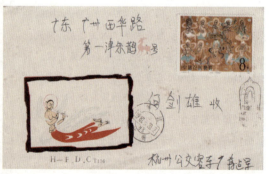

　　上左图为天津市邮票公司设计的首日封，编号"TJF（87-7）"，设计者刘家林。发行首日由天津寄北京，销天津"飞天"纪念邮戳和日戳。（注：以烫金方式盖印纪念邮戳是天津市邮票公司的一大特色，从1984年5月15日发行T.94《朱鹮》邮票起，纪念邮戳用烫金机盖方式销印首日封邮票，1993年1月后停用。）

　　上右图为杭州市邮票公司设计的首日封，设计者方群晖。信封左下角印敦煌早期"飞天"图案。发行首日由（浙江）杭州寄广东广州，销杭州纪念邮戳和日戳，到达目的地时间为当月23日。

上左图为（江苏）扬州寄泰兴首日封，销敦煌"飞天"红色图样、扬州"飞天"纪念邮戳和日戳，信封印有寄信单位名称，属"公函封"，到达目的地时间为次日。

上右图为上海地区集邮者自制首日封，盖自行刻制红色"飞天"纪念邮戳，未实寄。封背显示制作了100枚，此为第46枚。

上图为上海寄浙江黄岩的首日封，销上海敦煌"飞天"纪念邮戳和日戳，信封左侧印有一位紫色"飞天"图案，到达目的地时间为当月23日。

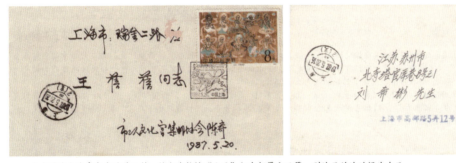

上左图为上海寄本市的首日封，销上海敦煌"飞天"纪念邮戳和日戳。到达目的地时间为次日。

上右图为上海寄江苏苏州的首日封，销上海敦煌"飞天"纪念邮戳和日戳，到达目的地时间为当月22日。

（注："北凉·供养菩萨"首日封，笔者收集了好几十枚，选择展示的余地很大。原本已经完成了本书的最终排版，因2022年2月22日收获了这枚实寄封而替换了原先的一枚。此枚的特殊之处是收件人地址——"官厍巷"是笔者当年就读的"平门小学"的地址，曾位于"老苏州"的中心"北寺塔"附近，看了显得格外亲切，四十年沧海桑田，令人伤感和怀念，选录于此作为个性化留念。）

　　总之，《敦煌壁画》系列邮票的源头就是这枚"北凉·供养菩萨"，且北凉时期的敦煌壁画作品入选的仅此一幅。这个时期在绘画色彩的运用上，多采用比较暗淡深沉的颜色，以烘托故事的主题。构图及用笔较粗犷，与中国中原艺术中的绘画风格差距较大，绘制人物、佛、菩萨、飞天等的形象时，对人体比例的掌握比较准确，壁画中各种花样纹饰多为舶来品，受印度及西域文化影响较大，给人以全新的视觉感受。这些艺术形象的塑造与佛教传入中国不久有关，这一时期的佛教明显没有被本土化，但其艺术风格对中国的雕塑和绘画艺术产生了深远影响。

（二）1987~1996年首日实寄特色封

若要全面展示八组《敦煌壁画》邮票（除3枚小型张外，共计4×8=32枚，第九组"敦煌彩塑"专门在下一章介绍）自制首日实寄封，篇幅过大，也无必要，故各选1枚较有特色的首日实寄封，展示国内不同地区之间邮友们互通有无的艺术成果。

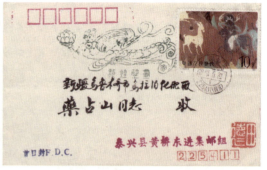

上左图贴1987年5月20日发行的T.116《敦煌壁画（第一组）》第1枚和第2枚"北凉·供养菩萨""北魏·鹿王本生"，邮资18分。发行首日由山东青岛寄本市，销青岛纪念邮戳和日戳，贴挂号条。

上右图贴1987年5月20日发行的T.116《敦煌壁画（第一组）》第2枚"北魏·鹿王本生"，面值10分，自制信封上油印绿色的"飞天"形象。发行首日由（江苏）泰兴县寄新疆乌鲁木齐，销江苏泰兴邮政编码日戳，有"封发"字样。

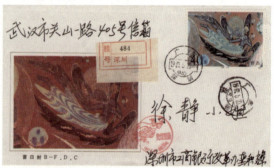

上左图贴1987年5月20日发行的T.116《敦煌壁画（第一组）》第3枚"北魏·天宫伎乐"，面值20分，首日封由中国集邮总公司发行，为"一票一封"（较第105页）。发行首日由（黑龙江）哈尔滨寄四川成都，销黑色黑龙江呼兰邮政编码日戳和褐色的邮票发行时哈尔滨纪念邮戳，贴挂号条，到达目的地时间为当月25日。

上右图贴1987年5月20日发行的T.116《敦煌壁画（第一组）》第4枚"北魏·飞天"，面值40分，首日封由北京邮票公司发行，图案与邮票一致，为"极限封"，销红色深圳纪念邮戳和日戳，贴挂号条。发行首日由（广东）深圳寄（湖北）武汉，到达目的地时间为当月23日。

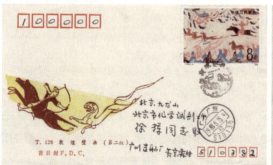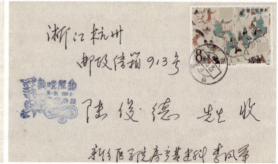

左上图贴1988年5月25日发行的T.126《敦煌壁画（第二组）》第1枚"西魏·狩猎"，面值8分，信封由王添设计，广州戳封研究会发行（编号137）。美术图案为这枚邮票左下角壁画的延伸，起到了良好的拓展作用（原描绘了两名猎者骑马奔驰，前一人拉满弓回身射一猛虎，后一人正追猎三只黄羊）。发行首日由（广东）广州寄北京，销广州首日纪念邮戳和日戳，到达目的地时间为当月29日。

上右图贴1988年5月25日发行的T.126《敦煌壁画（第二组）》第2枚"西魏·战斗"，面值8分。发行首日由（河南）新乡寄浙江杭州，销蓝色纪念邮戳和日戳。

上左图贴1988年5月25日发行的T.126《敦煌壁画（第二组）》第3枚"北周·农耕"，面值10分。首日封由上海南汇县新场镇针织技校陈一秋设计，印数200枚，封面左侧设计黄色敦煌舞乐者形象，封背附有油印介绍文字。发行首日由江苏仪征寄（安徽）合肥，贴航空条，销紫色纪念邮戳和集邮日戳，到达目的地时间为当月27日，盖投递员紫色印章。

上右图贴1988年5月25日发行的T.126《敦煌壁画（第二组）》第4枚"北周·建塔"，面值90分。信封由吴建坤设计，常州邮电局发行，编号"88CF-9"，印量800枚。发行首日由（江苏）常州寄上海，销常州首日纪念邮戳和日戳，贴挂号条，到达目的地时间为当月27日，盖投递员红色印章。

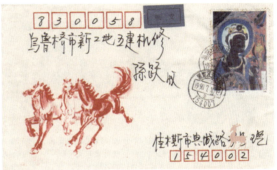

上左图贴1990年7月10日发行的T.150《敦煌壁画（第三组）》第1枚"隋·飞天"，面值8分。信封为素雅的"十竹斋"图案美术封。发行首日由（辽宁）沈阳寄抚顺，销邮政编码日戳，到达目的地时间为当月12日。

上右图贴1990年7月10日发行的T.150《敦煌壁画（第三组）》第2枚"隋·供养菩萨"，面值10分。信封在左侧印有奔马图，为"美术封"。发行首日由（黑龙江）佳木斯寄（新疆）乌鲁木齐，销邮政编码日戳，贴航空条，到达目的地时间为当月18日。

上左图贴1990年7月10日发行的T.150《敦煌壁画（第三组）》第3枚"隋·观音济难"，面值30分，补资10分。由安徽合肥市邮票公司发行，尤斯设计，左下角图案源自敦煌第288窟西魏时期的作品，展现了一位手舞足蹈、载歌载舞的"伎乐人"（见第056页）。发行首日由（安徽）合肥寄上海，贴挂号条，盖紫色回执戳，到达目的地时间为当月12日。

上右图贴1990年7月10日发行的T.150《敦煌壁画（第三组）》第4枚"隋·帝释天"，面值50分。发行首日由湖北荆州寄上海，贴快件条，盖"古城荆州、湖北江陵"纪念邮戳，销"集邮"日戳，到达目的地时间为当月14日。

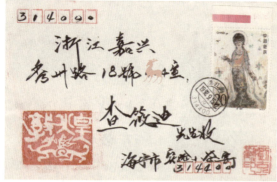

　　上左图贴1992年9月15日发行的1992-11T《敦煌壁画（第四组）》第1枚"唐·菩萨"，面值20分。封面左侧盖敦煌红色印章，右侧盖寄信人纪念章。发行首日由浙江海宁寄嘉兴，到达目的地时间为当月18日。

　　上右图贴1992年9月15日发行的1992-11T《敦煌壁画（第四组）》第2枚"唐·伎乐"，面值25分，补资15分。发行首日由（广东）广州寄本市，贴挂号条，到达目的地时间为次日。

　　上左图贴1992年9月15日发行的1992-11T《敦煌壁画（第四组）》第3枚"唐·乘龙升天"，面值55分。发行首日由新疆（乌鲁木齐）寄（黑龙江）哈尔滨，贴挂号条，销首日双文字戳，到达目的地时间为当月20日。

　　上右图贴1992年9月15日发行的1992-11T《敦煌壁画（第四组）》第4枚"唐·出使西域"，面值80分，背贴20分《民居》补资成1元。此为邮政快件封。发行首日由黑龙江宾县寄广西桂林，销首日邮政编码戳，贴快件条，到达目的地时间为当月19日。

　　上左图贴1994年7月16日发行的1994-8T《敦煌壁画（第五组）》第1枚"唐·飞天"，面值10分，背面贴同样票补资10分。发行首日由山西阳泉寄浙江瑞安，销首日邮政编码戳，到达目的地时间为当月22日。

　　上右图贴1994年7月16日发行的1994-8T《敦煌壁画（第五组）》第2枚"唐·维摩诘"，面值20分。由广东省集邮公司发行，首日封由包志强设计，纪念邮戳由董纯琦设计，采用"极限封"形式，但信封图案选用的却是第220窟维摩诘像（邮票上为第103窟）。发行首日由（广东）广州寄江门，销纪念邮戳和邮政编码日戳。

　　（注：维摩诘是梵语的音译，意为"无垢"，他虽是古印度居士，但展示的德行和智慧却是东晋士族们所仰慕的精神境界。人们最熟悉的维摩诘形象源自第103窟，造型为中国原创。在战乱不止、社会矛盾交织的时代，个人的命运始终处于忐忑不安之中，任性任情地享乐和追求精神的永恒成为时风，维摩诘也便成了名士们效法的偶像。值得一提的是，目前所知最早关于维摩诘在中国绘画中的记载，出自唐代《历代名画记》，书中记载：东晋兴宁年间，顾恺之在建康瓦棺寺所画维摩诘像是其成名之作，他的成功在于迎合了士族名士们的心理要求和理想，可见第188页第六章"敦煌飞天"中第六节"飞天探源"的《洛神赋图》介绍。）

　　上左图贴1994年7月16日发行的1994-8T《敦煌壁画（第五组）》第3枚"唐·张议潮出行图"，面值50分。发行首日由（吉林）松原寄（黑龙江）哈尔滨，贴挂号函件条，销"挂"字邮政编码日戳，到达目的地时间为当月19日。

　　上右图贴1994年7月16日发行的1994-8T《敦煌壁画（第五组）》第4枚"唐·魔女"，面值1.60元。此为邮政快件封，发行首日由（四川）都江堰寄泸州，销首日邮政编码戳，贴快件条，到达目的地时间为当月18日。

　　上左图贴1996年8月15日发行的1996-20《敦煌壁画（第六组）》第1枚"五代·五台山图"，面值10分。发行首日由（广东）广州寄本市，销广东广州红色邮政编码戳和波浪形机盖戳。

　　上右图贴1996年8月15日发行的1996-20《敦煌壁画（第六组）》第2枚"五代·于阗国王"，面值20分。此为广东省集邮公司纪念封。发行首日由广东广州寄辽宁沈阳，销广州敦煌纪念邮戳，到达目的地时间为当月19日。

　　上左图贴1996年8月15日发行的1996-20《敦煌壁画（第六组）》第3枚"宋·观音济难"，面值50分。发行首日由（浙江）杭州寄（湖北）武汉，销杭州纪念邮戳和日戳，到达目的地时间为当月18日。

　　上右图贴1996年8月15日发行的1996-20《敦煌壁画（第六组）》第4枚"西夏·供养菩萨"，面值100分。使用的是甘肃省邮电管理局印制的公函封（编号"73-0027-P2"），一般"敦煌研究院"字样红色或褐色居多，绿色相对少见。发行首日由甘肃敦煌寄湖北襄樊，盖独特的敦煌红色快件戳，销敦煌纪念邮戳和日戳，到达目的地时间为当月27日。

九、纪念封

　　纪念封是邮政部门、集邮公司、集邮组织等为纪念某个事件或活动而专门设计、印制的信封。信封绘有与该项纪念有关的图案或文字，并加盖日戳或纪念邮戳，背面还印有关于纪念内容的说明性文字。从广义的角度，前面展示的首航封、外展封、部分首日封也可以归入纪念封行列。本书限于篇幅，仅遴选10枚二十世纪八九十年代，贴《敦煌壁画》邮票且与敦煌或集邮主题密切相关的特色信封。

　　上左图为江苏省邮票公司、江苏省集邮协会为"江苏省集邮协会第二次代表大会"发行的纪念封，由鲍军禾设计，会议召开首日正好是第一组《敦煌壁画》邮票发行日，贴1987年5月20日发行的T.116《敦煌壁画（第一组）》第1枚"北凉·供养菩萨"，纪念封左上角为江苏省集邮协会的介绍，下方绘一盆万年青，印有紫色的纪念邮戳和烫金纪念文字，并标明"南京1987.5.20"会议起始日期，由江苏南京寄山东省集邮协会，销"萨家湾"日戳。

　　上右图为无锡市邮票公司为祝贺"江苏省集邮协会第二次代表大会"召开而发行的纪念封，贴1987年5月20日发行的T.116《敦煌壁画（第一组）》第2枚"北魏·鹿王本生"，纪念封左侧绘有敬贺花篮，盖无锡敦煌壁画首日纪念邮戳，销无锡"集邮"字样日戳。

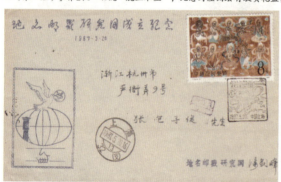

　　左图为"地名邮戳研究网"成立纪念封，由徐剑峰设计，文字和图案均为油印，共制作了70枚。地名是一种文化，地名邮戳研究既是集邮文化又是集邮活动。研究网成立正好是第一组《敦煌壁画》邮票发行日，贴1987年5月20日发行的T.116《敦煌壁画（第一组）》第1枚"北凉·供养菩萨"，纪念封左上角印有紫色"地名邮戳研究网成立纪念1987.5.20"字样，左侧为1枚带齿孔邮票外框，框内印有地球、和平鸽、邮戳、邮筒和握手等图案。发行首日由上海寄浙江杭州，销上海敦煌纪念邮戳和日戳，到达目的地时间为当月22日。

　　［附：张包子俊（1902~1994）是中国著名集邮家、集邮活动家。1925年冬，在杭州发起筹组的新光邮票研究会是民国时期存在时间最长的邮会，出版刊物22年，累计生成集邮文献约2800页。张包子俊有"新光之父"之誉称。徐剑峰为上海集邮家。］

　　上左图为"敦煌石窟研究国际讨论会"纪念封，由王铁城设计，甘肃省邮票公司发行，编号"甘纪（15）"，贴1987年5月20日发行的T.116《敦煌壁画（第一组）》第1枚"北凉·供养菩萨"。会议于1987年9月21~29日在甘肃省敦煌莫高窟召开，来自英、法、美、日、德、印度、加拿大、新加坡等国的80多位敦煌学专家汇聚一堂，探讨敦煌学术。这是中国首次举办的国际性敦煌研究专题会议，意义重大。

　　上右图为"敦煌学国际学术讨论会"纪念封，由敦煌研究院第二任院长段文杰题写，李搏、沈淑革设计，谢生保撰文，敦煌市邮票公司发行，编号"敦纪（3）"，贴1990年7月10日发行的T.150《敦煌壁画（第三组）》第3枚"隋·观音济难"。为纪念"藏经洞"文物发现90周年（注：100周年发行了邮资片、邮简、纪念封等邮品，见第201~203页），中国敦煌研究院于1990年10月8~14日在莫高窟召开敦煌学国际学术讨论会，有200余位国内外专家、学者参加此会。纪念封销红色"敦煌学国际学术讨论会藏经洞"纪念戳和原地首日戳，会议首日由（甘肃）敦煌寄四川开县（原属四川省万县市，后为重庆市开县，现为重庆市开州区）。

　　上左图是为庆祝中华人民共和国成立四十周年，迎接全国集邮展览而发行的纪念封，贴1987年5月20日发行的T.116《敦煌壁画（第一组）》第1枚"北凉·供养菩萨"，由冯守国设计，甘肃省邮票公司发行，编号"甘纪（19）"。1989年甘肃省集邮展览于7月29日~8月2日在兰州科学宫举行。纪念封于邮展首日由甘肃兰州寄辽宁锦西，销纪念邮戳和邮政编码日戳，到达目的地时间为8月16日。

　　上右图是为庆祝中华人民共和国成立四十周年，敦煌市集邮协会于1989年5月1日举办建国四十周年首届邮展，贴1988年5月25日发行的T.126《敦煌壁画（第二组）》第2枚"西魏·战斗"，由欧阳琳设计、张洪玉撰文，敦煌市邮票公司发行，编号"敦纪（2）"，销1989年5月1日蓝色敦煌飞天纪念戳。

　　上左图是河北省邮票公司为新年邮票预订而发行的纪念封，贴1988年5月25日发行的T.126《敦煌壁画（第二组）》第2枚"西魏·战斗"，由王小路设计，编号"JYD-1"。封背介绍了1987年邮票的发行情况。1988年7月30日由河北石家庄寄北京。

　　上右图是中国邮票总公司1993年1月18日发行的《中国少年集邮》创刊纪念封，由张实勇设计，编号"PFN-55"。贴1988年5月25日发行的T.126《敦煌壁画（第二组）》第1枚"西魏·狩猎"和第2枚"西魏·战斗"，另贴1枚《民居》普票，总邮资20分。1994年1月28日由天津寄上海，销当地邮政编码日戳，到达目的地时间为当月31日。

　　上图是福建省邮票公司发行的"'海山杯'邮票上的科学文化知识大奖赛"纪念封，编号"FJ·PFN·SGS（2）"，由朱学范题字、岩峰设计，贴T.116《敦煌壁画（第一组）》第1枚"北凉·供养菩萨"邮票，所销邮戳为1987年8月29日福建龙岩邮政编码"简取戳"。

十、广告封

广告封是由国家邮政部门正式印制发行，印有商业广告的信封。这种信封既是邮政用品，又是商业信息媒介，如上海市邮政局于1985~1987年间，先后发行"生肖系列""夏时制""邮政储蓄开办""上海宝通电子开发公司""上无16厂"等广告封共达200余种。

1987年5月20日发行T.116《敦煌壁画（第一组）》，相关资料显示当年7月1日起中国邮政规定信封背面不得加印广告，各邮局一律不再收寄和传递信封上印有广告的信件。故而两个时间段能够匹配且诞生这两组实寄封实属巧合，之后发行的五组《敦煌壁画》邮票原则上都不具有贴"广告封"的可能性了。

以上及左侧3图为上海市邮政局广告营业部承制的"生肖系列"广告信封，公司为"上海长城卷笔刀厂"。1987年是丁卯年，封面印制的美术图案为生肖兔。2枚信封各贴1枚《丁卯年》邮票，销1987年1月5日生肖首发纪念邮戳，与左侧美术图案相得益彰，2枚信封各贴2枚敦煌壁画邮票构成全套，于《敦煌壁画（第一组）》发行首日由上海寄本市，销上海敦煌壁画纪念邮戳和日戳，贴挂号条，到达目的地时间为次日。封底印有广告等信息，标明印量8万枚。

以上2图为上海市邮政局广告营业部承制的"夏时制"信封，所做广告为"上海钟厂钻石牌闹钟"。中国从1986~1991年，在全国范围实行了6年夏令时（夏时制），每年从4月中旬的第一个星期日2时整（北京时间）到9月中旬第一个星期日的凌晨2时整（北京夏令时）。夏令时实施期将时间向后调快一小时，1992年4月5日后不再实行。封面左侧印"夏时制4.12~9.13"，配有钻石标识和"87"年份，贴全套《敦煌壁画（第一组）》，发行首日由上海寄本市，销上海敦煌壁画纪念邮戳和日戳，贴挂号条，到达目的地时间为次日。封底除广告文字外，介绍了"夏时制"的缘起，标明印量10万枚。

十一、艺术封

艺术是借助一些手段或媒介，塑造形象、营造氛围，来反映现实、寄托情感的一种文化，通常借助语言、文字、绘画、彩塑、音乐等表达。绘画和书法同属中国艺术园地的奇葩，历经千百年风雨沧桑、迁移巨变后依然生机盎然、神采奕奕，是华夏民族宝贵的精神财富。

敦煌石窟艺术是集建筑、壁画、彩塑于一身的艺术宝库，而集邮又是与书画同属艺术的表现形式，每件邮品都有其独特的诉求，即艺术的生命力。同时，艺术也指富有创造性的方式方法，内容分为手绘封、手书封、美术封和签名封四个部分。

（一）手绘封

　　手绘封是指邮票的设计者或者具有绘画基础的集邮者在信封上绘制与所贴邮票图案内容风格交相辉映的图案。这些亲手绘制并非印刷的文字图案，通常还附有绘制者的签名和盖章。在贴有敦煌邮票的信封上作画，是集邮者和绘画者对敦煌邮票原图的再创作或对其内涵的一种补充。

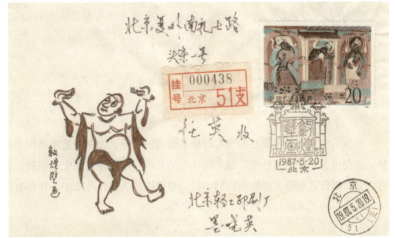

　　右图贴发行于1987年5月20日的T.116《敦煌壁画（第一组）》第1枚"北凉·供养菩萨"，面值8分。手绘的是一幅"吹笛飞天"，素描绘制，古色古香，书有"敦煌壁画 北魏飞天"字样，并注明日期。发行首日由（江苏）无锡寄苏州，销无锡敦煌壁画发行纪念邮戳和无锡集邮公司日戳（刻"集邮"字样，国有集邮公司业务专用戳），到达目的地时间是当月22日。

　　右图贴发行于1987年5月20日的T.116《敦煌壁画（第一组）》第3枚"北魏·天宫伎乐"，面值20分。手绘的是一幅"舞者"，图案源自西魏288窟（特6第2枚，见第056页），寥寥数笔勾勒出一位神情活泼的表演者形象，表情滑稽，动作夸张，黑线勾勒，赭色填充，书有"敦煌壁画"字样。发行首日由北京挂号寄本地，销北京敦煌壁画发行纪念邮戳和日戳，贴挂号条，到达目的地时间是当月22日。

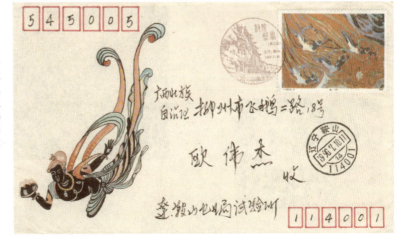

　　右图贴发行于1990年7月10日的T.150《敦煌壁画（第三组）》第1枚"隋·飞天"，面值8分。手绘的是一幅多彩的"飞天"。发行首日由辽宁鞍山寄广西柳州，除销首日邮政编码日戳外，另加盖1枚辽宁鞍山刻制的敦煌"九层楼"棕色风景戳，注明了1990年7月10日的发行日期。

左图贴发行于1994年7月16日的1994-8《敦煌壁画（第五组）》第3枚"唐·张议潮出行图"，面值50分。绘制的是一幅凌空而下的紫色"飞天"。发行首日由湖北应城寄浙江瑞安，销当地"邮政"字样邮政编码日戳，贴挂号条，盖制作者红色印章，到达目的地时间为当月22日。

左图贴发行于1996年8月15日的1996-20《敦煌壁画（第六组）》第3枚"宋·观音济难"，面值50分。作品展示的是一端端坐于莲花之上的"观音"。8月24日由湖北应城寄浙江瑞安，销当地"信"字邮政编码日戳，贴挂号条，到达目的地时间为当月29日。

（二）手书封

中国的汉字以其象形性和书写时横平竖直的特征，为书法艺术奠定了基础，在不同时代具有不同的风格，这是世界上任何一种文字都无法比拟的艺术，是世界文明史上独树一帜的绚烂奇葩。对于信封的书写者而言，创作过程蕴含理性和情感，将自身灵魂融入到作品之中。在贴有敦煌邮票的信封上题写相关的文字，既是一种艺术融合，更是一种艺术创新。

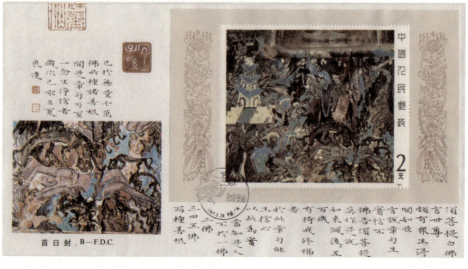

左图为北京市邮票公司发行的T.116《敦煌壁画（第一组）》小型张"北魏·萨埵太子舍身饲虎"首日封，销首日广州纪念邮戳。

　　书写文字源自佛教《金刚经》（《金刚般若波罗蜜经》），它是佛经中相当重要的一部经典，约六千字，先后六译，译者鸠摩罗什、菩提流支、真谛、达摩笈多、玄奘、义净都是历史上著名翻译家，其中又以公元408年鸠摩罗什译本最为流行。1900年在敦煌莫高窟藏经洞发现了唐懿宗咸通九年（公元868年）王玠为双亲祈福所刻的《金刚经》，这是世界上现存最早有纪年的雕版印刷品，现藏英国国家图书馆。书写的文字源自"第六品 正信希有分"：

　　"须菩提白佛言世尊颇有众生得闻如是言说章句生实信不佛告须菩提莫作是说如来灭后后五百岁有持戒修福者于此章句能生信心以此为实当知是人不于一佛二佛三四五佛而种善根已于无量千万佛所种诸善根闻是章句乃至一念生净信者。"

　　书写者包达良为国家级书法家，信封上盖有大小不等的四方红色印章。关于敦煌莫高窟流入国外的《金刚经》的具体内容介绍见第203页"敦煌藏经洞"相关部分。

上图为甘肃张掖王育国自制的手书封，贴1992年发行的《敦煌壁画（第四组）》全套4枚邮票，销甘肃张掖首日邮政编码戳。

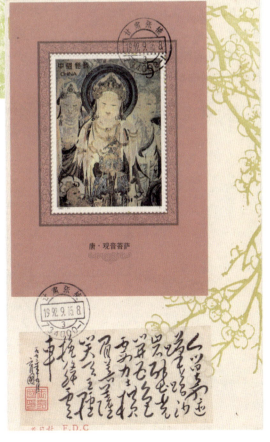

　　信封上撰写的诗词为："菩萨倩笑报平安，窈窕传乐歌舞旋。乘龙仙人升天去，出使西域文明传。"四句诗正好概括了这4枚邮票（菩萨、伎乐、乘龙升天、出使西域）反映的主题，既押韵又传神，信封上盖有撰写者的红色印章。

右图为甘肃张掖王育国自制的手书封，贴1992年发行的《敦煌壁画（第四组）》小型张，销甘肃张掖首日邮政编码戳。

　　信封上撰写的诗词为："人留奇迹叹鸣沙，岩壁光开五色处。力士横眉菩萨笑，天王轻挽绛云车。"诗句将敦煌的鸣沙山与莫高窟两处自然文化景观相融合，赞美大自然鬼斧神工的同时也感叹人类艺术的伟大成就。诗末盖有撰写者的红色印章。

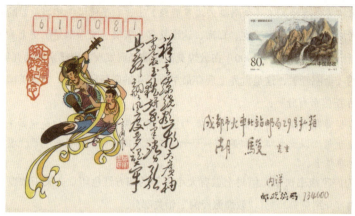

上图为甘肃省邮票公司发行的信封，由吴建坤、黄里设计。封面左侧创作了敦煌乐舞的艺术造型，一位是"反弹琵琶"，一位是"飞天"形象，有红色"甘肃旅游纪念"字样，贴1枚面值80分的中朝联合发行"金刚山"邮票，2004年8月24日由甘肃寄四川成都，到达目的地时间为9月1日。

信封上撰写的诗词为："祥云缭绕欲飞天，广袖霓衣玉龙妍。香草浴身歌且舞，翩翩风度梦魂牵。"诗末署名王育国作，并盖有"甘肃王氏"红色印章。

（三）美术封

美术封是普通美术信封与美术邮资信封的统称。前者封面只有图画无邮资符志；后者封面既有图画还印有邮资符志。

甘肃邮政局发行过以"敦煌剪纸"为美术图案的普通信封，除了"飞天"（注：将在"敦煌飞天"章节介绍）形象以外，最多的是印有美女造型的图案，封背有些仅标注"甘普–2"等简单信息，印制年份不一。笔者从多位甘肃邮友处打听其图案来源、发行情况、品种数量等信息，均未知其来历，无意间搜集了此类实寄封100多枚，偶获张孝友《敦煌礼佛图》画册，对其来历才初见端倪。

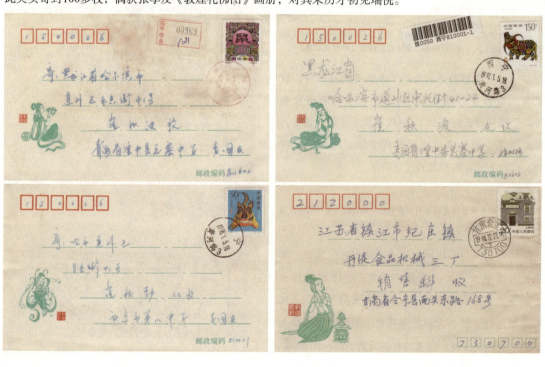

以上是几枚较有特色的"敦煌剪纸"美术封，前3枚是由青海寄出的生肖（鼠、牛、虎）首日封，后3枚是由甘肃寄出的普通封。为节省篇幅，以下仅展示从信封上裁切下来的美术图案，色调多为绿色，但也有少量为苹果绿和红色。

　　美术图案的每一幅图均源自以下张孝友的白描《敦煌礼佛图》中的人物，但整套美术封有多少枚或者多少"版本"就不得而知了。

　　［注：张孝友，1935年11月生于上海。中央工艺美术学院（现清华大学美术学院）绘画系中国画教授，北京湖社画会副会长。师从吴作人、董希文、李斛、李可染、蒋兆和等名师。幼秉家学，于文史诗画金石深有造诣。二十世纪八十年代后专攻中国工笔画，其白描《敦煌礼佛图》等多种作品在国内外广为流传。］

（四）签名封

在特定信封上请相关人士，如邮票设计者、纪念封设计者或邮票所纪念的人物的亲属、朋友等签名，这样的信封称为签名封。

敦煌莫高窟系列邮票的发行分三个阶段：一是1952~1953年的两套，在"敦煌壁画"之前冠以"伟大的祖国"字样，邮票设计者为孙传哲（第2套与夏中汉合作）；二是1987~1996年的六套，设计者均为吴建坤和任宇；三是2020年的一套，设计者为夏竞秋。敦煌邮票设计家涵盖了老中青三代。

1. 中国第一位邮票设计家——孙传哲

孙传哲（1915~1995），出生于浙江省宁波市海曙区，1933年毕业于上海美术专科学校画画系，1936年毕业于南京中央大学艺术系，1947年开始绘制邮票生涯。新中国成立后，他是邮票设计事业的开拓者，第一位邮票设计家。孙传哲设计了新中国第一套纪念邮票、第一套特种邮票、第一套普通邮票、第一套航空邮票、第一套欠资邮票、第一套"军人贴用"邮票、第一套"八一"邮票。40年间，他设计或参与设计邮票达150余套。1980年我国邮电部评出的30套"建国30年最佳邮票"中，由他设计的占三分之一以上，其造型艺术为群众所公认。其中《中华人民共和国开国纪念》《金鱼》《黄山风景》《熊猫》《金丝猴》《关汉卿戏剧创作七百年》《梅兰芳舞台艺术》《毛主席诗词》《苏州园林——留园》《苏州园林——拙政园》等邮票，不仅在中国邮坛上享有盛誉，而且深为国外集邮者喜爱。1981年赴奥地利参加WIPA国际邮票展览会，获大会授予的荣誉证书。1985年应联合国国际和平大会邀请，代表中国参加为1986年国际和平年设计宣传画的活动，荣获三等奖。1952~1985年，先后担任邮电部邮票发行局设计室主任、邮票设计师、高级工艺美术师，任全国集邮联合会第一、二届理事，北京市政协常委，是中国唯一的联合国特邀邮票设计师。

上图为浙江省邮票公司、浙江省集邮协会、浙江省诸暨市邮票公司、浙江省诸暨市集邮协会联合发行的"孙传哲邮票设计作品集"首发纪念封，由薛驹题字，编号"ZJF52（2-2）1992"，纪念封由孙传哲签名、钤印。

2.六组《敦煌壁画》邮票设计家——吴建坤和任宇

吴建坤和任宇设计了敦煌系列邮票的主体部分，共计24枚邮票和3枚小型张。

吴建坤（1935~　），陕西大荔县人，1955年毕业于西北艺术学院，同年分配到邮电部从事邮票设计工作，1989年被评为高级工艺美术师。1995年底退休。现为中国摄影家协会会员、中国收藏交易网加盟艺术家。邮票设计风格多样，手法主要有装饰、国画、摄影等。主要设计作品有《中国古生物》《新安江水电站》《革命摇篮——井冈山》《战无不胜的毛泽东思想万岁》《"文化大革命"期间出土文物》《盆景艺术》《庐山风景》《秦始皇陵兵马俑》等。尤其是新中国单枚售价最高的纪94《梅兰芳舞台艺术》小型张《贵妃醉酒》（注：全套8枚梅兰芳邮票由孙传哲设计）成为集邮者追捧的珍品。

任宇（1945~　），祖籍江苏南京，生于重庆市，1956年考入北京中央美院附中，1967年毕业于中央美院版画系，后在部队锻炼4年，1973年开始从事专职邮票设计工作，曾任邮电部、国家邮政局邮票印制局高级邮票设计师，中华全国集邮联合会理事。主要设计作品有《约·维·斯大林诞生一百周年》《世界通信年》《云南山茶花》《石林》《茶》等。

左图为"吴建坤、任宇邮票设计作品展览"纪念封，由吴建坤设计、李万选撰文，嘉峪关市和金昌市邮票公司发行。1990年7月17~19日在嘉峪关、7月21~23日在金昌展览。贴1990年7月10日发行的《敦煌壁画（第三组）》第1枚"隋·飞天"，销2012年8月1日敦煌莫高窟日戳（《丝绸之路》发行日），由吴建坤和任宇联合签名。

上左图为刊登于1987年第5期《中国集邮》（China Philately）上的图照，是吴建坤（最左）和任宇（最右）在莫高窟标志性建筑"九层楼"前合影留念。

上中和右图为中国集邮总公司1987年5月20日发行的《敦煌壁画（第一组）》首日封，盖有敦煌壁画北京首日发行黑色纪念邮戳和1987年6月在中国历史博物馆举办的"张大千临摹敦煌壁画展览"红色纪念章，由吴建坤和任宇联合签名。

左图为中国集邮总公司1987年5月20日发行的《敦煌壁画（第一组）》小型张首日封，发行首日由北京寄广东广州，贴挂号条，销敦煌壁画北京首日发行纪念邮戳2枚和北京日戳，到达目的地时间为当月24日。实寄封由吴建坤和任宇联合签名、钤印。

上左图为中国集邮总公司1992年9月15日发行的《敦煌壁画（第四组）》小型张首日封，由任宇签名、钤印。

上右图为中国集邮总公司1996年8月15日发行的《敦煌壁画（第六组）》小型张首日封，由吴建坤签名、钤印。

3. 新一代莫高窟邮票设计者——夏竞秋

夏竞秋（1977~　），毕业于沈阳大学师范学院美术系，2003年进入中国邮政集团公司邮票印制局图稿编辑部，任艺术总监，现为编辑设计部中级设计师。从2006年起独立设计了《乌兰夫同志诞生一百周年》《贡嘎山与波波山》《薄一波同志诞生一百周年》《良渚玉器》《景泰蓝》《金铜佛造像》《正定隆兴寺》《红山文化玉器》等邮票。

以上2图为两种式样的敦煌研究院原地公函首日封，贴2020年9月26日发行的带版铭《莫高窟》邮票一套，由原地寄甘肃嘉峪关，销甘肃敦煌纪念邮戳和日戳，贴挂号条，到达目的地时间为10月3日。实寄封上有夏竞秋签名、钤印。

上图为中国集邮总公司2020年9月26日发行的《莫高窟》小型张首日封，发行首日由原地寄四川绵阳，销甘肃敦煌纪念邮戳和日戳，贴挂号条，到达目的地时间为10月19日。实寄封左上角有夏竞秋签名。

十二、牛年封

生肖是历史悠久的民俗文化符号。2021年是辛丑年，也是笔者人生的第五个本命年，中国邮政除发行"生肖牛"邮票，还发行了一套唐代《五牛图》绘画作品。

（一）首日生肖封

出生时的1973年，大陆尚未发行生肖邮票（台湾出过2枚1套的生肖牛票），1985年、1997年、2009年和2021年各发行1套。笔者委托甘肃邮政以第一组中的3枚《敦煌壁画》作为补资，凑成6.6元的挂号邮资，制作了以下牛年首日实寄封。略感遗憾的是未找到邮友协助盖敦煌纪念邮戳。

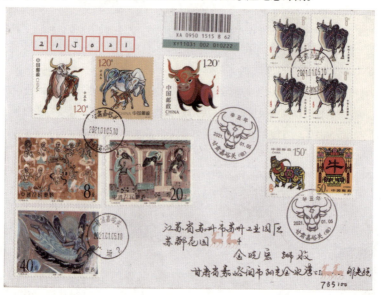

（二）《五牛图》封

《五牛图》是唐朝韩滉（公元723年~公元787年）创作的黄麻纸本设色画，纵20.8厘米，横139.8厘米，现藏于北京故宫博物院，是中国十大传世名画、少数几件唐代传世纸绢画作品真迹之一，也是现存最古老的纸本中国画。

2021年3月20日，中国邮政发行《五牛图》特种邮票1套5枚，面值共5.9元，小型张1枚，面值6元。笔者又委托甘肃邮友从当地实寄，因5枚邮票和小型张单独贴6个封不符合挂号邮资的标准，故而将所有敦煌邮票（特3和特6为旧币，不能使用）贴上作为补资。5枚牛票和小型张的面值分别是0.8元、1.2元、1.2元、1.2元、1.5元、6元，邮票按照邮政挂号的标准平信1.2元加挂号3元，即4.2元，小型张补资为6.6元。因而，邮票分别补资3.4元、3.0元、3.0元、3.0元、2.7元，小型张0.6元，总计需要补资15.7元。

《敦煌壁画》第一组面值分别是8分、10分、20分、40分；第二组是8分、8分、10分、90分；第三组是8分、10分、30分、50分；第四组是20分、25分、55分、80分；第五组是10分、20分、50分、1.60元；第六组是10分、20分、50分、100分；《莫高窟》的4枚均为1.20元。七组邮票的总面值为0.78+1.16+0.98+1.80+2.40+1.80+4.80=13.72元。两者之间差额为1.98元，将个性化《飞天》的面值1.20元加上，尚缺的0.78元正好补贴1套第一组《敦煌壁画》。至于如何将4×7+4+1=33枚邮票贴到6个信封上，也通过反复编排，平均每个封贴5~6枚邮票，且面值需要大小均衡，错落有致。最终生成以下6件个性化集邮品。

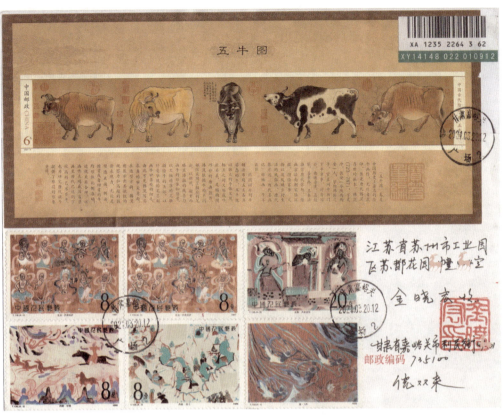

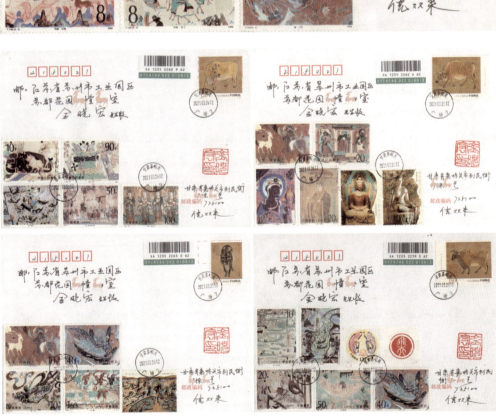

小 结

敦煌壁画继承现实主义和浪漫主义相结合的创作方法，采用线描造型、夸张变形、想象组合、散点透视、装饰构图、以形写神等表现手法，创造了单幅画、组画、连环画、神人结合形象、宗教幻想境界等独具敦煌本土特色的中国佛教画。

敦煌壁画是敦煌学的重要组成部分，敦煌的石窟中大多数都有壁画，是中国现存规模最大、内容最丰富的石窟艺术宝库，不仅有佛教尊像画、经变画、佛教故事画、供养人画像、装饰图案等，而且有宗教活动、宫廷享乐生活，普通人的生产生活各方面的情况。敦煌壁画是专家学者们研究中古时代中国和中亚地区社会各方面的生动有形的画卷和珍贵资料，不仅具有艺术价值，更能体现历史价值，因而是全人类的珍贵文化遗产。本章在展现敦煌壁画魅力的同时，按主题分类解析了主要的集邮方式，是两种艺术形式的有机结合。

附：

1. 集邮者有意识地制作极限明信片是在1910年之后。1944年12月2日，在法国成立了世界上第一个极限集邮组织French Maximaphiles。中国邮政发行的首套极限片是1982年9月10日《益鸟》极限片，代号"MC"，是英文Maximum Card的缩写（当然，在明信片上印如此字样显得不伦不类）。1985年11月，在意大利罗马举行的国际邮联会议上，FIP专门为极限类邮集制订了相关的评审规则。这一规则的推出，为我国极限集邮事业的发展提供了前所未有的机遇。最新的《FIP极限集邮评审专用规则》于2004年9月在新加坡通过。

2. "邮政编码"（postcode）是邮电部门为实现邮政现代化而采取的一项措施。1963年6月，邮政编码在美国诞生，用以应对当时急速增长的邮件寄递需求。中国于1974年开始研制中国的邮政编码，1978年在辽宁、上海、江苏等省市进行试点，1980年7月1日开始正式在全国宣传推行，后因种种原因推行工作全面停止。直到1986年，全国邮政工作会议决定重新在全国推行邮政编码。中国目前采用的邮政编码为"四级六码"制。即每组编码由六位阿拉伯数字组成，这六位数字分别表示省（自治区、直辖市）、邮区、县（市）邮电局和投递局（区）四级。六位数的前两位代表省（自治区、直辖市），第三位代表邮区，第四位代表县（市）邮电局，最后两位是投递局（区）的编号。

3. "公函封"，广义上是指由省级邮电管理部门监制的印有寄信单位名称、地址及所在地区邮政编码的标准信封，狭义上是指所贴邮票的主题内容与该单位有直接关系并经过邮局实寄的标准信封。公函封有以下几个特点：一、原地性：由于公函封所贴邮票内容必须与寄信单位有直接联系，又必须经过实寄，所以公函封可以称作原地之中的原地，其属性自然应列到原地邮品之中。二、自然性：公函封纸质较厚，不易损坏，且色调单一，没有装饰图案，从审美的角度考虑，其美感比不上各邮票公司为邮票发行的首日封，但其中所蕴藏的内涵及邮政意义大于人为制作的首日封。三、权威性：由于这种封供机关单位使用，其专业性较强，一般人收集到的机会较小，故具有一定的权威性。

4. "航空邮票"是专为邮寄航空信件而发行的邮票，属专用邮票，原则上专供航空邮件贴用。但一些国家为了便于管理不做硬性规定，航空邮票也可贴于普通信件，而其他邮票也可贴寄航空邮件。中华人民共和国成立以后，共计发行2套航空邮票：1951年5月1日发行第一组，全套5枚，面值分别为1000圆、3000圆、5000圆、10000圆和30000圆，均为飞机和北京天坛祈年殿图案。1957年9月20日发行第二组，全套4枚，改新币值分别为16分、28分、35分和52分，图案分别为飞机场、公路汽车、火车和轮船。两套邮票上均印有"中国人民邮政航空邮票"的字样。

5. "专用航空封"是印有航空标志，专供寄递航空信函的信封。为了便于识别，航空封四周常印有红白蓝相间的45度斜条。为防泄密，封内印有各种线纹图案。但普通信封贴足航空邮资、航空标签或盖有航空戳记，经航空寄递的也称为航空信封。之后根据GB/T1416-93国家规定标准，新的航空信封上除了在左下角印蓝底白字航空标志外，不再在信封边缘上印红白蓝相间的斜条。

6. 1955年3月1日，新中国进行币制改革，将旧币10000圆改为新币1元，于是当时的平信邮资800圆也就相应改为8分。第1套以新币发行的纪念邮票是1955年6月25日发行的纪31《中国红十字会成立五十周年纪念》，面值改为8分；特种邮票是1955年10月1日发行的特13《努力完成第一个五年建设计划》，全套18枚，面值均为8分。作为交替，旧币邮票发售到1955年底，1956年1月1日起停售，但仍允许使用到1956年3月底，1956年4月1日起停止使用。

7. "极限封"沿袭了极限明信片的理念，即信封上印制的美术图案与邮票主图相同（或相似），并盖有与邮票主图直接相关的邮戳。信封图案、邮票主图和邮戳三者之间达到最大限度的统一。中国集邮总公司于1994年3月18日在发行《鲟》邮票时，首次开发了极限封，志号"PJF-1"，此后形成系列。

8. 在新航线开辟的第一天同时开辟新邮路的情况下，通过邮政途径从航线的一端邮局交寄，随着首次航班运送到航线终端邮局，盖有投递局日戳并投递的信件的封套称"首航封"。据此，首航封必须有航空邮件的标志（签条）、符合当时航空信函邮资的邮票，有开航地首日的日戳和首航班机到达目的邮局的投递戳。这些邮戳常是纪念邮戳，或者刻制了纪念图章。1859年8月17日，美国拉斐特和印第安纳州的克劳福兹维尔之间，由"木星"号气球运载了邮件，产生了世界上最早的首航封。中国最早的首航封是1920年5月6日，北京至天津开航时运递的信封，这次首航封数量极少，十分珍贵。新中国成立后，虽然也开辟了许多国内外航线，但是有关部门未加以重视，使集邮界广大邮友无法及时掌握信息，收集首航封一直处于低潮与停顿状态。1975年中国邮票出口公司曾发行两种"上海—北京—日内瓦—苏黎世"国际首航封（"PFN1"），制作精美，发行量大，在集邮界广为流通。

9. "首航戳"是为新辟航空路线通航刻用的邮戳，又称通航戳，加盖在首航飞机的邮件上。首航纪念戳刻有某地至某地首航纪念文字、图案、时间及局名，加盖在信封空白处。

10. "尾日封"是指某种邮票、邮品准予通用的最后一日，贴有该票的加盖邮政日戳的实寄封。比如，新中国旧币邮票（如800圆邮票）更换新币邮票（如8分邮票）时期，邮电部规定旧币邮票于1956年4月1日起停止使用，3月31日的实寄封就是尾日封。又如，1990年7月31日中国邮政40年来第一次邮资调整，如平信邮资从8分提高到20分，那么7月30日寄出的实寄封就是老邮资的尾日封，而7月31日寄出的实寄封就是新邮资的首日封。1996年12月1日进行了第二次邮资调整，平信邮资从20分提高到50分，同样11月30日的实寄封也是老邮资的尾日封。1999年3月1日第三次把平信邮资从50分提高到80分也是如此。再如，快信邮件的结束、航空信件的退出、新旧邮戳的更替和邮资已付戳的停用也都存在尾日封。尾日封记录了一个邮资时期结束的具体日期，在邮政史邮集中有重要作用。

11. "外展封"是中国集邮总公司从1978年起为中国参加或举办国际集邮展览活动，在举行当日发行的信封。1981年5月22日发行的"中国参加维也纳国际邮展"纪念封，是中国首枚外展封，到1984年11月8日发行"中国邮票展览·西班牙"纪念封，共24枚外展纪念封，均未在信封上印编号。自1985年4月16日发行的"中印集邮展览·北京"纪念封开始，在信封背面右下角启用"WZ"来编志号，该封按顺序排号为25，故编用志号为"WZ25"。之前的可称为"暗志号"，另在"WZ47"和"WZ48"之间，漏编了1988年3月29日~4月4日"卢森堡第九届青少年国际集邮展览"纪念封志号。

第五章 敦煌彩塑

概 述

敦煌彩塑是敦煌石窟的主体，其技艺是甘肃地区古老的地方传统雕塑工艺。因敦煌石窟开凿在砾岩上，故多为木质结构，在人工制成的木架上束以苇草，先敷粗泥，再敷细泥，压紧抹光，再施白粉，最后彩绘。彩塑有佛像、菩萨像、弟子像以及天王、金刚、力士等，形式丰富多彩，手艺高超绝伦，有圆塑、浮塑、影塑、善业塑等，最高34.5米，最小仅2厘米左右，堪称佛教彩塑博物馆。

敦煌彩塑始于十六国，历经北魏、西魏、北周、隋、唐、五代、宋、西夏、元等朝代，目前尚存3000多身，其中圆雕2000多身，浮塑1000余身，数量之多、历时之长、技艺之精，为世界所罕见。敦煌彩塑艺术风格的发展和演变可分三个时期：（一）发展期，包括十六国、北魏、西魏、北周四个朝代，历时约180年。早期洞窟形制有：1.禅窟（塑像置于正龛）；2.殿堂窟（塑像置于正龛或南北壁列龛内）；3.中心柱窟（塑像置于长方形柱四面之龛内）。（二）极盛期，包括隋、唐两个朝代，历时300多年。洞窟多为方形殿堂式，一般都在正面大龛里列置以佛为中心的群像。（三）衰落期，包括五代、宋、西夏、元四个朝代，历时460余年。洞窟继承晚唐时期殿堂中心佛坛窟形制，塑像置于中心佛坛上。

2020年9月26日发行《莫高窟》特种邮票全套4枚、小型张1枚，与之前的八组《敦煌壁画》同为敦煌石窟艺术。本章遴选的相关邮品有"票"，如邮票和小型张介绍。"片"，如官方和个人制作极限片等。"戳"，如地方纪念戳和约投挂号戳等。"简"，如国际航空邮简等。"封"，多为首日实寄封，包括官方封（集邮公司封）、公函封、宣纸美术封、个性化封、艺术封（书法封、手绘封）、极限封、疫情封等。

第一节 敦煌彩塑邮票和邮折

敦煌莫高窟作为中华文化的经典代表、世界文明的璀璨宝库，从20世纪50年代开始，以"敦煌壁画"为主题发行过八组邮票（注：《伟大的祖国》系列两组，《敦煌壁画》系列六组）。这次中国邮政选取之前从未采用过的莫高窟彩塑再现历史荣光。严格意义上讲，这套邮票命名为"敦煌彩塑"较妥，因为"莫高窟"主要是由敦煌建筑、敦煌壁画和敦煌彩塑三部分构成。

一、邮票和小型张

中国邮政2020年9月26日发行《莫高窟》特种邮票一套4枚，小型张1枚。该套邮票设计着力表现莫高窟厚重的历史文化韵味，追求庄重大气、艳丽强烈的视觉效果。探讨以现代的构成形式表现传统的中国文化内核，是这套邮票设计最主要的宗旨。邮票票面视觉效果的平面化和图案化，更加符合中国画的传统审美特点，使票面具有了浓郁的中国气质，在设计上巧妙利用破损、修补所形成的自然形态，也暗含了莫高窟历经1650多年的沧桑。

全套邮票4枚，图案分别是"北魏·释迦禅定像""北魏·影塑飞天""西魏·佛菩萨像""唐·菩萨坐像"，发行量790万套。小型张"唐·释迦佛一铺"，发行量620万枚。

4-1【北魏·释迦禅定像】，面值1.20元。邮票图案选自敦煌莫高窟第259窟。这尊释迦禅定像为敦煌莫高窟北魏时期造像的代表作，其中薄纱透体运用了画史上所谓的"曹衣出水"的手法。释迦牟尼头生高髻、弯眉上扬、面带微笑，似在静心修行，表露出佛陀发自内心的怡性清净，体味禅定中悟出的哲理。他身着通肩袈裟，以阴刻线展示出衣纹，身部塑造饱满，朴实凝重。朝拜者从佛像的看遍人间沧海桑田的笑意中获得心灵的安慰和寄托，心中很多俗世繁杂念头也就烟消云散。

4-2【北魏·影塑飞天】，面值1.20元。邮票图案选自敦煌莫高窟第437窟。敦煌莫高窟是飞天的"故乡"，而飞天更是敦煌的象征，曾经多次"飞入"方寸之中。敦煌的地质条件不适合如同龙门、云冈那样大规模开凿石制佛像，只能采用彩塑佛像，而"影塑"则是传统彩塑方式的一种，采用磨具翻制小型佛像或者璎珞等。北魏影塑飞天身形修长、褒衣博带、无羽而飞，完全是中原飞天的复制，表层色彩为宋代重绘，是莫高窟唯一一处飞天雕塑。

4-3【西魏·佛菩萨像】，面值1.20元。邮票图案选自敦煌莫高窟第432窟。此像有类似石雕的凝重感，中心柱造像由印度支提窟发展变化而成，敦煌现存中心柱造像洞窟仅有28个洞窟，为此类洞窟的早期代表。中心柱造像是莫高窟乃至中国早期石窟的一个特点，是模仿印度石窟中佛塔的一种形式，是佛教艺术传入中国的最初形式。造像整体为双龙首龛梁，其主尊善跏坐，外着大袖袍，内着僧祇支，挽结。

二菩萨精神静谧、头戴宝冠、披巾着裙、色彩丰富、格调明快。中心塔柱窟在最初阶段与殿堂窟差距较大，塔庙窟的宗教意义主要是为了"入塔观像"，早期洞窟中盛行塔庙窟，当与北朝时期流行禅修观像有关，以后随着佛教的逐渐世俗化和宗教礼仪的逐渐简化，塔庙窟失去了其原有的功能，乃逐渐衰落直至消失。

4-4【唐·菩萨坐像】，面值1.20元。邮票图案选自敦煌莫高窟第196窟，位于主室中心佛坛北侧。塑像为佛教中的大势至菩萨，是敦煌晚唐时期的代表之作，于大顺二年（公元891年）前后塑造。造像面容轮廓丰满、弯眉细目、两眼微睁、唇角含笑。菩萨呈自在坐姿，袒露上身，颈挂项圈、戴有项链、臂钏、手镯，肩上斜披圣带，左手抚膝、自然弯曲，右手上举，下身着长裙，服饰线条流畅自然，裙褶上饰有图案，经历千年，仍熠熠生辉。此像有"人物丰浓、肌胜于骨"的风格特色，有类似石雕的凝重感。根据窟内题记，此窟由何法师创建，前室的木构窟檐是莫高窟现存唯一的唐代木构建筑，为中国现存六件唐构之一。

小型张【唐·释迦佛一铺】，面值6元。邮票图案选自敦煌莫高窟第45窟。释迦佛为莫高窟最具代表性的塑像之一，这组塑像可谓形神兼备，神态展现恰如其分。这一窟的造像为盛唐所塑，是敦煌造像的巅峰作品，其造像已经成为敦煌彩塑的经典代表。第45窟的塑像原有九身，但龛外两侧力士像已毁，仅剩台墩。遗存的这七身塑像以佛像为中心，由近至远按身份等级侍列成对——弟子、菩萨、天王像，与整窟内容和形式，彼此呼应、相得益彰，统一在完整的主题之内，使群体塑像既从属于建筑空间，又能独立欣赏。同时将弟子、诸菩萨等内容绘制在佛龛之内，弥补了由于佛龛的局限而造成塑像空间深度不足的缺陷，从而虚实相间、气韵互贯。主佛脸形丰满圆润，穿僧祗支，作说法相，佛光装饰富丽堂皇。年老的迦叶和年轻的阿难对比鲜明。两尊菩萨面带微笑、温婉慈祥、肌肤如玉、婀娜多姿，展现女性妩媚。两身天王威武雄壮、霸气十足。这组塑像形神俱备，将佛陀的神圣、弟子的拘谨、菩萨的柔媚、天王的威严都恰如其分地展现出来，是盛唐不同人物的真实写照，不仅仅展现了佛法教义，更充分展现出人间性格。

二、莫高窟邮折

中国集邮总公司发行的莫高窟邮折较以前的敦煌邮折尺寸有所放大，如同一本小16开图书，志号"PZ-193"，封面图案选自莫高窟第159窟西壁的"文殊变"（中唐），外有半透明的封装袋，内插一套邮票和一枚小型张，未盖邮戳，含详细的发行信息，且中英文对照。正面"莫高窟"三字烫金，显得雍容华贵；背面有二维码，扫描后可以获取更多的信息。

第二节　敦煌彩塑极限片

关于极限明信片，在"敦煌壁画"一章节有较为详细的介绍，在此仅展示几枚较有代表性的以供品鉴。

一、官方极限片（仅列1套"官方片"）

以上4图为甘肃省集邮公司制作的1套4枚极限片，盖2020年9月26日敦煌莫高窟"九层楼"图案首日风景戳。

二、自制极限片（仅列3枚自制片）

以上3图为集邮爱好者自制的小型张实寄封，盖2020年9月26日甘肃敦煌莫高窟首日戳。左图和右图用的是2009年发行的带有80分邮资（莫高窟外景图）的明信片，前者为正面佛祖像，后者为侧面弟子、菩萨、天王像。中图为双子集邮文化传播中心于2020年8月刊印的无邮资明信片，展示的是第45窟全景图。

第三节　敦煌彩塑邮简

　　邮简是介于明信片和信件之间的一种邮政用品。明信片使用方便，但书写的内容不保密；一般信件保密性好，但必须同时具备信纸和信封。邮简在出售时是一张纸，一面如同信封的封面，用以书写收件人的姓名、地址、邮政编码等；另一面则起到信纸的作用，可书写信件的正文，完成后按纸上的折线叠成一封信的形状。在邮政用品中，邮简具有悠久的历史（见第169页附1），一般在集邮书的邮政用品分类中，将其与信封和明信片并称为"封、片、简"。

　　邮简的分类有邮资邮简、军用邮简、无邮资邮简、航空邮简、国内航空邮简、国际航空邮简、纪念邮简、普通邮资邮简、美术邮简、航空邮资邮简等。航空邮简指供寄递航空信函的邮简，多标以飞机、飞鸟等与飞行相关的物象，印有"航空邮简"字样，邮资通常低于国际航空信函，但不可装信纸和任何物件。国际航空邮简又可以分为无邮资国际航空邮简、有邮资国际航空邮简、邮资已付国际航空邮简。1948年中华邮政发行过国际航空邮简，不含邮资，使用时另贴邮票。中华人民共和国成立后，发行了无邮资图的国际航空邮简，邮简四周以蓝白相间的斜条作为标志。目前，各国广泛发行和使用国际航空邮简，其发行目的、图案设计等日益多样化。

　　以上4图为2020年9月26日《莫高窟》发行首日由原地寄台湾台北的1套4枚邮简，各贴1枚带厂铭邮票，每枚补资60分，销莫高窟首日纪念邮戳（其中1枚销飞天邮局戳，以对应邮票主题）和日戳，盖台北落地戳，到达目的地时间为10月16日。

第四节　敦煌彩塑邮戳

关于邮戳，在"敦煌壁画"一章（见第076页）已有较为详实的介绍，在此仅选取两例作为补充：一是各地为《莫高窟》邮票发行所设计的地方纪念邮戳；二是较新问世的约投挂号戳。

一、各地纪念邮戳

以上各地纪念邮戳包括：甘肃敦煌原地、北京、天津、上海、杭州、宁波、嘉兴、扬州、福州、南宁、广州、深圳。

二、约投挂号戳

约投挂号（见第170页附2）是邮政针对高端信函寄递客户，开发的介于"快递"和"挂号"信之间的新业务，实行挂号寄递、全网优先处理、短信通知、电话预约、按址上门投递签收，资费低于快递又高于挂号信。

左图为2020年9月26日《莫高窟》发行首日，由甘肃敦煌原地寄往江苏苏州的小型张实寄封，背面补资0.2元，共计邮资6.2元（1.2元普通信函资费+挂号费3元+约投服务费2元），信封中央处盖有"约投挂号"戳，有"预约投递，精准送达！"字样，贴挂号条，到达目的时间为10月2日。

笔者邀请一位年轻画家在空白处手绘了菩萨像，并盖有个人收藏印章。

右图为2020年9月26日《莫高窟》发行首日，由甘肃敦煌原地寄重庆渝北的小型张实寄封，采用封面和封底边框带有红色斜条的专门"约投挂号封"，正面普票补资0.2元，盖当地日戳，信封中央处印有"约投挂号"戳，有"预约投递，精准送达！"字样，贴条码，到达目的地时间为10月19日。

第五节 敦煌彩塑首日实寄封

首日封原意指邮政通信过程中自然形成的首日实寄封。从集邮者的角度而言，它们更具有收藏的象征意义，因而邮票发行首日大多盛况空前，第二日就鲜有参与者了。据委托从莫高窟投寄的邮友介绍，这次莫高窟邮票首发日正赶上第40届全国最佳邮票评选活动在敦煌举行，盖戳活动现场摩肩接踵，邮件数量甚多，导致寄达时间普遍延后，国内信函甚至有一个月之后才收到的。在此仅遴选部分官方首日封、公函首日封、个性首日封、手书封、手绘封、极限封和疫情封作为代表，其中手书封和手绘封是艺术作品的展示，疫情封是时代的印记。

一、官方首日封

这套首日封由中国集邮总公司制作，每枚发行量均为80000枚。封面采用极限封形式，封背除了传统的中英文文字介绍外，增设了条形码和二维码，扫描后可以获取更多信息，为邮品广告和首日封介绍，以及设计者吴大卫的相关信息。

以上5图为2020年9月26日《莫高窟》发行首日由原地寄江苏苏州的实寄封，4枚邮票封各贴1枚3元普票《美丽中国》补资，挂号邮费4.2元。小型张封贴60分普票补资，挂号邮费6.6元。销独特的"九色鹿"邮戳和首日戳，贴挂号条，到达目的地时间为10月6日。

二、公函首日封

公函封是指由省级邮电管理部门监制的印有寄信单位名称、地址及所在地区邮政编码的标准信封，详细信息可参考"敦煌壁画"一章（见第149页）的介绍，这里展示几枚稍有特色的敦煌研究院公函封。

以上4图为《莫高窟》发行首日由甘肃敦煌寄本省嘉峪关的"公函"实寄封，4枚邮票封各贴1枚带厂铭和相同版票序列号的邮票，贴条形码。

左图小型张盖"第40届全国最佳邮票评选纪念"邮资机戳0.6元，挂号邮费6.6元。销敦煌莫高窟纪念邮戳、甘肃敦煌纪念邮戳和首日戳，贴挂号条，到达目的地时间为10月2日。

邮票和小型张使用不同信封，公函文字颜色不同。

上左图为《莫高窟》发行首日由甘肃敦煌寄河北秦皇岛的"公函"实寄封，贴小型张，补资1.2元，共计邮资7.2元，销敦煌莫高窟纪念邮戳、首日戳，贴挂号条，到达目的地时间为10月26日，历时一个月。

上右图为《莫高窟》发行首日由甘肃敦煌寄（江苏）苏州的"公函"实寄封，贴满全套邮票和小型张，共计邮资10.8元，销敦煌莫高窟纪念邮戳、首日戳，贴挂号条，盖红色回执戳，到达目的地的时间为10月26日，历时也是整整一个月。

三、宣纸美术首日封

宣纸是中国独特的手工艺品，因质地绵韧、光洁如玉、不蛀不腐、墨韵万变，享有"千年寿纸"的美誉，被誉为"国宝"。笔者在《莫高窟》发行之前，自制了几组宣纸封寄兰州邮友，委托其赶赴敦煌莫高窟在邮票发行首日原地寄出，收到信件后请好友作画（见第166~167页）。近期发现有专门制作的宣纸美术封，如以下这组是2019年5月由淄博金升印刷有限公司印制，山东省邮政管理局监制，印量1000枚。

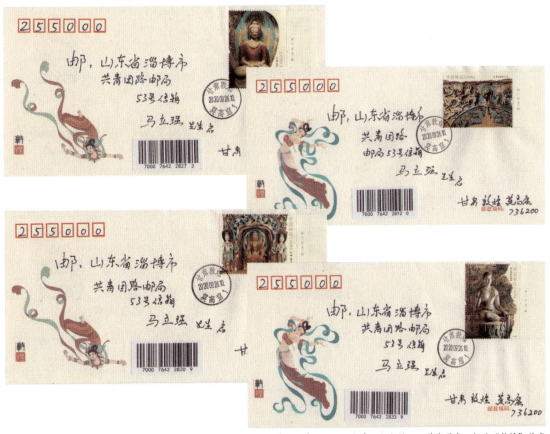

以上4图是2020年9月26日《莫高窟》发行首日由原地寄山东淄博的实寄封，左侧印有两组敦煌飞天美术图案，标注"敦煌"艺术字，4枚封各贴1枚带厂铭邮票，销敦煌莫高窟首日戳，贴条形码，到达目的地时间为10月8日。

四、个性化首日封

集邮者在《莫高窟》邮票发行前自行选用或设计了独特的信封，用电脑设计图案打印信封，或者使用带有公函抬头的信封，或者仅用朴实的信封，展现"个性化"的作品。

（一）"北魏·释迦禅定像"首日实寄封

许多集邮者在制作《莫高窟》首日封时采用了"一票一封"（注：体现"邮资相符"，不必补资），若全套展示太占空间，笔者仅以其中的第1枚为例。这枚"北魏·释迦禅定像"较法国卢浮宫的"蒙娜丽莎"要早1000年，但中西方微笑的美学艺术却具有异曲同工之妙。

上左图为"敦煌博物馆"公函封，贴1枚1.20元带厂铭"北魏·释迦禅定像"邮票，销2020年9月26日莫高窟日戳和"第40届全国最佳邮票评选纪念"邮戳（为标志性的"九层楼"建筑），贴条形码。由甘肃敦煌寄河北秦皇岛，到达目的地时间为10月7日。

上右图为"张大千纪念馆"公函封，贴1枚1.20元带厂铭"北魏·释迦禅定像"邮票，销四川内江日戳，贴条形码。2020年9月26日由（四川）内江寄本市，到达目的地时间为次日。

上左图为上海市邮政管理局监制的美术信封，封面左侧彩色打印一位飞天图案，贴1枚1.20元"北魏·释迦禅定像"邮票，销莫高窟风景戳和日戳，贴条形码。2020年9月26日由甘肃敦煌寄山东青岛，到达目的地时间为10月20日。

上右图为普通信封，贴1枚1.20元"北魏·释迦禅定像"邮票，销莫高窟日戳，贴条形码。2020年9月26日由甘肃敦煌寄新疆疏勒，到达目的地时间为10月8日，封背日戳为双文字戳。

上左图为普通信封，贴1枚1.20元"北魏·释迦禅定像"邮票，销南宁纪念邮戳，贴条形码。2020年9月26日由广西南宁寄浙江武义，到达目的地时间为9月29日。

上右图为普通信封，贴1枚1.20元"北魏·释迦禅定像"邮票，销四川德阳日戳，贴条形码。2020年9月26日由（四川）德阳寄什邡，到达目的地时间为次日。

上图为普通信封，贴全张12枚1.20元"北魏·释迦禅定像"邮票，另用1枚个性化《飞天》和1枚《长城》作为补资，总邮资为18.5元，销敦煌莫高窟日戳5枚，贴红黑双色不干胶国际函件挂号标签，盖航空戳，发行首日由北京寄台北，到达目的地时间为10月19日。

（附：通过全张可以发现每枚邮票边缘采用琵琶图案异形齿孔，这种齿孔首次出现在邮票印制上。琵琶是敦煌壁画中最具代表性的乐器，无论在小型乐器组合还是大型经变乐队，都能寻见它的踪影，见第196页。）

（二）贴全套《莫高窟》的实寄封

上左图由"凌氏邮意"制作的美术信封，印量500枚，贴全套《莫高窟》邮票4枚，补资60分，总计5.4元，销敦煌莫高窟日戳，贴挂号条。2020年9月26日发行首日由甘肃敦煌寄重庆，到达目的地时间为10月7日。

上右图为上海市邮政管理局监制的美术信封，封面左侧彩色打印一幅飞天图案，贴全套《莫高窟》邮票4枚，补资60分，总计5.4元，销敦煌莫高窟风景戳和日戳，贴挂号条。2020年9月26日发行首日由甘肃敦煌寄江苏无锡，到达目的地时间为10月25日。

上左图为"国家图书馆"公函封，贴全套《莫高窟》邮票4枚，补资60分，总计5.4元，销敦煌莫高窟日戳，贴挂号条。2020年9月26日发行首日由甘肃敦煌寄北京，到达目的地时间为9月29日。

上右图为真正的"自然"实寄封，用的是合肥工业大学建校六十周年纪念封。笔者购买邮品时，卖家恰巧使用全套《莫高窟》邮票4枚和2枚个性化票充当邮资寄出，总邮资6.8元。2021年10月19日从安徽合肥寄江苏苏州，到达目的地时间为10月22日。这算是意外收获。

（三）贴《莫高窟》小型张的首日实寄封

下图为原地航空挂号寄台湾的首日实寄封，贴2枚《莫高窟》小型张、1枚《丝绸之路》小型张和1枚50分《长城》普票，邮资总计18.5元，销2020年9月26日莫高窟风景戳和日戳，盖2枚红色的"航空""信函"戳，到达目的地时间为10月19日。

上图为笔者邮友设计的"美术信封"，右侧自行打印第45窟中的菩萨像作为点缀图案，销0.6元"敦煌第40届全国最佳邮票评选纪念"邮资机戳，总邮资6.6元，销敦煌莫高窟日戳，贴挂号条。2020年9月26日由甘肃敦煌寄江苏苏州，到达目的地时间为10月22日。

（四）贴《莫高窟》双连小型张的原地实寄封

　　与左页下方贴2枚小型张的"伪双连"不同，连体小型张是将两张或两张以上图案相同的小型张印制在一个版式内，加上衬纸，另设过桥、文字、图案、编号、暗记等。连体小型张不是简单组合，而是一种再创作。2021年12月底发行的《莫高窟》小型张（2020-14T）双连张为这一系列的第16种，是世界文化遗产题材，发行量133万枚，除最早2种特供品种外，是所有双连张中发行量最小的。叠加的两枚小型张图案上方标注"2020年中华全国集邮联合会会员纪念"字样，以点明主题（见第170页附3）。边框上下设计了烫金的敦煌藻井图案（注：藻井是敦煌图案中的精华，它位于石窟顶部，受风沙及恶劣自然环境的损伤较少，同时也免除了人为的破坏，故保存较为完好。敦煌的藻井多达四百余顶，绘制十分精致），双连张左右侧印有烫金修饰条。

　　上图为笔者邮友于2021年12月31日（为去年阳历最后一日，据说是"原地最早日"寄发，因各地资源到达时间略有差异，故不能确定是否为"首日"）从敦煌寄出的贴《莫高窟》双连张的原地封，使用的是甘肃省邮政管理局监制的编号"73-0001-C4（7号）"信封，封面四周印有红白相间斜条，属"约投挂号"专用封，另贴2020年9月26日发行的《莫高窟》邮票1套4枚，邮资4.8元，邮资机补资0.2元，总邮资17元。贴挂号条，销当日莫高窟纪念邮戳2枚、日戳3枚。到达目的地时间为2022年1月4日。

五、艺术封

中国的书法和绘画都是艺术园地的奇葩，在千百年风雨沧桑、迁移巨变之后，依然生机勃勃、神采奕奕，是一笔宝贵的精神财富。2020年9月初，笔者得知当月26日要发行《莫高窟》邮票，委托当地邮友制作了5套原地首日实寄封：2套是普通信封，3套经绘画界邮友指点后用半生熟宣纸制作，这是首次自己动手制作信封。但没想到这些信封一路历经磨难，虽是同时寄出，最早收到的几枚是在10月2日，接着是陆续到达，最晚的几枚居然是10月29日，信封收到时大多已经破损，令人心疼不已。笔者先后邀请一些平时喜爱舞文弄墨的朋友在信封空白处题词做画。这也是首次"玩"原地+首日+手绘（手书）封。

（一）书法封

汉字的书法艺术是世界文明史上独树一帜的绚丽瑰宝，其象形性和书写中横平竖直的特征为中国书法艺术奠定了基础，在不同时代有着不同的风格，撰写者在创作过程中融入了自身的理性和情感。

1.实寄封

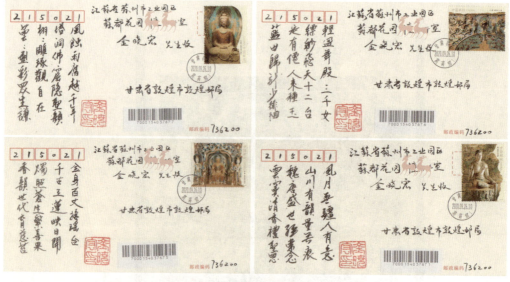

- 风蚀雨腐越千年，塔洞佛窟隐圣颜。
  栩栩雕琢观自在，芸芸壁彩众生谦。
- 轻盈舞殿三千女，缥纱飞天十二台。
  定有仙人来种玉，蓝田归计少徘徊。
- 金身百丈接瑶台，千古玉莲映日开。
  烛照苍生繁善果，香韵世代育慈苔。
- 风月无疆人有意，山川有韵景无痕。
  魏唐盛世经长念，云窦清香礼圣恩。
- 佛像栩栩神采光，历经风雨寿无疆。
  金尊十万传禅韵，题记三千留墨香。

当初为保持统一的书写和绘画效果，笔者请邮友用了打印地址的贴条，颇为遗憾的是粘贴太牢，一揭就破，只得"打补丁"。以上5枚封请两位朋友撰写，文字由笔者从网上搜寻，勉强符合主题，均盖上了红色的收藏印章。

2. 官白封

以下是《莫高窟》发行首日，由北京市邮票公司制作的官白首日封，邮票封2枚，小型张封1枚。笔者在2021年9月请好友撰写，属于后期创作，未实寄。

右图题写的文字源自《四十二章经》开篇："辞亲出家，识心达本，解无为法，名曰沙门。常行二百五十戒，进止清净，为四真道行，成阿罗汉……"

右图题写的文字源自《妙法莲华经》中的一段："尔时佛放眉间白毫相光，照东方万八千世界，靡不周遍，下至阿鼻地狱，上至阿迦尼咤天……"

右图题写的文字源自《维摩诘经》中的一段："文殊师利曰，如我意者，于一切法无言无说，无示无识，离诸问答，是为入不二法门。于是文殊师利，问维摩诘，我等各自说已，仁者当说，何等是菩萨入不二法门？时维摩诘默然无言。文殊师利叹曰，善哉善哉，乃至无有文字语言，是真入不二法门。说是入不二法门品时，于此众中五千菩萨，皆入不二法门，得无生法忍……"

（二）手绘封

　　以下所选的10枚手绘封出自三位美院毕业的朋友之手，创作前都表示平时只绘山水花草，从未画过庄严神圣的佛像，笔者坦言仅娱乐而已，他们才勉强尝试。虽非名家巨作，但艺术本身就是见仁见智的存在。

六、极限首日封

关于"极限封"的定义见第149页，出于分类需要，在本书第三章"敦煌建筑"部分（见第048页）已经陈列了3枚（2枚邮票和1枚小型张）。在此补上其他的2枚和另外一组4枚，展示这类信封的艺术效果。

以上2图为邮友自制的原地极限首日实寄封，寄笔者收藏，分别是第2枚"北魏·影塑飞天"（第437窟）和第4枚"唐·菩萨坐像"（第196窟），盖1.2元"敦煌第40届全国最佳邮票评选纪念"邮资机戳作为补资。两封均为邮票发行首日由甘肃敦煌寄江苏苏州，到达目的地时间为10月22日。

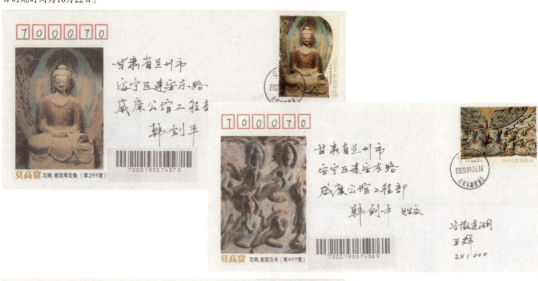

以上4枚也可认为是"逆原地"首日封（见第041页），《莫高窟》发行首日由安徽芜湖寄甘肃兰州，到达目的地时间为当月30日。

七、疫情封

笔者于2019年6月参观了在武汉举办的世界邮展，申报的一部邮书（《大龙邮票集邮文献概览（1878~2018）》）首次参展获得了镀金奖。之后不久新冠肺炎疫情爆发，2020年1月23日除夕前后武汉开始封城。这是人类历史上首次对一个人口千万级别的大城市采取最严厉的防疫措施。

2020年2月3日中央提出"要在做好疫情防控工作的前提下，全力支持和组织推动各类生产企业复工复产"。2020年4月17日政治局召开会议，指出"全国复工复产正在逐步接近或达到正常水平"。这一全人类的历史事件也在2020年9月26日发行的《莫高窟》邮品上留下了印记。

以上2图为《莫高窟》邮票首日实寄封，由（湖北）武汉寄黑龙江铁力，每个信封贴2枚面值1.20元的《莫高窟》邮票，盖"复工复产""坚决打赢新冠肺炎疫情防控阻击战"蓝色宣传戳，盖新冠肺炎疫情邮资机戳特殊金额双补资，1.80（0.69+1.11）元，到达黑龙江铁力的时间为10月1日。

右图为《莫高窟》小型张首日实寄封，由湖北武汉寄台湾彰化，贴面值6元《莫高窟》小型张1枚，盖"复工复产""坚决打赢新冠肺炎疫情防控阻击战"蓝色宣传戳，销"水陆路"红色戳，盖新冠肺炎疫情邮资机戳特殊金额双补资，2.50（1.99+0.51）元，到达台湾台北的时间为2021年1月27日。

小 结

敦煌彩塑最突出的艺术特点是整窟塑像和壁画互相结合、互为陪衬、互作补充。佛龛、佛坛上的彩塑与四壁的绘画辉映呼应、相得益彰，既达到了整窟艺术的统一和谐，又衬托出塑像在窟中的主体地位。另一特点是彩塑丰富多彩、姿态各异，虽然塑造的是神灵，寄寓着幻想的天国，但古代雕塑家凭着丰富的想象力，将同一神像塑造出形神风貌和性格特征千姿百态的彩像，突破了佛教造像的清规戒律，以现实生活为基础，大胆地以"伎女""宫娃""胡商""梵僧""将军"等真实人物为蓝本，并加以概括、提炼、想象、夸张，塑造了富有社会生活气息的宗教人物形象，体现了"塑容绘质"高度结合的表现技法，富有强烈的艺术感染力和欣赏价值。关于敦煌彩塑的邮票仅发行了一组，但是从集邮的角度还是产生了多种多样的特色藏品，使大众在了解集邮文化的同时，鉴赏敦煌彩塑之美。

附：

1. "邮资邮简"是指由国家或地区邮政部门发行的印有邮资图的邮简，是一种集信封、信纸、邮资凭证于一身的邮政用品，极为经济、方便。发邮简的邮资比邮政明信片高，比普通信件低（1996年12月1日调整邮资后，邮简与普通信函的邮资相同）。邮资邮简同邮票、信封一样，有着约200多年的历史，它起源于欧洲早期邮政时期，人们习惯用单页纸写信后折叠寄出。1819年意大利南部的撒丁尼亚王国发行一种带水印的信纸，图案为骑马吹号的邮差，加盖邮戳后出售，这是邮简的雏形。英国在1840年发行"黑便士"邮票和邮资信封的同时，发行了由马尔莱迪设计的邮简，正面绘有人们读信、写信、易货、邮运等内容的图案，两边印有邮政广告文字，是世界最早的普通邮简，也是最早的美术广告邮简。之后欧洲其他国家开始发行邮简。亚洲最早发行邮简的是日本，1873年首次发行了一套6枚普通邮简。1918年中国首次发行邮资邮简，规格为84×145毫米；邮资图为椭圆形，主图为麦穗，面值为3分，在麦穗图上方印有"中华民国邮政"字样，下方印有"邮制信笺"字样。1950年中华人民共和国首次发行"普东1"天安门图邮资邮简，面值为5000元东北币，由此开始形成了东北区邮资邮简系列，编号"PJD"（普、简、东），但这个系列只维持了2年。1952年开始我国又发行了普通邮资邮简，编号为"PJ"，只存在了9个多月。

2. 约投挂号业务从2013年6月开始试运行（中国邮政〔2013〕146号）。集团公司在业务函〔2013〕199号文件中就有关事项做出了通知，明确服务对象为经集团公司邮政业务局审批的在地市局大宗邮件收寄处理中心批量交寄信函的协议客户，不对窗口散户提供该服务。约投挂号信函业务投递范围覆盖全国（含县以下农村地区）。约投挂号信函单程寄递标准资费为：普通信函资费+挂号费3元+约投服务费2元，即在挂号信函资费标准的基础上，每件增加2元约投服务费。以上资费含优先处理、短信通知、电话预约及深度投递费用。约投挂号信函全部使用邮资机做过资处理，逐件打印标准资费。回邮寄递基本资费为"本埠和外埠的挂号信函资费"，但无上限限定，即对于个性化回邮可高于此资费。

3. 中华全国集邮联合会（All-China Philatelic Federation），简称全国集邮联（ACPF），经国务院批准，于1982年1月30日成立，是中国国内各省、自治区、直辖市集邮协会和全国行业性集邮组织自愿结成的全国性社会组织。中国邮政从2000年开始发行集邮联会员双连小型张，为特供邮品的专用版式，共计出版了15种（注：邮票名称简写，前2种为"特供"，第3种开始正式成为"会员特供"），依次为：（1）2000-17《奥运会》双连；（2）2001-15《喝彩》双连；（3）2007-20《邮联六大》双连；（4）2008-28《改革开放》双连；（5）2009-7《世界邮展》（牡丹）双连；（6）2010-3《世博会》双连；（7）2011-29《亚洲邮展》（无锡）双连；（8）2012-26《十八大》双连；（9）2013-10《邮联七大》双连；（10）2014-10《唐卡》双连；（11）2015-20《抗战胜利》双连；（12）2016-33《亚洲邮展》（南宁）双连；（13）2017-29《高铁》双连；（14）2018-8《红楼梦》双连；（15）2019-12《世界邮展》（武汉）双连。从题材来看可分为三类："政治宣传"，如1、2、4、6、8、11、13；"集邮纪念"，如3、5、7、9、12、15；"文化艺术"，如10、14。这些均为新型邮票艺术的展现形式。

第六章　敦煌飞天

概　述

敦煌莫高窟除了特有的建筑、壁画、彩塑艺术以外，还具有非常高超的舞蹈艺术和音乐艺术，将舞蹈与音乐相结合最著名的敦煌形象便是"飞天"，它是中华民族经典的艺术符号。敦煌石窟保存了从四世纪（十六国）到十四世纪（元代）历时一千余年的众多飞天形象，在敦煌莫高窟492个洞窟中，几乎每窟都绘有飞天，总计4500余身，它们既是佛教艺术的奇葩，更是民族文化的瑰宝。

"飞天"一词，最早见于东魏成书的《洛阳伽蓝记》，书中记载："有金像辇，去地三尺，施宝盖，四面垂金铃七宝珠，飞天伎乐，望之云表。"它由古印度神话与婆罗门教中的乾闼婆（天歌神）和紧那罗（天乐神）演变而来：乾闼婆的职责是在佛国散发香气，为佛献花、供宝，栖身于花丛，飞翔于天宫；紧那罗的职责是奏乐、歌舞，但不能飞翔于云霄。他们一个善歌、一个善舞，形影不离、融洽和谐，被佛教所接纳，将其合为一体，变成飞天，并将早期在天宫奏乐的场景称为"天宫伎乐"，后期持乐器歌舞的场景称为"飞天伎乐"。随着佛教理论及艺术创作的发展需要，由原先古印度佛教中马头人身的狰狞面目逐渐演化为中国佛教中眉目清秀、体态优美的天人飞仙。

敦煌飞天的风格特征是不长翅膀、不生羽毛，借助云彩而不依靠云彩，凭借飘曳的衣裙与飞舞的彩带凌空翱翔，千姿百态、变化多端。这是在本民族传统的基础上，吸收、融合了外来飞天艺术的成就，发展创作出来的敦煌飞天形象。飞天不是一种文化的艺术形象，而是多种文化的复合体，它的故乡虽在印度，但敦煌飞天却是印度文化、西域文化、中原文化共同孕育而成的，是佛教天人和道教羽人、西域飞天、中原飞天长期交流后的融合为一。具有中国文化特色的飞天，是中国艺术家天才的创作，也是世界美术史上的一个奇迹。

本章分为敦煌壁画飞天邮品、飞天图案邮品、飞天图案老信封、邮会邮展飞天封、敦煌剪纸飞天美术封、飞天探源、飞天与乐器，共计七节，票、片、封、简等邮品穿插其中，以展示"敦煌飞天"主题。

第一节　敦煌壁画飞天邮品

千余年间的敦煌飞天形成了极具特色的演变发展史，与整个敦煌艺术发展史大体一致，也是始于十六国终于元代。千年敦煌史也是一部中国飞天发展演变的兴衰史，分为"兴起""创新""繁荣""衰退"四个阶段。

第一阶段是从北凉到北魏的近200年。这个时期的敦煌飞天受印度和西域飞天的影响，大体上是西域式飞天。北凉飞天多绘于窟顶平棋岔角，窟顶藻井装饰中，佛龛上沿和本生故事画主体人的头上。北魏风格的飞天特点是头有圆光，戴印度式五珠宝冠、脸型修长、形体粗壮、衣裙飘曳、巾带飞舞、横空而飞，四周天花飞落，衣裙飘带的晕染和线条十分清晰，飞势动态有力，展现的是男性形象（见右2图）。

第二阶段是从西魏到隋代的近100年。这个时期的敦煌飞天是中西合璧的飞天。西魏时期出现了两种不同风格特点的飞天：一种是西域式飞天；一种是中原式飞天。前者继承北魏飞天的造型和绘画风格；后者是道教飞仙和飞天相融合的飞天。北周飞天中出现了不少伎乐飞天。隋代是莫高窟绘画飞天最多的一个时代，也是莫高窟飞天种类最多、姿态最丰富的一个时代。在隋代洞窟里更多的是中西合璧式的飞天（见右图）。

第三阶段是从初唐到晚唐的约300年。这个时期的敦煌飞天是在本民族传统文化艺术的基础上，不断吸收印度飞天的成分，融合西域、中原飞天的成就发展创作出来的。唐代飞天艺术形象达到了最完美的阶段。此时期的敦煌飞天已少有印度、西域飞天的风貌，是完全中国化的飞天，展现的是女性形象（见右2图）。

第四阶段是从五代至元代的近500年。这个时期的敦煌飞天继承唐代余绪，图形动态上无所创新，逐步走向公式化，已无隋代的创新多变、唐代的进取奋发精神。飞天的艺术水平和风格特点虽有不同，但一代不如一代，逐渐失去了原有的艺术生命。

1952~2020年发行的九组敦煌莫高窟邮票中，共出现了以上五枚"飞天"，编号依次为：特3（4-3）（第320窟，唐代飞天）、T.116（4-4）（第260窟，北魏飞天）、T.150（4-1）（第206窟，隋代飞天）、1994-8T（4-1）（第321窟，唐代飞天）、2020-14T（4-2）（第437窟，北魏飞天），涵盖了前三个阶段。这些"飞天"邮票在"敦煌壁画"和"敦煌彩塑"两个章节中都有较为详细的介绍。隋代飞天具有动感强烈、轻盈灵活、势如流云等特点；唐代飞天具有春意盎然、飘忽若神、华美绝伦等优势。隋、唐飞天是所有敦煌飞天中的杰出代表，下面展示八枚较具特色的邮品，以贴飞天邮票的隋代实寄封和唐代极限片为例。

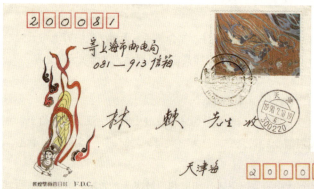

敦煌壁画首日封 F.D.C.

下图首日封由广东省邮票公司发行，设计者吕基，信封左侧印有一对以红色为主的"双飞天"形象。（注：虽选用"飞天"图案与邮票主题一致，但此双飞天图案出自第320窟，是盛唐敦煌飞天的最杰出代表，用以配合隋代飞天，稍欠完美性。）贴1枚T.150（4-1）"隋·飞天"，面值8分。邮票发行首日由广东广州寄上海，到达目的地时间为当月13日。邮票上销广州敦煌飞天纪念邮戳和邮政编码"集邮"日戳。

上图首日封由天津市邮票公司发行，设计者吴洁，标号"TJF（90-10）"，信封左侧印有一位以红黄色为主的"飞天"，贴1枚T.150（4-1）"隋·飞天"，面值8分。邮票发行首日由天津寄上海，到达目的地时间为当月15日。邮票上销有天津特征的敦煌飞天纪念邮戳，烫金制作（见第128页）和邮政编码日戳。票、戳、美术图案三位一体。

　　上左图是由广东省邮电管理局监制的美术封，贴1枚T.150（4-1）"隋·飞天"，面值8分。信封左下角印有一对浅绿色"双飞天"形象（见前页"下图"的"注"）。邮票发行首日由（广东）广州寄陕西汉中的实寄封，到达目的地时间为当月18日。销广东广州邮政编码"简取"日戳。

　　上右图为邮票发行首日由内蒙古乌海寄东胜的首日封，信封左侧印有一幅褐色"飞天"图案。除销首日邮政编码日戳外，加盖1枚内蒙古乌海刻制的敦煌"九层楼"红色风景戳，注明了1990年7月10日的发行日期。信封右下角盖寄发者印章。

　　以上2图为两种版本的明信片，各贴1枚1994-8T（4-1）"唐·飞天"邮票，由北京新艺纸制品厂印刷，销有1994年7月16日北京首日戳。

　　以上2图也是两种版本的明信片，各贴1枚1994-8T（4-1）"唐·飞天"邮票，均销敦煌原地邮戳。左侧1枚是由甘肃省集邮公司、敦煌市邮电局"官方"制作的极限片，销1994年7月16日《敦煌壁画（第五组）》莫高窟首日戳；右侧1枚是集邮者自制的极限片，销2020年9月26日《莫高窟》飞天邮票首日戳。两枚极限片各具特色：左侧1枚制作于此枚邮票发行首日，时间上比较完美，但明信片图案展示的是临摹作品，且为"批量化"邮品；右侧1枚为近年制作，时间上稍有欠缺，却是"个性化"作品，且明信片所展现的时代沧桑感与邮票图案更为贴近。

第二节　飞天图案邮品

敦煌飞天在汲取古希腊、古印度艺术养分的基础上，融入了中国的艺术传统和历史文化特点。作为一种兼收并蓄的艺术，它非常适合用来隐喻解放思想（如同天外飞仙自由飞翔），也常用来象征国际之间友好交往、互通有无（如同天使女神飞撒花雨），谱写全人类和平友好的赞歌。

本节分票、片、封三个部分，展示除《敦煌壁画》邮票中"飞天"以外的其他相关邮品，以个性化"飞天"和J.91《世界通信年》为重点。

一、邮票

在新中国邮票发行史上，还有几枚以"飞天"为图案的邮票：

（一）1978年8月26日发行T.29《工艺美术》小型张"飞天（壁画）"，规格139×90毫米，其中邮票规格90×40毫米，面值3元，发行量10万枚。这是"文革"之后发行的"T"字头邮票中的第2枚小型张（第1枚是T.28《奔马》小型张），预示着摆脱束缚、改革创新。这幅"飞天"壁画塑造了两位凌空翩翩

起舞的女性飞天形象，其中一位手托花篮，将明媚的春天送给人间；一位弹奏琵琶，将美妙的乐声传向太空。整幅画面背景衬以朵朵祥云，右下角绘有人类居住的地球，表达了人类追求和平安乐、美好幸福生活的愿望〔注：小型张上"飞天（壁画）"中的"壁"字采用的是上"比"下"土"的简化字，这个字只存在10个月左右就被废止，小型张上留下了那个时代的特殊印记〕（见左图）。

（二）1980年3月15日发行J.52《中国科学技术协会第二次全国代表大会》，图案"飞天"，邮票规格52×31毫米，面值8分，发行量800万枚。飞天是人类自古已有的幻想，这里

从一个方面反映了人类可以借助科技力量，摆脱自然限制，自由地在太空中翱翔。画面背景为蔚蓝的宇宙空间，四位少女身着薄纱衣裙，张开双臂，在天空中遨游。其中最上面的一位少女舒展四肢，似正在追逐远处的一枚火箭。画面左边的两位少女手捧象征科技的标志。整个画面形象生动，人物姿态优美，极具浪漫色彩（见左图）。

（三）1980年9月13日发行J.59《中华人民共和国展览会》，全套2枚，邮票规格40×30毫米，面值8分和70分，发行量分别为1000万枚和100万枚。这是中国发行的第一套赴国外举办综合性展览会题材的邮票。在此仅

介绍第1枚"庆祝开幕"。邮票主图是中国展览会大门的设计图样，雕梁画栋结构精巧，大门门檐上悬挂着三只红色的大宫灯。邮票上面左右各有一位身着中国古代蓝色衣裙与飘带的"香音神"，即飞天仙女对称飘飞，两人以手托花篮相连接，各用另一只手把美丽的鲜花撒向人间。这一图案显然借鉴了中国古代伟大艺术宝库——敦煌壁画中对飞天仙女的描绘手法，线条流畅飘逸，色彩绚丽夺目，极富装饰美，同时也成功地烘托出喜庆热烈、幸福吉祥的气氛（见左图）。

中国人民邮政还首次发行了一种"小版张"（见第200页附1），在集邮界俗称"中美小版张"，全张12（4×3）枚，发行量2.7万张。小版张上端中间位置印有宫灯和"中国展览"字样组成的图案，左右侧分别标有中英文票名，点明了展览会宗旨和邮票主题（见右图）。

（四）1981年11月19日，联合国大会通过决议，宣布1983年为世界通信年。中华人民共和国邮电部于1983年4月28日发行J.91《世界通信年》，图案"飞天"，邮票规格52×31毫米，面值8分，发行量1521万枚。画面是两位飞天仙女绕地球飞翔，一位手持信件，一位手托卫星，象征着中国通信事业的发展；背景的光环表示电波，象征着安全、畅通的通信事业。右上角是法国人门德斯设计的世界通信年徽志。徽志中回转交错的线条，象征四通八达的公路和纵横交错的电路，表明邮电通信遍布世界各地，通达五洲四海（见右图）。

（五）2015年9月9日，中国邮政发行《飞天》个性化服务专用邮票，面值1.20元，邮票规格为半径15毫米的圆形，外加规格36×36毫米的齿孔，附票带有"飞天"字样及图案。它是为贵州茅台酒宣传而专门定制发行的个性化邮票，融入了茅台"飞天仙女临河赐酒"的美丽神话传说，画风飘逸灵动，又极富对称美，附票与主题交相呼应，表现了篆书"飞天"圆形印章图案（见右图）。

二、明信片

在此以"飞天"为图案的明信片分为个性化极限片、带邮资明信片和贺年（有奖）明信片三类。

（一）个性化飞天图案极限片

以上4枚极限片是几位画家根据隋唐飞天形象绘制的作品，各贴《飞天》个性化服务专用邮票1枚，盖甘肃敦煌莫高窟首日戳。

（二）飞天旅游邮资明信片

旅游明信片一般是在景区发售的印制名胜古迹的一种明信片。游客购买后，既可留作纪念，也可从当地直接邮寄给朋友和家人。

以上这套"飞天故事"明信片共计6枚，由中国邮政集团公司酒泉市分公司出品，邮资图为敦煌莫高窟外景图，面值80分。

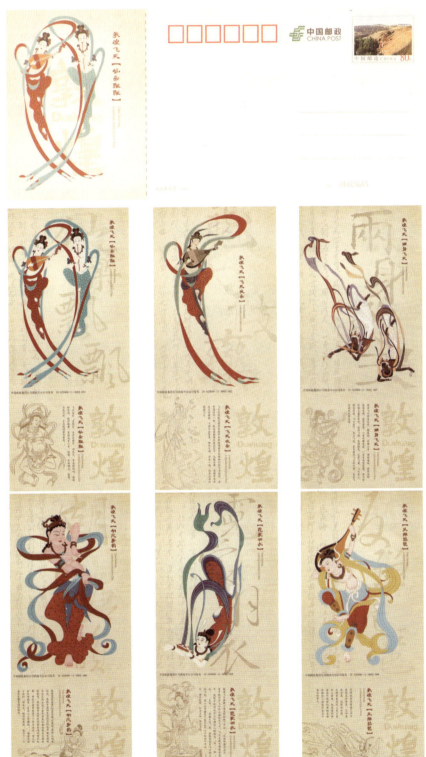

以上这套"敦煌飞天"明信片共计6枚，也是由中国邮政集团公司酒泉市分公司出品，邮资图亦为敦煌莫高窟外景图，面值80分，采用了超长型独特设计风格，名称依次为"仙乐飘飘""飞天伎乐""两身飞天""胡风唐韵""霓裳羽衣""反弹琵琶"。

（三）飞天图案贺年（有奖）明信片

中国邮电部于1991年12月1日发行印有兑奖号码的贺年邮资明信片，并以系列形式逐年发行，片背统一印有"邮政龙娃"吉祥物，作为独特标识。

上图为2000年发行的1枚贺年（有奖）明信片，由甘肃省敦煌市邮电局为"祝贺敦煌市邮政储蓄实现通存通取"而发行，标号"2000甘（BK）-0155"，背面印有敦煌第320窟经典"双飞天"形象。正面为庚辰年图案邮资60分，左下角注明"国家邮政局发行"。

三、实寄封

有一种与"飞天"相关的邮票，就能生成无数种"飞天实寄封"，以下展示几种实寄封，其中又以J.91为重点，因为它是"飞天"与"通信"最完美的结合。

（一）个性化飞天实寄封

上左图为中国集邮总公司2015年9月9日为《飞天》个性化服务专用邮票发行的首日封，王燕云设计，发行量20万枚。封面左下角印有两位飞天形象（原图为第321窟初唐龛顶双飞天）与右上角的邮票遥相呼应。发行首日由甘肃敦煌莫高窟寄天津，销飞天发行纪念邮戳和莫高窟日戳，到达目的地时间为当月16日。

上右图为公函封，贴1枚1.20元《飞天》个性化邮票，补资3元，首日挂号由莫高窟寄江苏无锡，到达目的地时间为当月16日。

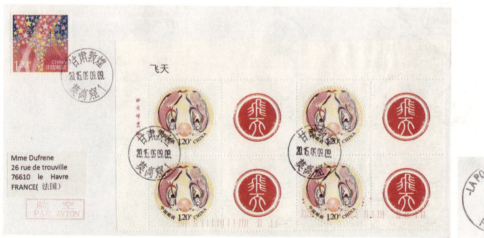

上图为2015年9月9日甘肃莫高窟寄法国的首日实寄封，贴《飞天》个性化邮票4枚，补资1.20元，共计邮资6元，盖有日戳3枚，航空戳1枚，到达法国勒阿弗尔的时间为2015年10月5日。

　　上左图为2020年9月26日由敦煌莫高窟寄嘉峪关的实寄封，从第40届全国最佳邮票评选大会寄发，使用的信封为1994年《敦煌壁画》第五组发行时，由甘肃省集邮公司和敦煌邮电局发行的纪念封，标号"甘首22（4-3）"，销甘肃敦煌纪念日戳1枚、敦煌莫高窟纪念日戳1枚和普通日戳1枚，到达目的地时间为10月2日。

　　上右图为2020年9月26日由敦煌莫高窟寄嘉峪关的实寄封，从第40届全国最佳邮票评选颁奖大会现场寄发，贴1984年"西北五省区集邮联展"纪念张1枚，图案为"反弹琵琶"，盖甘肃敦煌纪念日戳1枚、敦煌莫高窟纪念日戳1枚和普通日戳1枚，到达目的地时间为10月2日。

（二）J.52《中国科学技术协会第二次全国代表大会》和J.59《中华人民共和国展览会》"飞天"实寄封

　　上左图为中国集邮总公司制作的"中国科学技术协会成立三十周年"纪念封，编号"PFN-30"，贴"飞天"造型邮票1枚，《哈雷彗星回归》和《民居》邮票各1枚，总邮资36分，1988年9月23日发行首日由北京寄本市，销纪念邮戳和日戳，到达目的地时间为当月25日。

　　上右图为1980年12月9日由四川金阳寄江苏常熟的实寄封，贴"飞天"造型邮票1枚，左下侧印有徐悲鸿"奔马"美术图案，销日戳，到达目的地时间为当月15日。

（三）J.91《世界通信年》"飞天"实寄封

　　右图为中国邮票总公司北京市分公司寄往新加坡的首日实寄封。封面、封底共贴10枚J.91《世界通信年》"飞天"，另有1枚1981年9月1日发行的普21《祖国风光》中面值80分的"广东七星岩"，共计1.6元邮资。封面和封底共盖有4枚"世界通信年 中国1983.4.28 北京"纪念邮戳。封面销北京首日邮戳，贴挂号和航空条各1枚，封底盖新加坡到达戳1枚，时间为1983年5月4日。

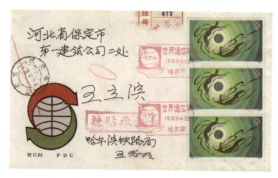 

上左图为中国邮票总公司发行的首日封，封面左侧设计相互交流的红、绿箭头，贴3枚J.91《世界通信年》"飞天"，发行首日由（黑龙江）哈尔滨寄河北保定，销2枚哈尔滨纪念戳和1枚日戳，盖"过贴承认"章（投递者自愿超贴，当时挂号邮资为12分），贴挂号条，到达目的地时间为当月30日。

上右图为（辽宁）鞍山寄本溪的实寄封，是1987年6月30日鞍山市邮票公司为纪念鞍山市集邮协会第二次会员代表大会暨先进基层集邮协会优秀会员表彰大会而发行的纪念封（编号"AYF"），左上角选用了敦煌第320窟双飞天图案，右上角贴1枚J.91《世界通信年》"飞天"，销纪念戳和1990年4月5日日戳，背贴1枚8分普票补资，到达目的地时间为当月8日。

上左图为集邮者用年历纸自制的首日实寄封，封面左下角设计了1枚世界最早发行的邮票——1840年5月英国"黑便士"和1枚中国最早发行的邮票——1878年7月"大龙邮票"1分银，封面和封底各贴一枚J.91《世界通信年》"飞天"，为挂号信件，盖兰州篆刻的"世界通信年"紫色徽志纪念邮戳和日戳。

上右图为上海寄浙江嘉兴的首日实寄封，贴1枚J.91《世界通信年》"飞天"，盖有上海篆刻的黑色"世界通信年"徽志纪念邮戳和日戳。

上左图为江西南昌寄浙江嘉兴的首日实寄封，贴1枚J.91《世界通信年》"飞天"，此封由南昌市邮票公司印制，背面有"世界通信年"缘起的文字说明。首日封左面设计了绿色的"世界通信年"徽志，与左上角的飞天图案邮票交相辉映，盖江西南昌设计的红色纪念邮戳和日戳。

上右图为江西九江寄上海的首日实寄封，贴1枚J.91《世界通信年》"飞天"，此封由江西省九江市工人集邮协会制作。首日封左面设计了红色的"世界通信年"徽志，与左上角的飞天图案邮票相得益彰，盖有江西九江设计的紫色纪念邮戳和日戳，到达上海的时间为5月1日。

上左图为上海寄（浙江）嘉兴的首日实寄封，贴1枚J.91《世界通信年》"飞天"，此封由中国邮戳研究联谊会制作。首日封左面设计了绿色的邮筒、信件和地球图案，是对左上角飞天图案邮票有效的补充，盖上海设计的纪念戳和日戳。

上右图为"中国科学院原子核研究所集邮组"寄上海的首日实寄封，贴1枚J.91《世界通信年》"飞天"，此封背面标有"云间首日封制作组"字样。首日封左面设计了绿色的邮筒、信件和地球图案，是对左上角飞天图案邮票有效的补充，盖上海设计的纪念邮戳和日戳。与上一枚在"首日封"字样和编排上略有不同。

上左图为由兰州白银寄上海的"西北五省区集邮联展"封，由陕西、甘肃、宁夏、青海、新疆五个省区邮票公司联合举办，封面左下角设计的图案为"邮"的拼音首字母"Y"，以菱形邮票为背景，上设如同奥运会的五环，象征五省联办邮票。封底有文字介绍："……西北五省区邮票联展于1984年举行，时间为：兰州5月15日~5月21日；银川5月29日~6月4日；西宁6月12日~6月18日；西安6月26日~7月2日；乌鲁木齐7月10日~7月16日"，并注明此次联展得到中华全国集邮联合会赞助。封面贴1枚J.91《世界通信年》"飞天"和2枚《祖国风光》普票，共计15分，5月15日发行首日印刷品挂号寄出，盖有兰州设计的集邮联展纪念戳和甘肃兰州日戳，到达目的地时间是当月19日，封底盖有邮递员章。

上右图为从西宁邮展会场寄北京的"西宁个人集邮藏品展览"实寄封。展览时间为1983年10月1日~7日，贴1枚J.91《世界通信年》"飞天"，盖的是"尾日戳"，并有菱形邮票构图紫色纪念戳。封面印有烫金塔尔寺构造简图，封底注明为西宁市邮票公司发行，附有塔尔寺简介，到达目的地时间是当月11日。

上左图为无锡市职工集邮协会成立三周年纪念封，左面盖有一方一圆2枚红色纪念戳，贴1枚J.91《世界通信年》"飞天"，盖1983年7月1日日戳，到达目的地时间是当月2日。

上右图为从上海展览馆寄贵州贵阳的上海市集邮展览纪念封，展览时间为1983年7月8日~17日，左面印有邮票、镊子和放大镜的组合图，贴1枚J.91《世界通信年》"飞天"，盖上海市集邮展览首日纪念邮戳和日戳。

　　上左图为（广东）广州寄浙江湖州的实寄封。贴1枚J.91《世界通信年》"飞天"，盖有发信人地址和姓名，销1983年10月9日万国邮联日纪念戳，到达浙江湖州的时间是当月12日。

　　上右图为天津寄上海的实寄封，由天津市邮票公司发行的"第十七个世界邮政日纪念封"。贴1枚J.91《世界通信年》"飞天"，信封左面有绿色配图和"邮政是和平的使者"的文字，盖有"世界邮政日1986.10.9"的纪念戳，并销当日日戳，到达上海的时间是当月11日，并盖有投递员章。

第三节　飞天图案老信封

　　所谓的"新"和"老"只是一个相对概念。对于现在的年轻人而言，2000年已经是很久远了，对于敦煌主题邮票收藏而言，1952年和1953年发行的两组票即为"古老"。但若按照世界集邮的标准，中国1878年发行的"大龙邮票"都算不上"古典邮票"。当然集邮只是1840年以后兴起的收藏活动而已，至今不到200年，与敦煌莫高窟长达1650多年的历史又不可同日而语。

　　一些1949年后印制的信封为了美观，在上面设计了"飞天"作为美术图案。以下展示的是二十世纪五六十年代的实寄封，当时贴票随意，不少戳记标识展现在封底。本章主题是"飞天"，故背面贴票就不做具体说明了。

上图为1956年2月6日（江苏）南京寄河北唐山封，正面贴1枚8分普票。双飞天图案源自敦煌莫高窟第320窟。

右图为1955年5月1日（浙江）杭州寄本市的实寄封，正面有红色投递员印章，背面贴1枚400圆普票。到达目的地时间为次日。信封美术图案源自敦煌第320窟的双飞天，文字标注为"敦煌壁画·飞天·唐（公元六一八——九〇六）"，关于这类美术封的介绍参见第055页、第083页、第097页和第105页。

上图为1962年3月10日江苏吴县寄（吉林）长春封，背面贴1枚8分普票。到达目的地时间为当月14日。图案亦源自第320窟双飞天。

上图为1963年6月23日青海茶卡寄北京封，背面贴1枚10分普票。到达目的地时间为当月29日。

上图为1965年7月13日新疆乌鲁木齐寄河北保定封，背面贴1枚8分普票。到达目的地时间为当月19日。

上图为1958年12月9日（江苏）苏州寄上海封，背面贴1枚8分普票。到达目的地时间为次日。一幅敦煌飞天图案横贯封面和封底。

第四节　邮会邮展飞天封

本节分为两个主题：一是邮协、邮会、邮票公司纪念封；二是展览纪念封，分国内邮展纪念封和国际展览纪念封（卡），其中的主线是实寄封上的"飞天"元素。

一、邮协、邮会、邮票公司纪念封

邮协、邮会、邮票公司纪念封是指各级集邮协会、集邮公司为纪念某种集邮活动或配合新邮票发行而制作的纪念封、首日封，是纪念封收藏的一个专门系列。

上左图为1983年3月24日官方"甘肃省集邮协会成立"纪念封，右上角贴1980年9月13日发行的J.59《中华人民共和国展览会》第1枚，双人飞天，左下角设计了一幅飞天图案与其对应，盖有手弹琵琶飞天形象的纪念邮戳，并以莫高窟外景作为背景，整个画面票、戳、图相得益彰（注：甘肃省集邮协会第一次代表大会于1983年3月24~25日在兰州举行）。

上右图为1984年1月5日民间"上海市仪表电讯工业局集邮会成立"纪念封，右上角贴1980年9月13日发行的J.59《中华人民共和国展览会》第1枚，双人飞天。该封由六组《敦煌壁画》的设计者之一任宇设计，图案是飞天仙女一手持邮册，一手撒邮花，以示将邮票之美撒向人间。纪念封上有敦煌壁画邮票设计者任宇的签名钤印。

上左图为甘肃省邮票公司为纪念1988年5月4~5日在兰州召开的"甘肃省集邮协会二届二次理事会暨第五次集邮工作会议"而发行的纪念封，编号"甘纪17"，信封左面显示的是第320窟盛唐双飞天的经典形象，贴1枚面值8分的T.116《敦煌壁画（第一组）》"北凉·供养菩萨"，1988年5月4日从甘肃兰州寄安徽省邮协，盖有1枚纪念邮戳和1枚日戳，到达目的地的时间为当月7日。

上右图为广东省邮票公司为1992年9月15日发行的《敦煌壁画（第四组）》而制作的首日封，由天一、吴建坤设计，左侧为飞天形象图案，贴第1枚"唐·飞天"，发行首日由（广东）台山寄广州，销1枚台山纪念邮戳和1枚日戳，到达目的地时间为次日。

上左图为广西壮族自治区邮票公司为1992年9月15日发行的《敦煌壁画（第四组）》而制作的首日封，由何军设计，左侧为飞天形象图案，但贴的却是1994年7月16日发行的《敦煌壁画（第五组）》全套4枚邮票，发行首日由广西桂林寄台湾桃园，销2枚当日"封发"邮戳，盖红色航空戳。

上右图为天津市邮票公司为1994年7月16日发行的《敦煌壁画（第五组）》而制作的首日封，编号"TJF（94-9A）"，由圣艺设计，左侧为飞天形象图案，贴第1枚"唐·飞天"和第4枚"唐·魔女"，发行首日由天津寄四川泸州，贴"邮政快件"条，销1枚天津纪念邮戳和1枚日戳，到达目的地时间为当月20日。

二、邮展纪念封

邮展纪念封是专为集邮展览而设计的纪念封，有集邮组织印制的私封和邮政部门、邮票公司印制的官封等，也有为国际邮展设计的纪念封。

（一）国内邮展纪念封

上左图为东宫集邮组制作的1983年6月3~9日"上海市沪东工人文化宫第一届邮票展览"纪念封，背景图案模仿J.91《世界通信年》"飞天"邮票，贴1.5分普票，盖有红色的飞天纪念邮戳，首日实寄本市。

上右图为东宫集邮组制作的1983年6月3~9日"上海市沪东工人文化宫第一届邮票展览"纪念封，背景图案模仿J.91《世界通信年》"飞天"邮票，贴1988年5月25日发行的《敦煌壁画》第二组第1枚"西魏·狩猎"，盖有上海设计的发行首日敦煌纪念邮戳，由上海寄安徽合肥，到达目的地时间为当月28日。

上左图为四川省邮票公司发行，编号"S-JF.17"的"四川省第四届集邮展览"纪念封，举办时间为1987年9月26日~10月3日，地点成都。封面文字烫金，左下角采用了1枚1952年7月1日发行的特3（4-3）唐代敦煌飞天图案，贴1枚1987年9月5日发行的J.142《中国艺术节》邮票，下盖纪念戳，纪念封在邮展首日由（四川）成都寄往江苏无锡，到达目的地时间为当月30日。

上右图为大连市邮票公司发行，编号"DLF8"的中国藏书票纪念封，封左印制了飞天形象图案，1988年5月5日由（辽宁）大连寄沈阳，到达目的地时间为当月7日。

右图为甘肃天水红山试验机厂设计的第二届职工艺术品展览纪念封，展览时间为1989年5月，左侧图案对J.91《世界通信年》"飞天"邮票稍加修改，贴《己巳年》邮票1枚，盖紫红色纪念戳和日戳各1枚，1989年5月19日首日由甘肃天水寄北京。

（二）国际展览纪念封（卡）

左图为1980年中华人民共和国美国展览纪念卡（全套3枚，图案相同，右上角分别盖三地纪念戳），设计者采用一幅较大的飞天图案作为纪念卡的靓丽背景，与所贴1980年9月13日发行的J.59《中华人民共和国展览会》第1枚图案的飞天相得益彰，销盖北京首日纪念章。

1980年9月13日~12月21日，为了让美国人民及西方社会了解中国的历史、经济、文化，中央决定以强大的宣传阵容，派遣各部委组团赴美举办"中华人民共和国展览会"。展览在美国旧金山、芝加哥、纽约三地巡回举办，向美国人民及国际社会全面介绍古老中国的悠久历史风貌和当代中国的经济、文化建设成就，以及宣传改革开放的形势和远景，这是中国首次在西方举办的大规模展览会。

上左图为北京市邮票公司发行的"第六十九届国际博览会（北京邮展）1987·瑞典马尔默"纪念封，编号"B.J.F-29"，展览时间为1987年8月21~30日。封面左上角为烫金说明文字，下面配有飞天图案，贴1979年发行的T.38《万里长城》第2枚"夏"，盖纪念戳1枚和日戳1枚，1987年8月21日发行首日由北京寄吉林，到达目的地时间为当月23日。

上右图为北京市邮票公司发行的"国际消费品博览会（北京邮展）1987·瑞典哥德堡"纪念封，编号"B.J.F-30"，展览时间为1987年9月11~20日。封面左上角为烫金说明文字，下面配有飞天图案，贴1979年发行的T.38《万里长城》第3枚"秋"，盖纪念戳1枚（背面）和日戳1枚，1987年9月11日发行首日由北京寄上海，到达目的地时间为当月14日。

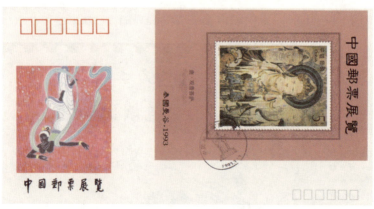

上图为中国邮票总公司和泰国华泰邮票有限公司为1993年3月13~20日在泰国曼谷举办的中国邮票展览而联合发行的纪念封。封面左面绘制一位飞天形象，右面贴有1992年9月15日发行的《敦煌壁画（第四组）》小型张"唐·观音菩萨"，加盖"中国邮票展览"和"泰国曼谷·1993"烫金文字和首日纪念戳。

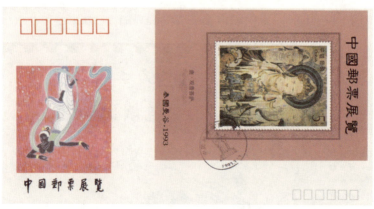

第五节　敦煌剪纸飞天美术封

　　剪纸艺术是中国古老、丰富、受人喜爱的民间美术工艺，其起源时间尚无定论，一般认为是战国时期。敦煌剪纸是用原始的工具、简单的材料创造的风格独具、特色鲜明的蕴含甘肃地方特色的作品，是敦煌艺术和美术流派的重要组成部分。在敦煌莫高窟藏经洞的文物中也发现了剪纸艺术品，它们沿着丝绸之路向西传播到许多国家。

　　笔者无意间收集到了一些以敦煌剪纸作为美术图案的信封，大部分在封背标有"甘肃省防伪保密印刷公司"印刷，甘肃省邮电管理局监制，编号"73-0001-普2"等说明性文字，在此仅选录一些以"飞天"作为美术图案的信封，具体有多少品种，尚待考证。

　　为节省篇幅，以下仅截取信封上10幅美术图案，颜色多为绿色，略有色差，偶尔也有红色。

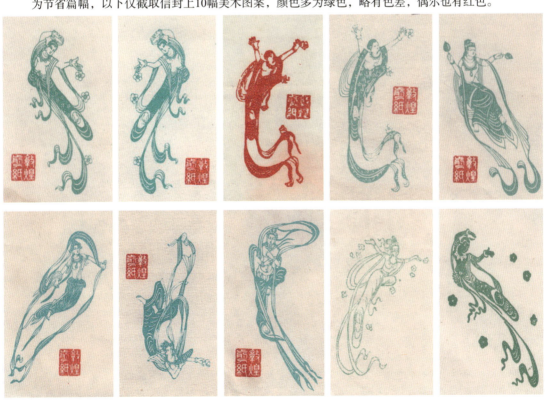

第六节　飞天探源

　　"飞天"自古以来是全人类梦寐以求，飞往外太空的共同理想。以中国为例，从"神话时期"到"传说时期"再至"历史时期"，都能见到类似的故事描述。早期神话"嫦娥奔月"是实现这种愿望的美好想象。春秋时期有制作风筝的记载，算得上是人类历史上最早的飞行器。三国时期曹植《洛神赋》中描写的"髣髴兮若轻云之蔽月，飘飘兮若流风之回雪"或许给予东晋顾恺之（约公元348年~公元409年）灵感，助其完成了旷世名作《洛神赋图》。嫦娥和洛神忽隐忽现、变化多端的飘逸美姿又赋予敦煌飞天画师们以灵感，改造了原先略显笨重的北魏时期"引进版"飞天形象，于隋唐时期创造出纵横驰骋、飘若仙子的天女形象。

一、"嫦娥奔月"邮简

　　1998年11月12日国家邮政局发行了《中国1999世界集邮展览》纪念邮资邮简，它集信封、信纸、邮资于一体，是新中国成立半个世纪后发行的第一套彩色带邮资的邮简，编号"YJ1"，一套2枚，到目前为止仅发行过这一套。第1枚为520分国际航空邮资，邮资图为大龙邮票绿色1分银，左侧为"柳毅传书"图。第2枚为50分国内邮资，邮资图为大龙邮票黄色5分银（注：1998年恰逢中国首套邮票——大龙邮票发行120周年），左侧为"嫦娥奔月"图。两枚邮简配图象征着天上和人间的信息传递。

　　上左图为第2枚"嫦娥奔月"图，销1999年8月23日"中国1999世界集邮展览"邮政日戳（8月21日开幕），由北京寄（内蒙古）通辽，到达目的地时间为当月26日。

　　上右图为第1枚"柳毅传书"图，在2020年5月20日这一特别的日子里由（辽宁）沈阳寄本市，盖蓝色"市花玫瑰"戳，销日戳2枚，盖机戳20分补资，总邮资540分，次日到达目的地。这是一件较为独特的"书法封"，内容为宋朝文学家苏轼创作的《水调歌头·明月几时有》，盖撰写者红色印章，这也可以说是"飞天"主题的书法"衍生品"。

　　原文："明月几时有？把酒问青天。不知天上宫阙，今夕是何年。我欲乘风归去，又恐琼楼玉宇，高处不胜寒。起舞弄清影，何似在人间。转朱阁，低绮户，照无眠。不应有恨，何事长向别时圆？人有悲欢离合，月有阴晴圆缺，此事古难全。但愿人长久，千里共婵娟。"

二、《风筝》首日实寄封

1987年4月1日，发行T.115《风筝（第二组）》（恰巧是T.116《敦煌壁画（第一组）》的前一组），各类首日封设计采用了"飞天"图案作为衬托或美化，与风筝主题融为一体。

上左图为中国集邮总公司设计的邮票首日封，封面左下角印有一位飞天，1987年4月1日邮票首发由（北京）中国集邮总公司寄本市，销纪念邮戳2枚，日戳1枚。

上右图也是中国集邮总公司设计的邮票首日封，封面左下角印有一位飞天，在邮票首发日由北京寄美国芝加哥，正面补贴2枚《风筝》邮票，背面贴2枚普票补资，共计邮资120分，销纪念邮戳、日戳各2枚，贴航空标识。

上左图为北京市邮票公司设计的邮票首日封，封面左下角印有一位飞天，1987年4月1日邮票首发日由北京寄本市，销纪念邮戳2枚、日戳1枚，贴挂号条1枚。

上右图为杭州市邮票公司为"第四届杭州艺术周"设计的邮票纪念封，封面左侧按照敦煌壁画中"反弹琵琶"造型，加上两条飘带，简洁勾勒出一位女性飞天，1987年4月1日邮票首发日由杭州寄美国西雅图，销杭州纪念邮戳2枚、日戳1枚，贴航空标识。

上图为1987年在墨西哥举办的中国邮票展纪念封，封面左侧以唐代著名的双飞天造型为美术图案，配有深蓝色的背景图，有凌空飞降之感。贴3枚《风筝》邮票和1枚50分的《中国古代体育》邮票，共计邮资118分。销以"飞天"为图案的蓝色墨西哥邮展戳，标明邮展时间为1987年5月7～14日，盖2枚北京1987年5月8日"中国邮票博物馆"邮戳。

三、《洛神赋图》首日实寄封

2005年9月28日，中国邮政发行了《洛神赋图》邮票，全套10枚。绘画为多个情节长卷，从右端开始：第一段描绘了黄昏时分，曹植率领随从们由京城返回封地，经过洛水之滨时停驻休息。在平静的水面上，风姿绝世、含情脉脉的洛神衣带飘逸、动态从容，凌波而来。在柳岸边，曹植身体微微前倾，目光灼灼地注视着前方水面上美丽的洛神。画家巧妙地通过这一瞬间动作，不仅形象而生动地表现出曹植见到洛神的惊喜之情，而且将他被洛神的绝世之美所深深吸引的内心活动表现得极为生动。曹植解玉佩相赠表达对洛神的深切爱慕，洛神指潜渊为期，曹植敛容定神，守之以礼，二人情投意合。洛神与诸神仙嬉戏，风神收风，河神抚平水波，水神鸣鼓，洛神在空中、山间、水中若隐若现，舒袖歌舞。画家通过女神与众神仙的欢乐、嬉戏的热闹场景，为洛神与曹植即将分离做了铺垫，衬托出女神无奈和矛盾的内心状态。

第二段描绘了人神殊途，两人不得不含恨别离时的情景，这是故事情节的高潮。画家大力渲染洛神离去时的阵容，场面宏大激扬、热闹非凡。六龙驾驶着云车，洛神乘云车向远方驶去，鲸鲵从水底涌起围绕着车的左右。六龙、文鱼及鲸鲵的描绘细致，动态生动奔放。云车、云气都在天空中作飞驰状，离别场面热闹异常、如醉如痴。在岸边，曹植在众随从的扶持下，目送着洛神渐渐远去，眼神中倾诉着无尽的悲伤与无奈。洛神不停地回头望着岸上的曹植，亦流露出不舍与依恋。距离的远去衬托出两者分离的苦痛，使画面中无法相守的悲伤气氛更加浓烈。

第三段描绘了就驾启程，洛神离去后，曹植对她的深切追忆与思念。他乘轻舟溯流而上追赶云车，希望再次见到洛神的倩影，但无奈人神相隔，早已寻觅不到洛神的踪影。曹植悲伤之情不能自已，以至于彻夜难眠，在洛水边等待到天明，流连忘返。直到随从们驱车上路，曹植仍然不断回头张望，最后怀着不舍和无奈的心情，踏上返回封地的归途。曹植的无限怅惘之情生动地呈现在画卷上，令观者为洛神与曹植之间的缠绵所感染。

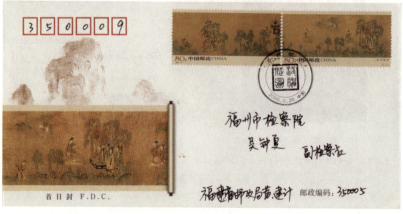

以上5图为全套首日封，发行首日由福建福州寄本市，到达目的地为次日。

附原文：黄初三年，余朝京师，还济洛川。古人有言：斯水之神，名曰宓妃。感宋玉对楚王神女之事，遂作斯赋。其辞曰：余从京域，言归东藩。背伊阙，越轘辕，经通谷，陵景山。日既西倾，车殆马烦。尔乃税驾乎蘅皋，秣驷乎芝田，容与乎阳林，流眄乎洛川。于是精移神骇，忽焉思散。俯则未察，仰以殊观，睹一丽人，于岩之畔。乃援御者而告之曰："尔有觌于彼者乎？彼何人斯？若此之艳也！"御者对曰："臣闻河洛之神，名曰宓妃。然则君王之所见也，无乃是乎？其状若何？臣愿闻之。"余告之曰："其形也，翩若惊鸿，婉若游龙。荣曜秋菊，华茂春松。髣髴兮若轻云之蔽月，飘飖兮若流风之回雪。远而望之，皎若太阳升朝霞；迫而察之，灼若芙蕖出渌波。秾纤得衷，修短合度。肩若削成，腰如约素。延颈秀项，皓质呈露。芳泽无加，铅华弗御。云髻峨峨，修眉联娟。丹唇外朗，皓齿内鲜，明眸善睐，靥辅承权。瑰姿艳逸，仪静体闲。柔情绰态，媚于语言。奇服旷世，骨像应图。披罗衣之璀粲兮，珥瑶碧之华琚。戴金翠之首饰，缀明珠以耀躯。践远游之文履，曳雾绡之轻裾。微幽兰之芳蔼兮，步踟蹰于山隅。于是忽焉纵体，以遨以嬉。左倚采旄，右荫桂旗。攘皓腕于神浒兮，采湍濑之玄芝。余情悦其淑美兮，心振荡而不怡。无良媒以接欢兮，托微波而通辞。愿诚素之先达兮，解玉佩以要之。嗟佳人之信修兮，羌习礼而明诗。抗琼珶以和予兮，指潜渊而为期。执眷眷之款实兮，惧斯灵之我欺。感交甫之弃言兮，怅犹豫而狐疑。收和颜而静志兮，申礼防以自持。于是洛灵感焉，徙倚彷徨，神光离合，乍阴乍阳。竦轻躯以鹤立，若将飞而未翔。践椒涂之郁烈，步蘅薄而流芳。超长吟以永慕兮，声哀厉而弥长。尔乃众灵杂沓，命俦啸侣，或戏清流，或翔神渚，或采明珠，或拾翠羽。从南湘之二妃，携汉滨之游女。叹匏瓜之无匹兮，咏牵牛之独处。扬轻袿之猗靡兮，翳修袖以延伫。体迅飞凫，飘忽若神，凌波微步，罗袜生尘。动无常则，若危若安。进止难期，若往若还。转眄流精，光润玉颜。含辞未吐，气若幽兰。华容婀娜，令我忘餐。于是屏翳收风，川后静波。冯夷鸣鼓，女娲清歌。腾文鱼以警乘，鸣玉鸾以偕逝。六龙俨其齐首，载云车之容裔，鲸鲵踊而夹毂，水禽翔而为卫。于是越北沚，过南冈，纡素领，回清阳，动朱唇以徐言，陈交接之大纲。恨人神之道殊兮，怨盛年之莫当。抗罗袂以掩涕兮，泪流襟之浪浪。悼良会之永绝兮，哀一逝而异乡。无微情以效爱兮，献江南之明珰。虽潜处于太阴，长寄心于君王。忽不悟其所舍，怅神宵而蔽光。于是背下陵高，足往神留，遗情想像，顾望怀愁。冀灵体之复形，御轻舟而上溯。浮长川而忘返，思绵绵而增慕。夜耿耿而不寐，沾繁霜而至曙。命仆夫而就驾，吾将归乎东路。揽騑辔以抗策，怅盘桓而不能去。

有学者将莫高窟隋代第305窟中，东王公所乘的"龙车"与东晋顾恺之《洛神赋图》中的"龙车"细节进行比较，发现两者不仅如出一辙，而且连车后飘扬的旌旗、车旁簇拥神怪的画法也非常相似，故认为敦煌画师借鉴了《洛神赋图》并创作出凌波飘逸的"洛神"版"飞天"。

第七节　飞天与乐器

人类对于外界的感知主要是通过视觉和听觉，"飞天"这种敦煌艺术形象将视觉的盛宴"舞蹈"和听觉的享受"音乐"完美结合。1983年1月20日发行的T.81《民族乐器——拨弦乐器》在之后的敦煌题材邮品中有生动的展现。

一、乐器邮票介绍

中国民族乐器具有悠久的历史，种类繁多，各具特色。在原始社会时期，已有多种乐器出现，如陶埙、陶哨等。周代的乐器已有70余种，以后各代又不断丰富发展。民族乐器是指各民族在其发展过程中独创的，具有本民族特色的乐器。一般分为吹、打、弹、拉四大类，拨弦乐器是由拨弦振动发音的乐器。在拨弦乐器中，阮、琴、三弦是中国原有的乐器；箜篌、琵琶是汉代以后传入中国的外国乐器，在长期流传中已经汉化，成为中国民族乐器宝库中的重要一员。

这套邮票共5枚。主图采用写实的手法，描绘了"箜篌""阮""琴""琵琶""三弦"这五种风格独具的中国传统乐器。背景以白描手法绘出奏乐的仕女，风韵飘然、神态各异。整个画面主次分明，虚实得当，静中有动。

5-1【箜篌】，面值4分。箜篌分为卧式、竖式和凤首箜篌三种。卧式箜篌相传为汉武帝时所造，其形似瑟，但比瑟略小，有七弦。竖式箜篌为竖琴前身，东汉时由波斯经西域传入中国，有二十二（或二十三）弦，演奏时竖抱于怀用两手齐拨。凤首箜篌出自两河流域，唐时经印度传入中国。此三种箜篌均已失传，近年借鉴西洋竖琴并参考中国民族乐器的制作原理，设计出雁柱箜篌。

5-2【阮】，面值8分。阮即"阮咸"，因魏晋时"竹林七贤"之一的阮咸善弹此乐器而命名。阮是由古代称作"弦鼗"的琵琶演变而成的，西汉时已定型为圆形音箱，四弦直柄十二柱。阮的外形很简单，由琴头、琴杆和琴身三个部分组成。琴头一般装饰有中国传统的龙或如意等骨雕艺术品，两侧装有四个弦轴。琴身是一个扁圆形的共鸣箱，由面板、背板和框板胶合而成。阮的结构原理、制作材料以及演奏技法和琵琶有很多相同之处。现在所用的阮已经过改革，分大、中、小三种，用于民族乐队的不同声部。

5-3【琴】，面值8分。琴又名"七弦琴"，俗称古琴，在中国殷周之际已经出现。古琴的琴身是狭长的木质音箱，七条弦，平置演奏。琴面上的十三个圆点是音定位的标志，叫"琴徽"。古琴除独奏外，也为歌唱伴奏，古代称为"弦歌"，后称"琴歌"。琴也曾用于相和歌、清乐的伴奏和合奏。中国古代许多脍炙人口的音乐故事，如琴曲《高山流水》表现俞伯牙和钟子期的友谊，《凤求凰》表现了司马相如与卓文君的爱情，都与古琴有关。

5-4【琵琶】，面值10分。琵琶本作"批把"，在古代是多种弹拨乐器的总称，相传已有两千多年的历史。琵琶的名称来源于它的演奏特点，是骑在马上弹奏的乐器，向前弹出称作琵，向后挑进称作琶。当时的游牧人骑在马上好弹琵琶，由是得名。琵琶起源于秦汉，后通过丝绸之路又受到波斯乐器的影响，在唐代发展到高峰。现在的琵琶由波斯乐器曲项琵琶改造而成，将原来的四弦四柱增加到六相二十五品（三十一柱），扩大了音域和音量，提高了琵琶的表现力。

5-5【三弦】，面值70分。三弦又名"弦子"，始于秦代，由鼗鼓演变而来，唐代已普遍为乐人掌握，元代始有三弦的名称。三弦可独奏、合奏和伴奏，技巧繁复，表现力强。三弦的构造分鼓头、琴杆、琴头及轸子等部分。鼓头常用椭圆形木框，两面蒙蟒皮成一共鸣箱，面上架一竹制的琴马。琴杆长而无品柱。琴头装有三个轸子，张三根弦，用金属弦或尼龙弦。三弦是无品的弹拨乐器，演奏滑指和走音十分方便，也便于自由转调。由于三弦的琴面蒙有蟒皮，它的音色非常特别，浑厚而响亮，具有浓郁的乡土味。在民族管弦乐队里，三弦有时也作为特色乐器使用。

二、贴乐器邮票的首日实寄封

这套邮票的特色是每一枚都以动态演奏的仕女为背景，配合静态的乐器，显得虚实结合、动静相融。

以下展示两组寄往日本的首日封和三枚以"反弹琵琶"为美术图案的首日封。

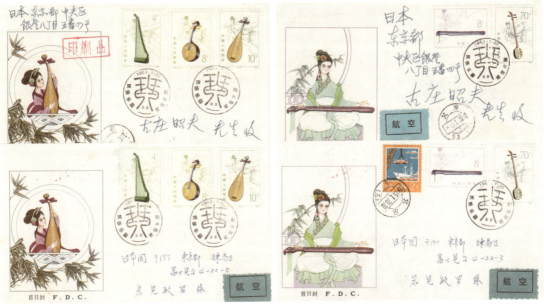

以上两组为中国邮票总公司发行的首日封，由邓锡清设计，均为发行首日从北京寄日本，销北京首日纪念邮戳和日戳，贴航空标识。

[注：古庄昭夫（1931~1996）是国际知名的中国解放区邮票专家，也是以中国区票邮集在世界邮展荣获金奖的第一人，曾在日本成立"中国切手研究会"并担任会长。]

上左图为广西壮族自治区邮票公司制作的首日封，由雷务武设计，贴1枚"箜篌"邮票。封面左侧设计了飘逸的舞乐图案，将敦煌飞天、反弹琵琶、仕女箜篌奏乐三者有机结合。1983年1月20日邮票首发日由广西南宁寄广西邑宁，盖独特的乐器图形南宁市纪念邮戳和日戳，到达目的地时间为次日。

上右图左侧设计了红色的敦煌"反弹琵琶"造型，贴1枚"琴"邮票。1983年1月20日邮票发行首日由浙江嘉兴寄黄岩，盖独特的嘉兴纪念邮戳，销首日戳，左上角盖红色收藏者印章，到达目的地时间为当月22日。

右图为江西省南昌市邮票公司印制的首日封，由姚继成、毛洪镇设计，封背解说文字由胡江非撰写。封面左侧设计了红色的敦煌"反弹琵琶"造型，贴1枚"阮"邮票。1983年1月20日邮票发行首日由（江西）南昌寄安徽蚌埠，盖有独特的乐器图形南昌市纪念邮戳，销首日戳，到达目的地时间为当月22日。

三、北美丝绸封

笔者收集邮品时，偶然在网上看到了一组"北美丝绸封"（见第200页附2），这是将乐器与敦煌飞天造型完美组合的艺术品。接受了不菲的价格，收到这些制作精美的丝绸封喜不自胜，但通过网络查询它们来龙去脉时，发现居然是"臆造品"，虽然喜爱有加，但还是选择了退货。

网络信息大致如下：

2015年4月间，在美国eBay拍卖网站上突然出现一批伪造的"北美丝绸封"，而且均以高价成交。这批丝绸封从未发行过，属于臆造。但由于这批伪造封制作精良，且集邮界对北美丝绸封的历史背景了解有限，因此非常具有欺骗性。目前出现在市场的臆造封有J.93《全运会》、T.63《牛》、T.64《石林》、T.66《食用菌》、T.67《庐山》、T.69《红楼梦》、T.70《壬戌年》、T.77《扇面画》、T.79《益鸟》、T.80《癸亥年》、T.81《民族乐器》、T.82《西厢记》……（注：邮票名称简写）。真品丝绸封由总公司将成品封寄到美国后，美方在首日封上烫金，封背应有清晰的压痕，而伪封则是先烫金后成封，故封背没有压痕。（参考《集邮》杂志2016年第3期）

四、《敦煌之音》邮资明信片

中国邮政集团公司酒泉市分公司于2009年制作过一套《敦煌之音》邮资明信片，虽然邮资片的背景图都采用了敦煌标志——飘逸的"飞天"形象，但主题是以乐器为主。全套10枚展示了琵琶、排箫、埙、法螺（海螺）、古筝、古琴、箜篌、阮（阮咸）、五弦、腰鼓共计10种乐器，其中有4种与T.81《民族乐器》相配，且附有敦煌石窟中对应的解释文字，分别为箜篌、阮、古琴、琵琶。

每一枚明信片的背面均以敦煌莫高窟外景为邮资图，面值80分，并配有各种乐器的介绍性文字。

明信片正面以两位持有乐器的"飞天"形象为背景图，配有几朵祥云，以云遮雾罩的仙境之虚，衬托乐器主图之实。

箜篌作为外来乐器，在中国隋唐时期的宫廷音乐中扮演着重要的角色，在敦煌壁画中出现的数量仅次于琵琶，有200余件。

阮（阮咸）归属琵琶之类，出现在唐代。缘于魏晋时期"竹林七贤"之一的阮咸善弹此乐器，因而得名。形制上，共鸣箱呈正圆形。项长，四弦，十二品柱。

古琴在汉晋时期就确立了七弦十三徽的形制，并传承至今。在《诗经·关雎》中也有"窈窕淑女，琴瑟友之"这样的诗句，古琴的孤独性从诞生之初就已被注定。

琵琶二字早在汉代就有文献记载，作为乐器在敦煌壁画中出现得最多，凡画有音乐形象的壁画总有琵琶出现。在敦煌莫高窟壁画中，琵琶最有代表性，所绘制的数量多达700余件。无论在小型乐器组合、大型经变乐队，甚至不鼓自鸣中，都能寻见它的踪影。

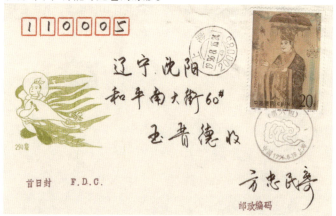

上图为1996年8月15日发行的《敦煌壁画（第六组）》首日封，贴第2枚"五代·于阗国王"。值得关注的是信封左侧印有1幅黄绿色的源自第290窟北周时期的手持琵琶乐器的伎乐飞天。

五、《敦煌壁画》邮票中的乐器

在发行的《敦煌壁画》邮票中，出现乐器的并不多见，主要有以下几枚：

（一）1987年5月20日发行的T.116《敦煌壁画（第一组）》中的第3枚"北魏·天宫伎乐"（第435窟）从左至右展现了"琵琶、海螺（法螺）、腰鼓"三件乐器（见第057页）。

以上3图依次为北京市邮政局制作的T.116《敦煌壁画（第一组）》首日封中的第3枚，销首日甘肃敦煌首发戳（注：敦煌壁画极限片章节的同枚极限片销北京首日戳，见第072页）。海螺（法螺）在《妙法莲华经》中有这样的记载："今佛世尊欲说大法，雨大法雨而吹大法螺。"可见它有着乐器和佛教法器的"双重身份"。腰鼓的形状就如同两个碗底对接而成。鼓皮两端以绳收束。演奏时，既可用双手拍打鼓面，也可斜挂于胸前用两槌击奏。

（二）1992年9月15日发行的1992-11T《敦煌壁画（第四组）》中的第2枚"唐·伎乐"（第220窟）展现了"筝、阮、排箫、横笛、竖笛、腰鼓"等乐器（见第061页）。

以上3图为甘肃省邮票公司、敦煌市邮电局发行的1992-11T《敦煌壁画（第四组）》第2枚"唐·伎乐"极限片，销当地首日戳。排箫是一种竹制编管类乐器，在敦煌壁画中，形制纷繁多样，管身粗细、长短、管数以及花纹等都不尽相同。

由于受面积限制，1枚邮票仅为极小部分的截图，无法展示唐朝大型宫廷乐舞的繁盛景况，以下为第220窟中的"舞乐图"（邮票图案展示的仅为右下一小角）。

"舞乐图"在整体构图上呈现对称形态，演奏的众菩萨坐于地毯，两侧各八位分持不同乐器，左边方毡上，前排内侧依次为筝、笙、琵琶，中排为方响、竖箜篌、箫，后排为排箫和拍板；右边方毡上，前排内侧为羯鼓、腰鼓、鸡娄鼓，中排为横笛，后排为答腊鼓、箫、埙（敦煌仅见此窟一例），最后排为排箫。其中包括弦乐三种、管乐七种、打击乐六种，几乎网罗唐代的主要乐器。中央则为舞蹈表演空间，由两位舞者相对而舞，一脚垫尖、一脚屈膝，从飘带翻飞与旋转的姿态可知为唐代非常流行的胡旋舞。这原本表现的是天上净土歌舞景象，却展现了当时宫廷乐舞的风貌。

（三）2012年8月1日发行的《丝绸之路》小型张中的"反弹琵琶图"（第112窟）展现了"琵琶、阮咸、箜篌"等乐器。平台上六位伎乐呈"八"字形分坐左右，右侧伎乐持琵琶、阮咸、箜篌，左侧的持鸡娄鼓、横笛和拍板。在平台下方，另有四位菩萨两两相背，亦各持乐器演奏。在伎乐中间，一位舞者作"反弹琵琶"状。

第112窟 南壁 舞乐 中唐
Dancers and Musicians (the south wall) Cave 112

作者：李其琼

上图为1枚自制首日极限片，销敦煌原地2012年8月1日首日戳（另有相关邮品参见第一章第032~033页）。

上图为1枚手书封。信封由北京市邮票公司于《丝绸之路》邮票发行首日同步制作，宋佳设计、张卫华摄影。

信封上，笔者好友用两种字体撰写，选用的诗词为："微收皓腕缠红袖，深遏朱弦低翠眉。忽然高张应繁节，玉指回旋若飞雪。"这与小型张和首日封的主题图案"反弹琵琶"的经典舞姿完美匹配。

六、早期台湾发行的敦煌舞乐明信片

中国划分为34个省级行政区。"两岸四地"是指中国大陆、中国香港、中国澳门和中国台湾。大陆发行的邮票，笔者仅集藏"自然与文化"主题，细分为"名山大川""风光建筑""植物动物""文物器皿""书画艺术""名著传说"六个方面，在此范围内发行的邮票、小型张不论价格高低照单全收，其中的敦煌莫高窟邮票属于书画艺术类，光"正票"就包括36枚邮票和4枚小型张（见第054~065页）。香港的"神州风貌系列"中有1枚《敦煌石窟》小型张（见第049页），另发行过1组《佛教东传——敦煌壁画》邮资已付明信片（见第050~051页）；澳门的"中国内地景观"中有1枚《敦煌月牙泉》小型张（见第038页）。

笔者赞叹台湾发行的古物、书画、工艺品等文化题材邮票的艺术性和鉴赏性，仅这些主题也单独收集了一厚册，但台湾地区至今未发行过敦煌莫高窟方面的邮票。虽然本书中的《敦煌壁画》首日实寄封中有不少寄往台湾且销"落地戳"，但缺少了台湾发行的敦煌邮品感觉有些遗憾。偶然机会获得了几枚早期台湾发行的敦煌舞乐明信片，遗憾的是明信片上缺乏相关介绍信息，且不成体系，在此展示聊备一格。

（一）第172窟舞乐图

　　　左页下方这枚台湾发行的明信片质地如磨砂纸，面上似有细小金粉颗粒，比较独特。（正面标有红色"中华民国邮政明信片"抬头，中间为"恭祝总统华诞"字样，但没有具体的发行日期。）反面下栏左右侧分别标有中英文"甘肃敦煌壁画"，主图为"腰鼓与反弹琵琶的对舞形式"。据笔者搜寻有关资料得知此壁画出自莫高窟第172窟，是盛唐时期作品。现有研究者认为"反弹琵琶"壁画始见于此"观无量寿经变乐舞"。

上左图为敦煌壁画原图；上右图为绘制的线描图，能够比较清晰地看到腰鼓和琵琶两件乐器。

（二）第201窟舞乐图

　　　上图这枚台湾发行的明信片（正面标有苹果绿色"中华民国邮政明信片"抬头，也未标注具体发行日期。）反面下栏左右侧分别标有中英文"甘肃敦煌壁画"。据笔者咨询敦煌学院画师得知此图源自莫高窟第201窟，是中唐时期作品。

　　　上左图为敦煌壁画原图的中间舞者；上中图为绘制的线描图；右图的左右两排乐师由近至远使用的乐器分别为：左侧的笙、横笛、古筝、扬琴；右侧的琵琶、排箫、箫、箜篌，共计八件乐器。

敦煌莫高窟共有492个洞窟，与音乐题材相关的洞窟多达236个，占整体数量的一半，共绘有各种类型乐队约500组，共出现各类乐器45种4500余件。这些与音乐相关的壁画不仅是乐师们在当时的真实写照，也是解开我国古代音乐史之谜的一把钥匙，在世界音乐史上，从乐器种类、数量以及时间跨度和延续性来看，也是无与伦比的。

小　结

唐代诗仙李白在《古风》中写道："西上莲花山，迢迢见明星。素手把芙蓉，虚步蹑太清。霓裳曳广带，飘拂升天行。"虽然文字包含道家之韵味，却具"飞天"之神蕴。在佛教艺术中，飞天作为信徒们最喜闻乐见的艺术形象，蕴涵着无穷的美学元素，她们以飘逸和灵动的身姿引人注目，借助云彩而不依靠云彩，主要凭借轻柔的衣裙、飞舞的彩带而凌空翱翔，不仅展示了姿势优美、体态轻盈、飘逸洒脱的女性形象，而且充满了蓬勃生机和无穷活力，是敦煌石窟中的自由飞翔之神。

附：

1. 小版张是邮政部门在发行的全版张之外另印制的小开张邮票。小版张四周一般印有边饰或特定的文字与图案，其特点是所含邮票枚数比全版张少，邮票的面值、票幅、刷色与全版张相同。

2. 北美丝绸首日封，是美国纽约斑马（ZEBRA）国际丝案封制作公司与中国邮票出口公司协作发行的J、T邮票丝案封。该系列丝绸封是在每次发行邮票时用出口公司信封贴上邮票，加盖首日纪念戳，并且是一枚邮票一个封，然后寄美国设计，印刷图案并制作在美国发行。从发行的资料和广大邮友的藏品看，丝绸封是从J.35《五一》到J.63《中日》止，T.36《铁路》到T.62《陶瓷》止（注：邮票志号简写，部分邮票未发行，所有小型张未发行）。这批丝绸封每种的制作量为500套，但由国内寄往美国途中，个别品种出现严重破损，加之几十年的损耗，目前已经无法统计出实际存世量。北美中国丝绸封，虽然发行短暂，却反映了中国集邮与国外早期合作的史实，在中国集邮史上划出一道绚丽的彩虹。

第七章　敦煌藏经洞

概　述

　　光绪二十六年（公元1900年）6月22日，在莫高窟居住的道士王圆箓为了将长时间遭遗弃的部分洞窟改建为道观，进行了大规模的清扫。当他在清除第16窟（现编号）淤沙时，偶然发现了北侧甬道壁上的一个小门，打开后出现一个长宽各2.6米、高3米的方形窟室（现编号第17窟），内有从四世纪到十一世纪（即十六国到北宋）的历代文书和纸画、绢画、刺绣等文物5万多件，这就是著名的"藏经洞"。

　　莫高窟藏经洞的发现被视为中国文化史上的四次大发现之一，其出土文书多为写本，少量为刻本，汉文书写的约占六分之五，其他则为古代藏文、梵文、齐卢文、粟特文、和阗文、回鹘文、龟兹文、希伯来文等。文书内容主要是佛经，此外还有道经、儒家经典、小说、诗赋、史籍、地籍、账册、历本、契据、信札、状牒等，其中不少是孤本和绝本。这些对研究中国和中亚地区的历史，具有重要的史料和科学价值，并由此形成了一门以研究藏经洞文书和敦煌石窟艺术为主的学科——敦煌学。

第一节　纪念藏经洞发现100年

　　2000年"藏经洞文物发现暨敦煌学百年"纪念活动在敦煌举行，6月22日发行了系列邮品，本节以其中的纪念邮资明信片、纪念邮简和纪念封为例。

一、纪念邮资明信片

　　纪念邮资明信片是为纪念重大事件、节日或人物专门发行的印有相关纪念性图文和邮资符志的明信片。我国自1984年8月起以系列形式发行的纪念邮资明信片，简称"JP片"。

　　国家邮政局于2000年6月22日发行纪念邮资片JP89《敦煌莫高窟藏经洞发现100周年》。明信片规格148×100毫米，邮资图规格25×36毫米，发行量400万枚。右上角邮资图是藏经洞的壁画，展现的是藏经洞北壁一手持杖的近侍女形象，旁边是两株枝繁叶茂的菩提树，树枝上悬挂着僧人使用的净水瓶和挎袋，点明了高僧洪辩生前的起居。左侧为敦煌莫高窟"九层楼"外景。

　　上图为JP89，发行首日由甘肃敦煌寄海南海口，盖甘肃敦煌纪念邮戳和日戳，到达目的地时间为当月28日。

二、纪念邮简

　　纪念邮简为包含纪念性图文的邮简，由邮政部门印制，供书写通信内容，不用套封的纸张。2000年6月22日，甘肃省集邮公司发行《敦煌藏经洞发现暨敦煌学创立百年纪念》邮简一套4枚，编号"GSYJ4"（"甘肃邮简"的拼音首字母），敦煌研究院提供图片，郝旭东设计，张先堂撰文，宋利良摄影。

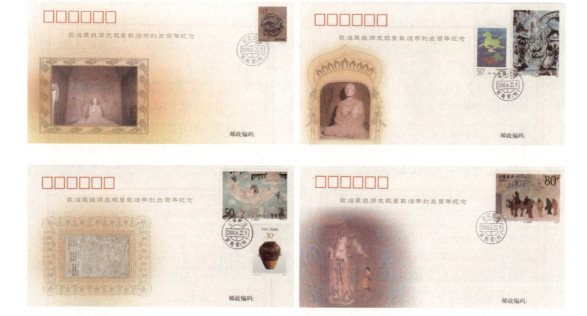

　　GSYJ4（4-1），"一座中华民族和人类文明的宝库——藏经洞"，主图为编号第17窟的敦煌藏经洞，建于唐大中五年至咸通三年（公元851年~公元862年）间，原是河西都僧统洪辩生前的禅窟，坐北面南，平面近方形，覆斗形窟顶，窟高3米。北壁贴壁建长方形禅床式低坛，坛上泥塑洪辩像。画菩提树二，枝叶相接，菩提树左侧画比丘尼一，双手捧持对风团扇。菩提树右侧画近侍女一，一手持杖。中间是两株枝繁叶茂的菩提树，树枝上悬挂着僧人使用的净水瓶和挎袋，西壁嵌大中五年洪辩告身碑一通。公元11世纪初叶，当地僧俗将大量佛经、佛画、法器以及其他宗教、社会文书等秘藏于此窟，砌墙封闭窟口，并于壁面饰以壁画。邮简正面贴2000年生肖龙年邮票1枚，面值80分；背面印有中英对照的介绍性文字。

　　GSYJ4（4-2），"从洪辩影堂到藏经洞——藏经洞的由来"，主图为洪辩的侧面特写像，他是敦煌著名僧人，道行高深、博闻强记、通吐蕃语、传译佛典。公元832年~公元834年于莫高窟开"七佛堂"（今第365窟），窟内坛下建窟功德文中有他的题名。他也是具有民族正义感的僧人，协助张议潮起事，为归义军政权中一支重要力量，在推翻吐蕃统治过程中立有大功。他去世后，族人和弟子为其建立影堂（纪念堂），内塑其真容塑像并立"告身碑"纪念。11世纪初，莫高窟僧人移洪辩塑像于他窟，将5万余件佛经及文书、绢画等秘藏于此窟，这就是后来所说的"藏经洞"。藏经洞的文物早已流散，分藏于国内外许多公私收藏机构，洪辩的塑像又被搬回原处，现藏经洞成为游客凭吊历史的著名遗址。邮简正面贴1990年7月10日发行的T.150《敦煌壁画（第三组）》第3枚"隋·观音济难"，面值30分，另贴1枚1997年发行的《中国旅游年》，面值50分；背面印有中英对照的介绍性文字。

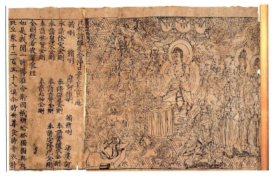

GSYJ4（4-3），"现存世界最早的雕版印刷品——藏经洞出土印本《金刚经》"，主图为《金刚经》卷首《释迦牟尼说法图》。1900年在藏经洞发现了唐懿宗咸通九年王玠为双亲祈福所刻的《金刚般若波罗蜜经》（注：简称《金刚经》，正文有几个版本，字数分别为7~8世纪中国书店本5040字；868年咸通本5125字；流行本5176字。整部经书的核心是："一切有为法，如梦幻泡影，如露亦如电，应作如是观。"），刻经由7个印张粘连在一起，每张纸长76.3厘米、宽30.5厘米，全长约488.0厘米。卷首一页印的是释迦牟尼在舍卫国祇树给孤独园长者须菩提说法图，其余6页是《金刚经》全文。卷末印有"咸通九年四月十五日王玠为二亲敬造普施"的年月题记一行。全卷完整无缺。咸通九年即公元868年，这是中国也是世界上现存的第一部标有年代的雕版印刷品，卷首的说法图也被认为是全世界现存最早有纪年的版画，被誉为"世界印刷史和版画艺术的冠冕"，现藏于伦敦英国国家图书馆。邮简正面贴1996年8月15日发行的1996-20T《敦煌壁画（第六组）》第3枚"宋·观音济难"，面值50分，另贴1枚1990年发行的"彩陶"，面值30分；背面印有中英对照的介绍性文字。

GSYJ4（4-4），"精美的敦煌绢画——《引路菩萨》"，主图为"引路菩萨像"。唐代是古代人物画鼎盛时期，反映贵族生活和宗教题材的作品都有大成就，宗教题材作品也更世俗化，在大量经变故事画和菩萨、罗汉的塑造中显示出明显的人间风情。菩萨天女体态丰腴，容貌端丽，具有动人的丰姿，这在敦煌壁画中多有体现。此图为绢本，约9世纪后半期作品，现藏于英国伦敦大英博物馆。这件作品具有十分高超的绘画技巧，设色艳丽，渲染技法娴熟，可以看出后世工笔人物画对它的继承。邮简正面贴1992年9月15日发行的1992-11T《敦煌壁画（第四组）》第4枚"唐·出使西域"，面值80分；背面印有中英对照的介绍性文字（注：此画细节将在下一节拓展）。

三、纪念封

前面章节谈过纪念封（见第035页）是邮政部门、集邮公司、集邮组织或其他单位、个人为纪念某个事件、某些人物而专门设计印制的。信封上绘有与该项纪念有关的图案或文字，并加盖日戳或纪念邮戳，背面还印有关于纪念内容的说明性文字。

左图为"中国敦煌藏经洞发现暨敦煌学100周年"纪念封，由樊锦诗撰文，娄婕设计，王平先翻译（英文），甘肃省集邮公司、敦煌市邮电局发行，编号"甘纪71"。纪念封面的左上角主图采用圆形印章形式，为敦煌代表性符号"飞天"，源自莫高窟早期作品——第260窟中北魏飞天形象（T.116《敦煌壁画（第一组）》第4枚图案，见第057页），周围注有中英文对照的"中国敦煌藏经洞发现暨敦煌学100周年"字样，盖2000年6月22日甘肃敦煌纪念戳，贴1994年7月16日发行的1994-8T《敦煌壁画（第五组）》中第2枚"唐·维摩诘"，面值20分，另贴《长城》普票60分补资，符合当时平信邮资80分。笔者觉得若纪念封贴2枚面值40分的T.116-4，既符合邮资，又能与左下侧图案遥相呼应，比较完美。

第二节 藏经洞海外藏品选

藏经洞遗画是指莫高窟藏经洞出土的在绢、纸等可移动载体上绘制或印制的敦煌绘画。据相关记载，英国斯坦因劫取绢画520多件，法国伯希和劫取232件，俄国奥登堡劫取100多件，这些是藏经洞遗画的重要部分，另有散见于敦煌文献中的遗画。以下展示五幅海外敦煌藏经洞精品，分贺年有奖明信片和邮资明信片两类。

唐 佚名 树下说法图

《树下说法图》是敦煌藏经洞中创作年代最早、保存状态最完好的一件作品。宝树华盖之下，释迦牟尼佛身着朱红色的和软袈裟，跏趺坐于宝莲台，正在向四围的众菩萨、比丘说法，四尊菩萨端坐莲台，姿态各异，手中分别持莲花、净瓶、宝珠等，神情皆安详雍容……画面上方，天女乘祥云俯身散花，飘带共云气随风舒卷。

唐 佚名 引路菩萨图

《引路菩萨图》为敦煌藏经洞传世画，本幅描绘菩萨手执引幡于大圆的画面。图中引路菩萨右手执柄香炉，左手持莲花，莲花旁垂下白幡。菩萨后面跟随的女子为死者生前的形象，梳着典型唐代妇女的……加以……等都描金敷色，完好的保存了唐代绘画的面貌。

一、贺年有奖明信片

（一）树下说法图

《树下说法图》为初唐作品，彩色绢画，纵139.0厘米，横101.7厘米，原敦煌藏经洞文物，现藏于英国伦敦大英博物馆，是藏经洞发现的绘画中创作年代最早、保存状态最好的一件作品。宝树华盖之下，释迦牟尼佛身着朱红色的和软袈裟，跏趺坐于宝莲台，正在向四围的众菩萨、比丘说法。莲座呈多层装饰之须弥座，和上方的华盖相应。四尊菩萨端坐莲台，姿态各异，手中分别持莲花、净瓶、宝珠等，神情皆安详雍容。六弟子侍立佛后，闻听妙法而心生欢喜，颜色和悦疏朗。画面上方，天女乘祥云俯身散花，飘带共云气随风舒卷。下方各有男女供养人。右侧男供养人已缺损。女供养人为少女形象，椎式发髻，窄袖衫裙，双手持莲，长跪于方形垫上，态度温婉闲静。下方正中留有题写发愿文的位置，作石碑形，空白未题记。该作品在表现人物肌肤的立体感上尤为独到。除了线条本身的刻画，自北朝以来从西域所传的晕染法起了至关重要的作用。这种方法通常沿轮廓线向内染，边沿部分颜色较深，高光部分颜色浅，在鼻梁、眉棱、脸颊等部位往往先施白色，再以肉色相晕染，从而造就了肌肤的微妙变化。观作品正中的释迦牟尼佛，眼神透出无限悲悯，这跟细腻的晕染技法是分不开的。全画构图严谨、线条流畅、画法工细，是敦煌绢画中的精品。

（二）引路菩萨图

《引路菩萨图》为盛唐作品，彩色绢画，纵80.5厘米，横53.8厘米，原敦煌藏经洞文物，现藏于英国伦敦大英博物馆。画左上角菩萨所乘的黄云中隐现出一些建筑物，那是亡灵要去的净土世界。前面领路的大菩萨右手执柄香炉，左手持莲花，莲花旁垂下白幡。右上角有"引路菩（萨）"的题记。菩萨后面跟随的女子为死者生前的形象，梳着典型的唐代妇女的发式。画面中的很多部分如香炉、菩萨之发饰等都描金敷色，全画彩绘艳丽，完好地保存了唐代绘画的面貌。这件作品具有很高超的绘画技巧，设色艳丽、技法娴熟，可以看出后世工笔人物画对它的继承。图中菩萨在前引路，脚下祥云委蛇绵长，一女子袖手微低头跟随在后，此女子的衣着、发型乃至脸部刻画均与周昉的《簪花仕女图》如出一辙，正可互证。

左2图为2020年中国邮政集团有限公司南阳市分公司印制的贺年有奖明信片（HP2020），邮资图为鼠年生肖，面值80分。

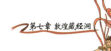

附：T.89《中国绘画·唐·簪花仕女图》，1984年3月24日发行。邮票规格54×40毫米，发行量398万套。小型张176×66毫米，票幅162×40毫米，发行量103万枚。

《簪花仕女图》是中国古代的名画，在绘画史上具有重要的地位。画中反映的是唐代贵族妇女安详、逸乐的生活。作者为唐代著名人物画家周昉，他以仕女画、肖像画和寺庙壁画著称，是中唐末期继吴道子之后的一位重要画家。《簪花仕女图》是一幅卷轴画，高46厘米，长180厘米，现藏于辽宁省博物馆。画面上人物情态各异，如戏草子的俏皮、欢愉，看花的全神贯注，散步的庄严凝重，捉蝶的漫不经心等，都很传神。在构图上，有远有近、有大有小、有动有静，富于变化。在着色上，色彩浓丽、典雅大方。贵妇人的皮肤施以白粉，有雪肤花貌之感；各种衣饰则着以绚丽复杂的色彩，显得花团锦簇，非常华丽。

全套邮票共3枚。图案将《簪花仕女图》截成三段，保持了该图原有的特色。《簪花仕女图》是一幅工笔重彩画，线条工细、色彩浓丽。中国画的特点是以线条作为主要的造型手段，该图的线条介于铁线描与游丝描之间，细劲有力、流动多姿、典雅含蓄。在贵妇人的脸部和手部的勾画上，用笔准确、圆润。特别是对手的描绘，略带夸张而刻画细腻，生动传神，如捉蝶者手的柔弱、捏花者指尖的情态、执拂者手的灵巧自如等。贵妇人身上的纱衫，线条流利飘逸，质感极强，人物的肌肤和花纹通过纱衫隐隐可见。人物体型也塑造得婀娜多姿、丰腴健美，反映了盛唐时期中国人的审美情趣。

3-1【簪花仕女图卷之一】，面值8分。画卷右侧：两位贵妇人相向而立，一贵妇人手执拂子逗弄小犬，身姿优美洒脱；另一贵妇人则在旁一边观看，一边慢慢地调理着衣裙，神情难以捉摸。她似乎又在指点着画中活泼可爱的小犬。这种小犬叫草子，出产于亚洲北部的撒马尔罕地区，得之不易，只有王宫和贵族家庭才能豢养，是唐时贵族妇女消磨岁月、嬉游消遣的伴侣。

3-2【簪花仕女图卷之二】，面值10分。画卷中间：两位女子朝向左侧，身形矮小的一位手持长柄团扇，扇上绘有一枝牡丹，此为随侍婢女，她正低头沉思，有一种茫然的表情；其主人贵妇人头簪荷花，右手拈一枝红色花枝，左手拿一金钗，正出神地欣赏玩味着，似乎忘记了周围的一切。此女身前有一只美丽的白鹤正在翩翩起舞。

3-3【簪花仕女图卷之三】，面值70分。画卷左侧：一贵妇人从自己身旁的花丛中捕捉到一只艳丽的蝴蝶以后，正微微侧身回视着奔跑狂吠而来的小犬和缓步行走的姿态优美的白鹤，她的表情显得优雅休闲而漫不经心；另一贵妇人正从远处姗姗向前走来，她双手合于胸前，安然而立，身形显得略小。湖石旁盛开的辛夷花暗示了暮春时令。

邮电部在发行这套邮票的同时，另发行了一枚小型张，图案为全卷。画卷描绘了"捉蝶""看花""漫步""戏犬"四个不同的生活场景，塑造了五位盛装的贵族妇女和一位打着团扇的婢女形象。画中的贵妇人虽然表面安详和闲适，但也掩饰不住内心的空虚和无聊。画面的内容既可以分割成几个独立的片段，展卷通观，又相互照应，有完整节奏。卷轴两端装饰着淡雅花纹，深色边框上布满微黄波纹。画卷下部印有"中国绘画·唐·簪花仕女图"烫金字样，画卷上部正中钤以一方全对称型艺术体"画"字印鉴。既突出了全幅画卷，又使得小型张寓意深刻，耐人寻味。

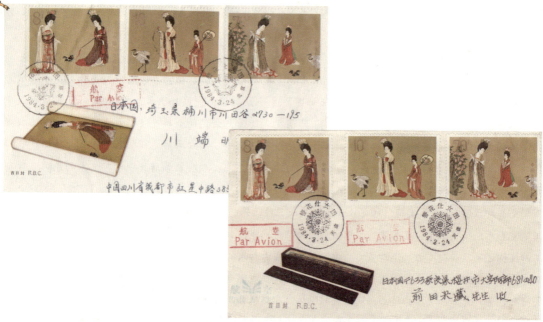

上左图为中国邮票总公司发行的首日封，设计者邵柏林。发行首日由四川成都航空挂号寄日本，贴挂号条，盖首日戳和纪念邮戳，背贴3枚T票计160分补资，总邮资248分。

上右图为天津市邮票公司发行的首日封，设计者邵柏林。发行首日由天津航空挂号寄日本，盖首日戳和纪念邮戳，背贴3枚普票计23分补资，总邮资111分。

上图为中国邮票总公司发行的首日封，设计者邵柏林。发行首日由北京挂号寄本市，盖挂号框、首日戳和纪念邮戳。

　　唐代从"贞观之治"到"开元盛世"具体表现为经济发展，社会富庶，手工业商业发达，各民族接触密切，中外经济文化交流频繁，并由此创造了辉煌灿烂的文化艺术。唐代是中国古代人物绘画的鼎盛时期，在反映贵族生活和宗教题材上都有巨大成就，在宗教题材作品中也更世俗化，在大量经变故事画和菩萨、罗汉的塑造中体现出明显的人间味，尤其是菩萨天女体态丰腴、容貌端丽、姿色动人，成为敦煌艺术中的璀璨明珠。

二、邮资明信片

（一）地藏十王图

《地藏十王图》为北宋作品，绢本设色，纵138.0厘米，横54.0厘米，原敦煌藏经洞文物，现藏于法国巴黎吉美博物馆。《地藏王菩萨十轮经》说其"安忍不动如大地，静虑思密知秘藏"，所以名为"地藏"。地藏菩萨具足了最高的德性，不但能够承载众生的苦难，而且能够了知一切生命的法要。另外也有说"地藏者，伏藏也"。《地藏十王图》有多种，唯此幅最为精美，图中地藏菩萨头戴饰金箔的黑色风帽，左手托摩尼珠，右手持金锡杖，身披田相纹袈裟，自在坐于束腰金刚座上，右脚盘屈，左脚垂踏莲台。地藏菩萨身后绘芭蕉及曲折的栏楯，地藏菩萨前有供案，案前蹲踞金毛狮，案旁所立的拱手僧人为道明和尚。地藏左侧四位判官，皆戴黑色幞帽，其中三位手中有案卷。图下方绘有十王，面向地藏菩萨而立，九位立于图右下侧，均手执白笏，戴冕着袍。唯五道转轮王立于另一侧，身着铠甲，身后有二罗刹鬼。图右上角绘善、恶二童子，携案卷乘云而来。

（附：地藏菩萨是中国佛教四大菩萨之一，相传其说法的道场在安徽九华山。据《宋高僧传》卷二十等文献记载，地藏菩萨降诞为新罗国王族，姓金名乔觉，出家后于唐玄宗时来华，居九华山数十年后圆寂，肉身不坏，以全身入塔。敦煌石窟中有十多个洞窟内部都把地藏和十地阎王绘制在一起。地藏菩萨相传受佛祖释迦牟尼嘱托，在释迦牟尼圆寂、弥勒尚未降生成佛之前，自誓必尽渡六道众生，拯救诸苦，始愿成佛，为佛教中掌管地狱及六道轮回的大菩萨，因此又被称为"地藏菩萨"。《地藏本愿经》又说，释迦佛召地藏大士，令其永为幽冥教主，使世人有亲者，皆得极本荐亲，共登极乐世界。地藏受此重托，遂在佛前立下大誓愿："为是罪苦六道众生广设方便，尽令解脱，而我自身方成佛道。"）

（二）持盘菩萨立像幡

《持盘菩萨立像幡》为唐代作品，绢本设色，纵80.5厘米，横28.8厘米，原敦煌藏经洞文物，现藏于法国巴黎吉美博物馆。这幅菩萨立像幡其顶部三角形幡头和幡尾全无，仅存有中间主体画面部分。中间主体部分为菩萨立像。菩萨头戴三叶花冠，发髻高耸，发绺垂肩至手臂处，面容饱满红润，慈祥悲悯的目光温柔地注视着芸芸众生，神态祥和亲切。头部背光闪耀出三层彩色圆形光环，其内环以绿色晕染，富有立体感。身佩耳珰、项圈、手钏等珠宝饰品庄严全身。右手当胸上举施印，左手托一供花铜盘。身躯丰腴圆满而温雅柔和，面部呈现绿色，浓眉凤眼、面颜滋润、下巴方圆。眼部和肢体及衣饰部分加以红色晕染。服饰精美，衣纹流畅，双肩披帛沿双臂自然滑下，赤足立于莲座之上。莲瓣饱满圆润，富有灵性。

右2图为甘肃省邮政公司兰州市分公司发行的《敦煌莫高窟·藏经洞绘画》10枚1册中的2枚，邮资图为莫高窟"九层楼"外景图，面值80分。

敦煌 莫高窟 Mo Kao Grotto at Dunhuang 【藏经洞绘画】

被帽地藏菩萨十王图（彩色绢画）北宋

藏经洞位于古丝绸之路河西走廊的莫高窟诸多洞窟中，最为驰名的首推藏经洞第17窟。1900年6月22日，中国甘肃敦煌莫高窟藏经洞被发现。敦煌莫高窟下寺道士王圆箓在清理积沙时，无意中发现了藏经洞，并挖出了公元四至十一世纪的佛教经卷、社会文书、刺绣、绢画、法器等文物五万余件。

敦煌 莫高窟 Mo Kao Grotto at Dunhuang 【藏经洞绘画】

持盘菩萨像（彩色绢画）唐代

藏经洞位于古丝绸之路河西走廊的莫高窟诸多洞窟中，最为驰名的首推藏经洞第17窟。1900年6月22日，中国甘肃敦煌莫高窟藏经洞被发现。敦煌莫高窟下寺道士王圆箓在清理积沙时，无意中发现了藏经洞，并挖出了公元四至十一世纪的佛教经卷、社会文书、刺绣、绢画、法器等文物五万余件。

（三）观世音菩萨像

《观世音菩萨像》为五代作品，绢本设色，纵77.0厘米，横48.9厘米，原敦煌藏经洞文物，现藏于英国伦敦大英博物馆。主尊为观世音菩萨，供养人为贵妇人和一个年轻男子，此画题签与菩萨像安排巧妙，紧密而不局促，是五代时期难得的上乘之作。该绘画中，观世音菩萨像的头部比例偏大，上半身略显左斜，有意倾向于左侧的供养人，供养人的身体高度已经达到菩萨的腰际，这足以说明画家想要表现出菩萨对左侧供养人的特殊眷顾。此观世音菩萨为女相特征，头发使用青色，披在两肩，松散自然，面部的晕染和敷色更加细腻，浓淡变化更加复杂，绘画手法的改进为画像增加了立体感。此绘画的左面题记为天复十年（公元910年），但是唐昭宗天复的年号共使用四年（公元901年~公元904年），唐王朝已在公元906年灭亡，当时敦煌地区消息闭塞，其状态已经完全与内地隔绝（注：也有学者认为敦煌地区虽知中原已经改朝换代，但为表示对唐王朝忠诚，仍用唐年号纪年）。

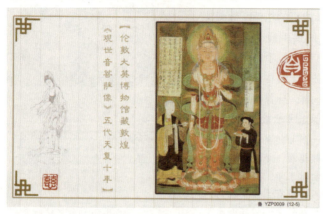

上图为国家邮政局发行的邮资明信片，邮资图为60分牡丹，编号"鲁YZP0009（12-5）"。

画的左上侧题记文字为"众生处代（世）如电光，须臾叶（业）尽即无常。慈悲观音济群品，爱何（河）苦痛做稿梁。舍施净财成真像，光明曜（耀）眺彩绘庄。惟愿亡者生净土，三余（涂）免苦上天堂。时天复十载庚午岁七月十五日毕切记"；右侧上角题记文字为"南无大慈大悲救苦观世音菩萨永充供养，奉为国界清平，法轮常转，二为阿姊师，为亡考姚神生净土敬造大圣一心供养"；右侧中部题记文字为"亡弟试（识）殿中监张有成一心供养"。

藏经洞遗画和敦煌壁画共同构成了敦煌绘画的整体，虽然敦煌绘画的主体是敦煌壁画，但藏经洞遗画也是重要的组成部分，两者之间相互印证、相互补充，尤其可以看到中西方文化的交融不仅在敦煌壁画中有所反映，而且藏经洞各类珍宝也明显展现出这一特征。除直观的中西方文献外，在藏经洞遗画和敦煌壁画中既可看到源自中原的影响，也可看到来自印度、中亚和于阗等佛教中心以及来自吐蕃的艺术借鉴，以及各种影响之间的相互交汇和融合。

小　结

藏经洞与敦煌如同鱼之于水，两者唇齿相依。1900年敦煌莫高窟藏经洞遗书和文物的发现震动了国内外学术界，却是"生不逢时"，陈寅恪曾说过："敦煌者，吾国学术之伤心史也。其发见之佳品，不流入于异国，即秘藏于私家。"沉淀千年的珍宝和典籍远离故土，分散于十几个国家的博物馆或私人藏家手中，尤其是1907年和1914年英国的斯坦因两次掠走遗书、文物10000多件；1908年法国人伯希和从藏经洞中拣选、掠走约5000件精品；1911年日本人橘瑞超和吉川小一郎掠走约600件经卷；1914年俄国人奥尔登堡从敦煌拿走一批经卷写本，盗走了第263窟的壁画；1924年美国人华尔纳用特制的化学胶液粘揭盗走莫高窟壁画26块等，这些行为造成了一场场文化浩劫。

敦煌藏经洞遗书和文物的被发现与被盗掠，是我国学术史上最为难堪的一页，对中华民族文化财富造成了无法估量的损失，但同时将中国传统的学术向前大大推进了一步，在客观上也促进了东西方学者从不同角度对它们进行研究，并催生了世界性显学——"敦煌学"。敦煌莫高窟藏经洞遗书和文物使得中华文化得以在世界范围内传播和弘扬，不仅对中国史的研究甚至是对世界史的探索都产生了重大的影响。

第八章 海外敦煌

概 述

本书前几章所展示的主要是国内各地之间寄递的各种敦煌莫高窟邮品，包括港、澳、台共计34个省级行政区，体现在每个章节均有所侧重。本章标题确切而具体的含义是"从中国寄往海外诸国的蕴含敦煌文化元素的实寄封，经历一次出国'旅行'后又回到中国的邮品"，当然这些只是冰山一角，绝大部分寄往海外的信封最终留在国外，难以"重返故土"。当年流失海外的藏经洞文物，我们现在尚有机会通过书籍或网站一睹原貌，而信封只是一枚枚廉价的纸片，最终归宿大多是沦为废纸。

本章以笔者收集的1987~2021年间，寄往海外的敦煌主题"实寄封"为例（注：1987年是按照敦煌莫高窟建窟时间顺序发行系列敦煌邮票的起始年。早期贴特3和特6的海外实寄封已在《敦煌壁画》章节做过综合性介绍，一些寄往海外的邮品因分类原因，也已在特定章节展示，不在此罗列），遴选部分邮品，有些是国内集邮者通过寄发海外邮友而制作的集邮品，其中部分有"落地戳"，另一些国家的邮政收件后并不销戳，因而无法判断邮件到达时间。邮品涵盖"五大洲"的实寄封，编排和分类只是个性化的体现，不具有客观性。海外敦煌体现的是"国际化视野"，突出敦煌莫高窟邮品在全球范围产生的广泛影响力。

第一节 丝绸之路实寄封

丝绸之路沿线有众多的文物古迹和壮丽的自然风光，其深厚多样的丝路文化是中华文明对世界文化交融发展所做出的贡献，其中也出现了如张骞、玄奘等伟大的历史文化名人。敦煌是丝绸之路上的重镇，曾经拥有繁荣的商贸活动，以拥有世界上现存规模最宏大的佛教艺术宝库"敦煌石窟""敦煌壁画"闻名天下，两者之间是"点"和"线"的关系。

一、中国寄加拿大首日封

上图为甘肃省集邮公司发行的《丝绸之路》特种邮票丝质小型张封，由惠斌、张鲲设计，编号"PF-GS-0112002"，2012年8月1日首发日由甘肃嘉峪关寄加拿大多伦多威洛代尔，销2种甘肃嘉峪关纪念日戳，贴航空条，到达目的地时间为当年9月4日。

209

二、中国寄澳大利亚首日封

　　上图采用的是2009年浙江杭州的"麒麟送子"5元邮资封，贴2012年8月1日发行的《丝绸之路》特种邮票，全套4枚邮票和1枚小型张，总邮资15.8元，发行首日由原地航空寄澳大利亚昆士兰肯莫尔，销4枚敦煌莫高窟日戳，贴挂号条，到达目的地时间为当月8日。

三、中国寄法国首日封

　　上图贴2012年8月1日发行的《丝绸之路》小型张和2017年9月20日发行的《张骞》特种邮票第1枚"凿空西域"和小型张"张骞像"，普票补资80分，总邮资14元，在《张骞》特种邮票首发日由陕西西安航空寄法国勒阿弗尔，销西安丝绸之路起点临时邮戳和2枚张骞像纪念邮戳，贴挂号条，到达目的地时间为当年10月13日。

四、中国寄西班牙首日封

上图贴2012年8月1日发行的《丝绸之路》小型张内芯和2017年9月20日发行的《张骞》全套2枚特种邮票和小型张，普票补资2枚，140分，总邮资15.8元，在《张骞》特种邮票首发日由陕西西安航空寄西班牙大加那利岛，销3枚西安日戳，贴挂号条，到达目的地时间为当年10月2日。

五、中国寄日本首日封

上图贴2016年9月4日发行的《玄奘》小型张2枚，总邮资12元，首发日由西安寄日本大阪，销2枚西安大雁塔日戳，盖水陆路红色戳记，贴挂号条。封面盖当年12月8日日本到达戳，封背贴有国际邮件编号存根。

　　上图贴2016年9月4日发行的《玄奘》全套2枚邮票和1枚小型张，1枚2008年中印联合发行的《白马寺和大菩提寺》和2枚《长城》普票补资，总邮资13.5元，在《玄奘》特种邮票首发日由河南洛阳航空寄印度比哈尔邦帕特那，销3枚河南洛阳日戳，贴挂号条。

　　[附：笔者在寻觅玄奘邮品时，发现许多是寄往日本的，这显得有些不伦不类（若是鉴真邮票倒情有可原），因此迫切需要1枚寄往印度的实寄封，以体现玄奘取经的终点，但发现寄往印度的实寄封凤毛麟角，最后也算机缘巧合，觅得以上这枚实寄封。美中不足的是所贴补资邮票为印度"大菩提寺"（当然也没有"那烂陀寺"遗址的邮票），而且背面的落地戳模糊不清，无法获到到达日期。]

第二节　《敦煌壁画》第一组全套实寄封

　　从1987年5月20日开始，发行的《敦煌壁画》系列邮票是按照莫高窟建窟时间先后排序发行的，这组的4枚邮票和1枚小型张中，只有第1枚为最早北凉时期壁画，其余4枚均为北魏时期。作为这一系列邮票的"龙头"，在集邮爱好者心目中具有重要的意义，因而将其实寄封单列一节介绍。

一、中国寄新加坡首日封

　　上图贴全套T.116《敦煌壁画（第一组）》，封面左侧印有单色敦煌舞乐图案，背贴4枚JT票补资，总邮资196分，发行首日由江苏扬州寄新加坡，盖2枚红色扬州纪念邮戳、4枚日戳（背面3枚）和航空戳，贴挂号条，盖红色印章，到达目的地时间为当月25日。

上图贴2套T.116《敦煌壁画（第一组）》，封面印有"北京邮票分公司"字样，厚牛皮纸封，普票补资10分，总邮资166分，发行首日由北京寄新加坡，盖2枚北京纪念邮戳和1枚日戳，到达目的地时间为当月22日。

二、中国寄日本封

上图贴全套T.116《敦煌壁画（第一组）》，背贴2枚普票补资，总邮资90分，1987年6月2日由四川成都寄日本兵库县，销5枚日戳（背面2枚），盖航空戳和印刷品戳。

三、中国寄美国首日封

上图使用的是航空信封，贴全套T.116《敦煌壁画（第一组）》，背贴1枚T.115《风筝》30分和1枚普票补资，总邮资110分，发行首日由中国黑龙江牡丹江寄美国明尼苏达州圣保罗市，正面销2枚敦煌壁画发行首日牡丹江红色纪念邮戳，背面补资票销牡丹江日戳。

四、中国寄德国封

左图使用的是航空信封，贴全套T.116《敦煌壁画（第一组）》，正面另贴2枚普票补资，总邮资110分，1987年6月4日由北京寄德国卡尔斯鲁厄，销3枚日戳。

五、中国寄巴西封

左图使用的是航空信封，贴全套T.116《敦煌壁画（第一组）》和1985年发行的J.116《西藏自治区成立二十周年》全套、1987年发行的J.141《国际住房年》和T.112《丁卯年》（本票），总邮资132分，1987年9月14日由北京寄巴西，销4枚日戳，盖1枚红色航空戳。

六、中国寄伊拉克封

左图使用的是航空信封，背贴全套T.116《敦煌壁画（第一组）》和2枚J景、1枚普票，总邮资110分，1988年2月9日由四川重庆寄伊拉克巴格达，销3枚日戳。有2枚波浪线与日戳组合的到达戳，日期不清晰。还有2枚收藏者印章。

七、中国寄英国小型张封

右图使用的是航空封，背贴1枚T.116《敦煌壁画（第一组）》小型张和2枚普票补资，总邮资230分，1987年7月14日由北京（清华大学何兆武教授）寄英国诺丁汉大学Park校区（郑泉水教授），销2枚黑色日戳和红色"R"挂号戳，封面盖指示"退回戳"（Returned to sender），销2枚到达北京的红色日戳，时间为当年12月20日。

（附：何兆武曾与李约瑟联合翻译过罗素的《西方哲学史》，是著名的翻译家。后从百度查得他"长期从事历史理论、历史哲学及思想史的研究和西方经典著作的翻译工作"。他1921年9月出生，2021年5月去世，是真正意义上的百岁老人。郑泉水是固体力学与微纳米力学专家，清华大学航天航空学院工程力学系教授，中国科学院院士。曾担任英国皇家学会研究员、德国洪堡基金会研究员、欧洲研究员。）

八、中国寄新加坡小型张首日封

右图使用的是航空信封，正面贴1枚1987年5月20日发行的T.116《敦煌壁画（第一组）》小型张，发行首日由吉林德惠寄新加坡，贴挂号标签。

九、中国寄瑞士邮票+小型张封

右图为大型文件袋邮件，贴1987年5月20日发行的T.116《敦煌壁画（第一组）》邮票2套、小型张1枚，另贴3枚面值5元普票，总邮资18.56元，1987年6月1日由北京寄瑞士诺伊豪森，销日戳6枚，盖红色"信函""航空"双语对照邮戳和英文"AIR MAIL"字样。

邮说敦煌

第三节　《敦煌壁画》第二至六组全套实寄封

　　《敦煌壁画》除第一组外，其余五组也是经典的传承和延续，限于篇幅，仅选择部分实寄封作为代表，归于一节展示。

一、1988年第二组

（一）中国寄荷兰首日封

　　以上2图为中国集邮总公司发行的T.126《敦煌壁画（第二组）》首日封1套2枚。第1枚封面贴8分的"西魏·狩猎"和"西魏·战斗"各1枚，补资4分，封背贴2枚70分T.110《白鹤》，总邮资160分。第2枚封面贴10分的"北周·农耕"和90分的"北周·建塔"各1枚，封面、封背各补资30分，总邮资160分。1988年5月25日邮票发行首日由北京寄荷兰瓦丁斯芬，销北京纪念邮戳和日戳，盖红色航空戳，贴挂号条。

（二）中国寄新加坡首日封

　　以上2图为广东省邮票公司发行的T.126《敦煌壁画（第二组）》首日封1套2枚。第1枚封面贴8分的"西魏·狩猎"和"西魏·战斗"各1枚，封背贴《民居》补资204分，总邮资220分。第2枚封面贴10分的"北周·农耕"和90分的"北周·建塔"各1枚，封面普票补资120分，总邮资220分。1988年5月25日邮票发行首日由广东广州寄新加坡，销广州纪念邮戳和日戳，盖航空和印刷品戳，贴挂号条。

（三）中国寄日本首日封

　　上图为T.126《敦煌壁画（第二组）》首日封，封面贴8分的"西魏·狩猎"和90分的"北周·建塔"各1枚，封背贴8分"西魏·战斗"和10分的"北周·农耕"各1枚，普票补资2分，总邮资118分。1988年5月25日邮票发行首日由江苏无锡寄日本，销无锡纪念邮戳和日戳。

　　[注：水原明窗（1924~1993）在收集中国邮票、研究中国邮政史方面成绩享誉世界邮坛，长期担任"日本邮趣协会"理事长，编撰的邮学巨著《华邮集锦》2卷共14册，为研究华邮的经典文献。]

二、1990年第三组

（一）中国寄德国首日封

以上2图为中国集邮总公司发行的T.150《敦煌壁画（第三组）》首日封1套2枚。第1枚封面贴8分的"隋·飞天"和50分的"隋·帝释天"各1枚，补资42分，总邮资100分。第2枚封面贴10分的"隋·供养菩萨"和30分的"隋·观音济难"各1枚，普票2枚补资，总邮资100分。1990年7月10日邮票发行首日由上海寄德国（民主德国）（注：两德于三个月后的1990年10月3日统一），销上海纪念邮戳和日戳，封背盖紫色的印刷品戳。

（二）中国寄美国首日封

上图使用的是航空信封，贴1990年7月10日发行的T.150《敦煌壁画（第三组）》全套，普票4枚补资160分，总邮资258分，发行首日由江苏苏州寄美国，销4枚当地邮政编码日戳，盖1枚蓝色航空戳。

（三）中国寄新加坡首日封

上图贴2套1990年7月10日发行的T.150《敦煌壁画（第三组）》，封背印有"北京邮票分公司"字样，厚牛皮纸封，普票2枚补资140分，总邮资336分，发行首日由北京寄新加坡，盖2枚北京纪念邮戳和1枚日戳，贴挂号条和航空条。

三、1992年第四组

（一）中国寄美国首日封

上图使用的是航空信封，贴1992年9月15日发行的1992-11T《敦煌壁画（第四组）》全套，普票2枚补资，共计70分，总邮资250分，1992年9月20日由江苏苏州寄美国，销2枚当地邮政编码日戳。

（二）中国寄日本封

上图使用的是航空信封，为1枚实寄封的正反面，贴3套1992年9月15日发行的1992-11T《敦煌壁画（第四组）》，总邮资540分，2003年12月22日由上海寄日本，销4枚当地日戳，贴航空标识。

四、1994年第五组

中国寄马来西亚实寄封

上图使用的是航空信封，贴1994年7月16日发行的1994-8T《敦煌壁画（第五组）》全套，编年票3枚补资，总邮资360分，1995年8月26日由上海寄马来西亚吉隆坡，销3枚当地邮政编码日戳。

五、1996年第六组

（一）中国寄荷兰封

上图使用的是航空信封，贴1996-20T《敦煌壁画（第六组）》全套，普票补资120分，总邮资300分，1996年8月25日由中国北京寄荷兰布拉里克姆。

（二）中国寄乌干达首日封

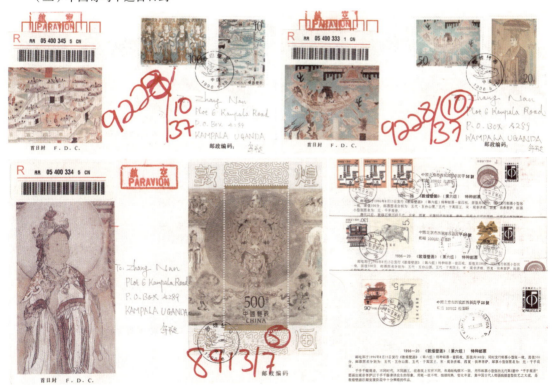

上图为中国集邮总公司发行的1996-20T《敦煌壁画（第六组）》邮票和小型张首日封，1996年8月15日发行首日由中国北京寄乌干达首都坎帕拉，正面盖航空戳，贴挂号条，背面补资如图，到达目的地时间为当月20日。

第四节　1992年特色实寄封

《敦煌壁画》系列邮票经过北凉、北魏、西魏、北周、隋代的作品展示之后，从1992年的第四组开始步入最为经典的唐代作品。本节以1枚寄四国的总公司封和1枚敦煌莫高窟"最美观音"小型张作为代表。

一、1枚总公司"官封"

中国集邮总公司为配合1992年9月15日发行的《敦煌壁画（第四组）》，制作了2枚首日封，其中的1枚左侧以经典的第320窟盛唐"飞天"形象作为图案，并贴25分"伎乐"和55分"乘龙升天"2枚邮票。

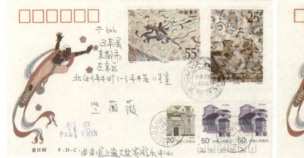

上左图为发行首日由中国上海寄日本京都的实寄封，《民居》普票补资120分，总邮资为200分，销上海纪念邮戳和日戳，盖紫色航空戳。

上右图为发行首日由中国吉林图们寄俄罗斯莫斯科的实寄封，封背《民居》普票补资70分，总邮资为150分，销北京纪念邮戳和双文字日戳（封背），到达目的地时间为1992年10月8日。

上左图为发行首日由中国黑龙江哈尔滨寄加拿大本拿比的实寄封，封面贴1枚1988年发行的《中国石窟艺术》5元普票补资，总邮资为580分，销北京纪念邮戳和带有"国际"字样的日戳，贴挂号和航空条，背面盖有1枚红色的9月18日安检戳。

上右图为发行首日由中国西藏拉萨寄美国纽约长岛的实寄封，背面贴2枚《民居》普票补资120分，总邮资为200分，封面盖有北京纪念邮戳和紫红色到达戳，封底盖西藏拉萨邮政编码戳。到达目的地时间为1992年9月29日。由西藏寄国外的贴有敦煌壁画邮票的实寄封非常少见。

作为对照，左侧选用1枚寄国内的实寄封以供参考。

二、1枚"最美观音"小型张

敦煌第57窟规模虽然不大，但彩塑和壁画都展示出细腻精妙的艺术特征，是初唐时期敦煌石窟的代表窟之一。在壁画中，观音菩萨头戴三珠宝冠，端坐于莲花座，左脚置于右腿上，右臂自然下垂，左肘支于左腿，左手轻拿一朵莲花，举至脸旁，头略微向左偏，目光下视，仿佛是一个少女正在遐想，整个姿态与沉思的神情融为一体，形神兼备。

（一）中国寄日本首日封

上左图是北京市邮票公司为1992年9月15日发行的《敦煌壁画（第四组）》小型张所设计的首日封，图案设计采用了"极限封"形式，正面贴挂号条，销纪念邮戳，盖航空戳，发行首日由中国北京寄日本东京，到达目的地时间为1992年9月20日（正面到达戳），在日本逗留了一个月（背面盖日本1992年10月20日戳）后，退回原地（正面盖紫色的RETOUR NON RECLAME邮戳），到达北京的时间是1992年10月31日（背面戳）。

上右图是中国邮票总公司为1992年9月15日发行的《敦煌壁画（第四组）》小型张所设计的首日封，正面盖纪念邮戳，贴航空条，发行首日由中国上海寄日本东京，封底盖上海日戳。

邮说敦煌

（二）中国寄新加坡首日封

　　上图是中国邮票总公司为1992年9月15日发行的《敦煌壁画（第四组）》小型张所设计的首日封，正面盖纪念戳和分拣日戳，发行首日由中国北京寄新加坡。

（四）中国寄匈牙利封

　　上图为北京市邮票公司为2003年9月30日发行的《图书艺术》（中国和匈牙利联合发行）邮票而制作的首日封。贴全套2枚邮票，以《敦煌壁画（第四组）》小型张内芯作为补资，总邮资6.6元，发行首日由中国北京寄匈牙利达佩斯（第2枚为"匈牙利彩图编年史"），销图书艺术纪念日戳和分拣（开筒）日戳，盖航空戳。

（三）中国寄德国封

　　上图贴1993年泰国曼谷邮展加字《敦煌壁画（第四组）》小型张，1993年7月1日由中国北京寄德国卡尔斯鲁厄，普票补资50分，盖红色航空戳、信函戳、贴挂号条。

（五）中国寄韩国封

　　上图贴《敦煌壁画（第四组）》小型张内芯，2005年12月15日由上海寄韩国汉城（首尔），为"公函封"，到达目的地时间为2006年1月13日，查无此人后退回，到达上海时间为当月24日（封背盖上海日戳），封面盖有韩国的退回原地戳。

222

第五节 贴《敦煌壁画》散票的实寄封

六组《敦煌壁画》邮票因发行时间从1987至1996年历时长达10年，用作邮资凭证的不在少数，但要列举所寄达的国家，在实寄封收集上略有难度。笔者仅展示稍有国别代表性的邮品，并按邮票发行时间的顺序排列。我们可以看到《敦煌壁画》系列邮票因票幅较大，与其他邮票混贴显得"鹤立鸡群"。这些实寄封具有自然生成性，更符合通信实际情况。

（一）中国寄科威特封

上图贴1枚1987年5月20日发行的《敦煌壁画（第一组）》中的10分"北魏·鹿王本生"和2枚普票，总计邮资160分，1987年6月7日由中国辽宁大连寄科威特，盖紫色航空戳，封背有到达戳，日期不清。

（二）中国寄瑞典封

上图贴1枚1987年5月20日发行的《敦煌壁画（第一组）》中的40分"北魏·飞天"和2枚普票，总计邮资80分，1987年6月23日由中国北京寄瑞典韦克舍，盖2枚北京日戳。

（三）中国寄苏联封

上图为航空信封，贴1枚1988年5月25日发行的《敦煌壁画（第二组）》中的8分"西魏·战斗"，另有7枚普票，总计邮资352分，1988年12月14日由中国寄苏联莫斯科。（注：苏联于3年后的1991年12月25日解体。）

（四）中国寄希腊封

上图贴1988年5月25日发行的《敦煌壁画（第二组）》中的10分"北周·农耕"、90分"北周·建塔"各1枚和2枚《海南建省》中的"天涯海角"，总计邮资160分，1988年8月22日由中国上海寄希腊。

（五）中国寄德国（西德）封

左图为中国集邮总公司为举办"1988丝绸之路国际汽车拉力赛"而发行的纪念封，编号"PFN-33"。该比赛时间从1988年10月23日~11月8日，各国赛手从天安门出发，途经河北、河南、陕西、甘肃、新疆、乌鲁木齐，是当时中国举办的赛程最长、规模最大、参赛选手最多的一次国际汽车拉力赛。纪念封贴1枚1988年5月25日发行的《敦煌壁画（第二组）》中的10分"北周·农耕"，盖活动纪念戳1枚，贴航空标签，贴2枚普票补资，总邮资为1.7元，销北京活动首日日戳，寄德国门兴格拉德巴赫。

（六）中国寄也门封

　　上图使用的是航空信封，贴1994年7月16日发行的1994-8《敦煌壁画（第五组）》中的20分"唐·维摩诘"，另贴4枚编年票，总邮资300分，1996年4月20日由辽宁沈阳寄也门塔伊兹，销3枚当地邮政编码日戳，盖塔伊兹到达戳。

（七）中国寄埃塞俄比亚封

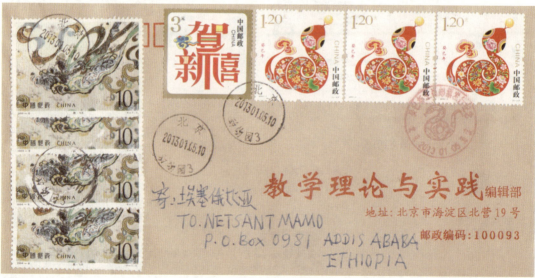

　　上图为1枚"公函封"，贴4枚1994年7月16日发行的《敦煌壁画（第五组）》中的10分"唐·飞天"和3枚《癸巳年》、1枚《恭贺新禧》，总计邮资7元。在2013年1月5日《癸巳年》发行首日由北京寄埃塞俄比亚首都亚的斯亚贝巴，盖1枚蛇年红色纪念邮戳和4枚日戳，到达目的地时间为当月30日，封底销紫色到达戳。

（八）中国寄朝鲜封

上图贴1枚1994年7月16日发行的《敦煌壁画（第五组）》中的1.60元"唐·魔女"和3枚1992年发行的《近海养殖》，总计邮资2.9元。1995年9月17日由中国浙江寄朝鲜平壤，到达目的地时间为当年9月28日，封面销紫色到达戳。

（九）中国寄巴基斯坦封

上图贴5枚1994年7月16日发行的《敦煌壁画（第五组）》中的1.60元"唐·魔女"和6枚1995《丁亥年》纪念邮票、1枚《民居》，总计邮资12.4元。1995年8月17日由中国江西南昌寄巴基斯坦卡拉奇，贴挂号条，盖8枚日戳，到达目的地时间为当年8月26日。

第六节 《莫高窟》实寄封

1996年最后一组《敦煌壁画》发行后的第24年，2020年9月26日中国邮政以《莫高窟》为名，发行了一组以"敦煌彩塑"为主题的邮票，2021年12月底又在此基础上发行1枚特供会员的"双连张"。

一、2020年首日实寄封

以下展示由中国寄往澳大利亚、日本、法国和埃塞俄比亚的首日实寄封。

（一）中国寄澳大利亚首日封

上左图贴2020年9月26日发行的《莫高窟》全套邮票和同日发行的《中国首次火星探测"天问一号"发射成功》，两种邮票贴在一起并无不协调之处，反而与"敦煌飞天"形成某种默契，发行首日由中国甘肃敦煌寄澳大利亚北墨尔本，销莫高窟纪念邮戳和日戳，到达目的地时间为当年12月2日。

上右图的小型张为同批制作，封面上盖红色"信函"戳。

左图采用了大型文件袋封，为敦煌研究院公函封，贴2020年9月26日发行的《莫高窟》邮票第1和第4枚方连，第2和第3枚连票各4枚，另贴3枚《长城》普票作为补资，共计贴票17枚，销2枚敦煌莫高窟纪念邮戳、4枚甘肃敦煌莫高窟日戳，盖敦煌第40届最佳邮票评选纪念邮资机宣传戳补资11.2元，总邮资30.4元，发行首日由中国甘肃敦煌寄澳大利亚昆士兰肯莫尔，到达目的地时间为11月27日。

（二）中国寄日本首日封

右图贴2020年9月26日发行的《莫高窟》全套邮票，发行首日由中国广东广州寄日本京都，贴航空条，销广州日戳，普票《民居》补资20分，总邮资5元，到达目的地时间为10月15日。11月16日由日本退回，贴退回发信人标识，到达广州的时间为11月28日。

（三）中国寄法国首日封

右图采用了甘肃省邮政管理局监制的敦煌研究院公函封，贴2020年9月26日发行的《莫高窟》小型张，销敦煌莫高窟纪念邮戳和甘肃敦煌莫高窟日戳，盖红色航空标记，发行首日由中国甘肃敦煌寄法国勒阿弗尔，到达目的地时间为10月29日。

（四）中国寄埃塞俄比亚首日封

下图采用了大学公函封，贴2020年9月26日发行的《莫高窟》全套邮票，背贴2枚1994年7月16日发行的《敦煌壁画（第五组）》第1枚"唐·飞天"补资，总邮资5元，销敦煌莫高窟日戳，盖红色"空运水陆路"和"信函"戳，发行首日由中国甘肃寄埃塞俄比亚首都亚的斯亚贝巴，到达目的地时间为10月22日。

二、2021年双连小型张原地实寄封

    笔者在第五章附录部分描述了中国邮政之前发行过15种"双连小型张"（见第163页），《莫高窟》（2020-14T）小型张双连张为这一系列的第16种，是首次发行的世界文化遗产主题的双连小型张。笔者委托兰州邮友赴原地，于2021年12月31日往乌兹别克斯坦、奥地利、瑞士、列支敦士登和捷克这5个国家寄发了信函，请当地朋友寄回，因2022年第一季度全球疫情依然严重，故而仅回收了其中的3枚。

（一）中国寄乌兹别克斯坦　　　　　　　　　　　　　　　　　　　　　　（二）中国寄奥地利

（三）中国寄瑞士

（四）中国寄列支敦士登　　　　　　　　　　　　　　　　　　　　　　　（五）中国寄捷克

    图1是由敦煌寄乌兹别克斯坦的原地实寄封，贴双色不干胶挂号条，盖红色航空戳，销2枚当日纪念戳和1枚日戳。背贴1枚面值6元《莫高窟》小型张和4元机戳补资，总邮资22元。

    图2是由敦煌寄奥地利的原地实寄封，贴双色不干胶挂号条，盖红色航空戳，销2枚当日纪念戳和1枚日戳。背贴1枚面值6元《莫高窟》小型张和4元机戳补资，总邮资22元。抵达奥地利后贴黄底色入境挂号条。到达目的地时间为2022年1月28日。

    图3是由敦煌寄瑞士的原地实寄封，贴双色不干胶挂号条，盖红色航空戳，销2枚当日纪念戳和1枚日戳。背贴1枚面值6元《莫高窟》小型张和4元机戳补资，总邮资22元。抵达瑞士后贴单色瑞士邮政入境挂号条和投递条。到达目的地时间为2022年2月16日。

    图4是由敦煌寄列支敦士登的原地实寄封，贴双色不干胶挂号条，盖红色航空戳，销2枚当日纪念戳和1枚日戳。背贴1枚面值6元《莫高窟》小型张和4元机戳补资，总邮资22元。

    图5是由敦煌寄捷克的原地实寄封，贴双色不干胶挂号条，盖红色航空戳，销2枚当日纪念戳和1枚日戳。背贴1枚面值6元《莫高窟》小型张和4元机戳补资，总邮资22元。到达目的地时间为2022年1月21日（只打印时间，未销邮戳）。

第七节　匠心独具的"全家福"敦煌实寄封

　　一位集邮者将1987~2020年发行的所有敦煌莫高窟邮票粘贴于两个大型文件封，于2020年9月26日《莫高窟》首发日从甘肃敦煌寄日本。

　　上图贴满了1987~2020年发行的所有敦煌莫高窟邮票，共计7组28枚，另贴3枚普票补资，总计邮资23元（所有敦煌邮票面值为13.72元）。虽说是集邮者设计和制作的集邮品，但是在一个信封上贴31枚不重复的邮票且井然有序，可以说其极其罕见，并且于2020年9月26日《莫高窟》发行首日由中国甘肃敦煌寄日本埼玉县川口邮电局，封面销10枚日戳和红色航空戳，贴挂号条，背贴国际邮件存根，到达目的地时间为2020年10月17日。

　　上图贴1987~2020年发行的所有敦煌莫高窟小型张，共计4枚，另贴2枚普票补资，总计邮资22元。其余信息参见上一枚。

本章展示了寄往海外的敦煌邮品，包括由中国寄往英国、法国、荷兰、德国、奥地利、匈牙利、瑞典、瑞士、列支敦士登、捷克、希腊、西班牙、俄罗斯（苏联）、乌兹别克斯坦、印度、日本、朝鲜、韩国、新加坡、马来西亚、巴基斯坦、伊拉克、科威特、也门、美国、加拿大、巴西、澳大利亚、乌干达、埃塞俄比亚，共计30个国家，涵盖五大洲，显示出敦煌邮品具有较为广泛的文化传播力。

小　结

集邮界有句名言"收集实寄封就是收集历史"。除了国内实寄封以外，我们也应关注国际实寄封，从全球视角来整体反映一个时期的完整邮政历史，这样既体现邮品"历时"的时间性，又展示其"共时"的空间性。

本章删繁就简，邮品仅选取了部分与敦煌主题相关的"海外实寄封"，其中既有作为邮资凭证的自然实寄封，也有集邮爱好者有意而为之的具有特色的创意作品。敦煌莫高窟邮票作为中国文化传承的"国家名片"贴上了信封，寄达了全球诸多国家，使各国集邮者们目睹了中国敦煌石窟艺术的神韵，起到了宣传和弘扬中国传统文化的作用。

第九章　世界文化遗产

概　述

　　世界文化遗产是一项由联合国发起、联合国教育科学文化组织负责执行的国际公约建制，以保存对全世界人类都具有杰出普遍性价值的自然或文化景观为目的。1972年11月16日联合国教科文组织在世界文化遗产总部巴黎通过了《保护世界文化和自然遗产公约》，成立联合国教科文组织世界遗产委员会，其宗旨在于促进各国之间的合作，为保护和恢复全人类共同的遗产做出积极的贡献。文化遗产是世界范围的通用范畴，因其多样性和独特性成为识别、界定、认同一个国家身份的核心元素，同时也是人类共同的宝藏。

　　中国于1985年12月12日正式加入该组织，1986年向联合国教科文组织申报世界遗产项目。中国首批六项——泰山、长城、明清皇宫、莫高窟、秦始皇陵兵马俑、周口店北京人遗址，于1987年12月8日成功申报世界遗产（注：决定是在12月11日大会结束前，会议报告通过之时，由世界遗产委员会最终确认），然而成为一门世界性学问"敦煌学"的，也仅有莫高窟这一项了（证书见右上图）。敦煌莫高窟修建历时千余载，处于不同时代风格的转变中，在世界上首屈一指。

　　另外，1999年10月29日中国当选为世界自然与文化遗产委员会成员。2014年6月22日在卡塔尔多哈召开的第38届世界遗产委员会会议通过中国、哈萨克斯坦、吉尔吉斯斯坦跨国联合申报的"丝绸之路"项目，并将其列入《世界遗产名录》，这是中国首次进行跨国联合申遗。

　　本章展示的邮品主要有纪念票图卡、企业金卡、普通邮资明信片、纪念邮资片、首日实寄封和自制美术封等。

第一节　纪念票图卡

　　中国邮票总公司于1993年3月5日发行1套纪念票图卡（见第236页附1），编号PTK-6《伟大祖国中国世界文化遗产》共计6枚，分别是"黄河壶口瀑布""北京故宫太和殿""周口店猿人遗址""长城""秦始皇陵""敦煌莫高窟"（注：中国首批列入世界文化遗产的共计六项，"泰山"安排在之后发行，"黄河壶口瀑布"不在其中），图卡规格均为120×190毫米，发行量49500套。

　　右图为6组《敦煌壁画》邮票设计者之一吴建坤的摄影作品——敦煌莫高窟标志性建筑"九层楼"外景，编号"PTK-6（5-5）"，贴1987年5月20日发行的T.116《敦煌壁画（第一组）》第3枚面值20分的"北魏·天宫伎乐"，销1993年3月5日甘肃敦煌莫高窟日戳。纪念图卡印有总公司标识，右下角注明"中国邮票总公司"字样。

第二节 企业金卡

企业金卡是中国邮政用品的新品种，原邮电部发行的邮品上出现广告内容，企业金卡是首例。其广告内容包括企业或企业领导人形象、产品外观、祝福语、广告语或广告漫画等，具备了广告邮资明信片的形式与内容（见第036页）。

左图上方标有红色文字"敦煌莫高窟1987年12月被联合国教科文组织列入世界文化遗产名录"字样。左侧上方印有贺年有奖明信片的标识——手持信件的"邮政龙娃"，下方印有年份。中间展示了1幅壁画，为1996年8月15日发行的《敦煌壁画（第六组）》第4枚图案（见第064页）。右侧标注"供养菩萨（西夏）、莫高窟328窟"，下方标有志号"2003-2800（BK）-0071""兰州大自然饮品有限公司"等信息。正面标注"中国邮政贺年（有奖）明信片、国家邮政总局发行，面值60分癸未年邮资图、兑奖须知"等信息。

第三节 普通邮资明信片

普通邮资明信片简称普通邮资片（见第236页附2），是指印有普通邮票图案的常用邮资明信片，属于邮资片中的"普票"。普通邮资片和纪念邮资片、贺年邮资片、风景邮资明信片等，都是与邮票一样由国家或地区邮政部门发行的邮资凭证。

2000年12月25日发行的《世界遗产标志》普通邮资明信片，编号"PP28"，明信片规格148×100毫米，邮资图规格35×25毫米，为"世界遗产标志"，面值60分，2006年改值为80分。它象征着自然与文化之间的相互依存关系，是由比利时著名图像设计师米歇尔·奥利夫（Michel Olyff）设计，中央正方形是人类创造的印记，外部圆圈代表大自然的符号（注：在古代中国，"天圆地方"是一种哲学思想，"方"与"圆"属一对美学范畴，两者的结合体现阴阳平衡、动静互补。《周易》中写道："圆者，运而不穷；方者，止而有分"，体现圆神方知、水乳交融、相互依存。《老子》中所说："大方无隅"意为"方者至圆、圆者至方"，强调互相渗透、相反相成、各尽其妙）。两者之间有"桥梁"链接，突出是一个密切联系的整体。

上左图和上右图为2006年11月7日由甘肃敦煌莫高窟寄湖南长沙的2枚邮资60分《世界遗产标志》挂号实寄片，贴全套1994年7月16日发行的《敦煌壁画（第五组）》，另贴普票补资，每枚的总邮资为3.6元，销日戳和纪念邮戳，贴挂号条，到达目的地时间为当月12日。

上图为2012年6月9日由甘肃敦煌莫高窟寄甘谷的1枚邮资60分《世界遗产标志》平信实寄片，贴1992年9月15日发行的《敦煌壁画（第四组）》第1枚"唐·菩萨"作为补资，总邮资为80分，销2枚日戳，到达目的地时间为当月12日。邮资片的右下角注明"敦煌研究院文化遗产日"。

（注：2005年12月22日，国务院发布《国务院关于加强文化遗产保护工作的通知》，要求进一步加强文化遗产保护工作，其中一项重要举措是从2006年起，每年6月的第二个星期六为中国"文化遗产日"，2012年为6月9日。）

第四节　纪念邮资片

2013年6月8日为第八个文化遗产日，纪念邮资片《中国文化遗产日》发行，编号"JP177"，明信片规格165×115毫米，邮资图规格34×34毫米（菱形），为"中国文化遗产标志"，邮资图面值80分，标志为"四鸟绕日"金饰图案。图案中向四周喷射出十二道光芒的太阳，呈现出强烈的动感，象征着光明、生命和永恒，表达了先民们对自然规律的深刻认识。环绕太阳飞翔的四只神鸟反映了先民们对美好生活的向往，体现了自由、美好、团结向上的寓意。整体完美的圆形图案寓意民族团结、和谐包容，圆形的围合也体现了保护的概念。左侧背景图由大成殿、竹简、石刻马和敦煌莫高窟"九层楼"等文化元素构成。

以下仅选2枚作为代表，贴票分别是新币种敦煌邮票中最早（1987）和最晚（2020）发行的，间隔33年。

上左图为JP177《中国文化遗产日》实寄片，2013年6月8日纪念邮资片首发日由甘肃敦煌莫高窟寄天津塘沽，贴1987年5月20日发行的《敦煌壁画（第一组）》中的第1枚"北凉·供养菩萨"，另贴2枚普票补资，总邮资为3.8元，销日戳3枚，贴挂号条，到达目的地时间为当月14日。

上右图为JP177《中国文化遗产日》实寄片，2020年9月26日《莫高窟》邮票首发日由甘肃敦煌莫高窟寄上海，贴小型张"唐·释迦佛一铺"内芯1枚，总邮资为6.8元，销纪念邮戳和日戳，盖红色"回执戳"，贴挂号条，到达目的地时间为10月12日。

第五节　首日实寄封

　　《中国文化遗产日》是中国邮政于2016年6月11日发行的纪念邮票，一套2枚，全套邮票面值2.70元。邮票分别从中国非物质文化遗产代表性项目名录和世界文化遗产名录中选取具有代表性的中国项目，用线描的表现形式环绕展示，整体风格古朴简洁、主题明确。非物质文化遗产展示了昆曲、珠算、剪纸、端午节、古琴；文化遗产展示了长城、福建土楼、敦煌莫高窟、北京故宫、秦始皇陵兵马俑。

　　上左图为2016年6月11日由北京寄江苏苏州的1枚首日挂号"公函封"，贴全套2枚邮票，另普票补资1.5元，总邮资为4.2元。盖北京"文化遗产日"纪念邮戳和日戳，贴挂号条，到达目的地时间为当月14日。

　　上右图为2016年6月11日由上海寄山东东营的1枚首日挂号封，贴全套2枚邮票，另邮资机补资1.5元，总邮资为4.2元。盖上海"文化遗产日"纪念邮戳和日戳，贴挂号条，到达目的地时间为当月13日。

　　左图为2016年6月11日由甘肃敦煌莫高窟寄陕西咸阳的1枚首日挂号"公函封"，贴1枚"中国文化遗产标志"邮票和1枚1996年8月15日发行的《敦煌壁画（第六组）》第3枚《宋·观音济难》，另有2枚票补资，总邮资为4.2元。盖3枚甘肃敦煌莫高窟日戳，贴挂号条，到达目的地时间为当月15日。

第六节　"逆原地"首日实寄封

　　笔者在第二章附录部分介绍了"逆原地"的概念（见第041页），它是指在邮票发行首日寄往原地邮局的首日封。这也是为解决无法赴原地投递信封而采取的一种新型变通的制作首日实寄封方式。

　　左图为2020年9月26日《莫高窟》邮票发行日，由浙江宁波寄甘肃敦煌的首日实寄封，贴全套2枚《中国文化遗产日》、1枚《莫高窟》和1枚《敦煌壁画》邮票，总邮资4.2元。盖1枚浙江宁波制作的莫高窟邮戳、1枚日戳，贴挂号条，到达目的地时间为10月1日。

第七节 自制美术封

集邮本身就是一个创新的过程。不少集邮爱好者也是美术爱好者，从艺术欣赏的角度来看，两者也是融会贯通的。他们通过自己设计和美化信封展现个性化集邮，在收集的过程中不忘创新，取得了良好的艺术效果。

右图为《莫高窟》邮票发行首日由湖北武汉寄湖南株洲的实寄封，设计者在信封左侧彩色打印了美术图案，中间为莫高窟标志性建筑"九层楼"，以"世界文化遗产""甘肃敦煌"和"莫高窟"文字相隔，展示4幅壁画。贴全套《莫高窟》邮票和1枚60分普票作为补资，总邮资为5.4元。销当地日戳，贴挂号条，到达目的地时间为当月29日。

右图为《莫高窟》邮票发行首日由湖北武汉寄湖南株洲的实寄封，设计者在信封左侧彩色打印了美术图案，中间为莫高窟标志性建筑"九层楼"，以"世界文化遗产""甘肃敦煌"和"莫高窟"文字相隔，展示4幅壁画，所选的壁画与上组不同。贴《莫高窟》小型张和1枚60分普票作为补资，总邮资为6.6元。销当地日戳，贴挂号条，到达目的地时间为当月29日。

小 结

有道是"历史是根，文化是魂"。文化遗产既是历史的见证又是文化的载体，是不可再生的珍贵资源。敦煌走过了千年薪火不灭的岁月，它不仅是东西方贸易的中转站，也是宗教、文化和知识的交汇处，还一度成为世界四大古文明的汇流中心。

莫高窟是世界上现存规模最宏大、内容最丰富、历史最悠久、保存最完好的佛教艺术宝库，被誉为"东方艺术明珠"。它在建筑艺术、彩塑艺术、壁画艺术、历史价值、科技价值等方面都具有得天独厚的优势，因而首批被列入世界文化遗产名录。莫高窟中的艺术珍品不仅反映了中国封建王朝时期宗教和社会生活情况，也表现出历代劳动人民的杰出智慧和非凡成就。敦煌遗书包罗万象，内容涉及了从四世纪到十一世纪中国古代的政治、经济、军事、文学、史地、医药、科技、民族、宗教、艺术等各领域。中国文化遗产蕴含着中华民族特有的精神价值、思维方式、想象能力，体现着中华民族的生命力和创造力，是各民族智慧的结晶，也是全人类文明的瑰宝。

附：

1. 中国邮票总公司发行的纪念票图卡是邮票（集邮）总公司为纪念重大历史事件而发行的与内容相关的图片，并配有与图片相关的邮票，还加盖有与之相关的当地邮戳，系列编号为"PTK"，为票、图、卡三字的拼音首字母。最早的PTK·1《纪念长征胜利五十周年》于1986年10月22日发行，之后有PTK·2《抗日战争五十周年》、PTK·3《战略决战四十周年》、PTK·4《人民的胜利》、PTK·5《中国共产党七十周年》，主要特点是图文并茂、票戳俱全。而PTK-6《伟大祖国中国世界文化遗产》是第1套非政治题材的票图卡（注：之前志号"PTK"之后用"·"）。

2. 世界上最早的普通邮资明信片在1869年由奥地利发行。中国最早的普通邮资片是清光绪二十三年（1897年）发行的清一次片，印有团龙戏珠邮资标志。中华人民共和国普通邮资明信片源于1952年1月发行的印有天安门邮资图的外埠普通邮资明信片，面值为旧币400圆，正好是当时外埠信件邮资的一半。1984年以前的35年间只发行过7套普通邮资明信片。邮资图除了天安门外，还有"故宫角楼""陆军战士""大会堂""北海""颐和园"等，单色印刷，比较单调。1992年开始，普通邮资明信片发行力度加大：1992年、1997年、1998年各发行了1种，1999年发行了8种，2000年发行了9种，2001年发行了23种，票面设计得越来越美观，题材趋于多样化。

第十章　集邮学和敦煌学文献

概　述

人类数千年文明史能够得以保存，与文献收藏、整理和研究密不可分。文献作为科学和艺术研究的重要基石，是用文字、图形、符号等手段记录人类知识的一种载体，或可理解为固化在一定物质载体上的信息，是图书、期刊等各种出版物的总和（广义上还包括音频、视频等多媒体素材），是人类社会活动中获取资料的最基本、最主要的来源，也是交流传播信息中最可靠、最权威的手段。通过翻阅文献，了解前人的研究深度和广度，从中受到启发，可避免重复工作，是开拓创新的重要途径。集邮学和敦煌学均存在大量的文献资料，且形式极具相似性，可做比较研究，在此仅遴选两者相同时代出版的期刊、辞典、史书和教程进行展示。

"集邮学"是关于各种集邮对象和集邮活动的学问，是认识集邮领域中各种事物及其规律的一门综合性学科。这一词最早是1943年7月集邮家郑汝纯为《陪都邮声》撰写的创刊词中提到的："关于邮票之历史、种类、版式、年代、花纹、印刷、纸张、齿孔、水印、背胶、色差、变体等，均有赖于专门研究，而西人名为集邮学。"1945年4月集邮家郭润康在《邮学词林》序言中说道："惟人类文明之进步，日新月异，集邮亦由单纯之艺术欣赏进而浸成一种学术，是以'集邮学'一名词，乃成为二十世纪文明结晶之一矣。"他将"集邮学"单列词条，解释为"研究集邮之专门学问"。另外，集邮家陈志川、孙君毅等也撰文，提出集邮学为"研究邮票及其相连各种知识（如历史、地理、文化等）"之科学，是专门性的学识。1982年9月，中华全国集邮联合会会长成安玉在第一次代表大会报告中指出："邮学即集邮学，是与各种集邮对象和集邮活动相关的学问。"之后，王庸声、方忠民、林轩、张林侠、刘广实、邵林等各抒己见、探索争鸣，经过半个多世纪的努力，理论体系不断完善。现在比较公认的定义为："集邮学是认识集邮领域中各种事物，研究各种集邮对象和集邮活动及其规律的学科。"19世纪中叶开始，人们从最初的收藏、欣赏，对邮票版式、变体、图案进行单纯考证，发展到对与邮票和邮政相关的邮戳、实寄封、首日封、邮资封片简和集邮文献进行全面研究，又进而发展到全世界范围内多层次、全方位的高雅文化活动。

"敦煌学"是以1900年6月22日敦煌莫高窟藏经洞（第17窟）的发现为缘起，之后逐渐扩大到石窟、壁画、汉简乃至周边地域出土的古代文献和遗存的古代文物。1930年3月国学大师陈寅恪在陈垣的《敦煌劫余录》序中首次提出"敦煌学"："……敦煌学者，今日世界学术之新潮流也。自发见以来20余年间，东起日本，西迄英法，诸国学人各就其治学范围，先后咸有所贡献。"现在的敦煌学是指以敦煌遗书、敦煌石窟艺术、敦煌学理论为主，兼及敦煌史地为研究对象的一门学科，包括敦煌学理论、敦煌学史、敦煌史事、敦煌语言文字、敦煌俗文学、敦煌蒙书、敦煌石窟艺术、敦煌与中西交通、敦煌壁画与乐舞、敦煌天文历法等诸多方面，是研究、发掘、整理和保护中国敦煌地区文物、文献的综合性学科。历经一百多年的发展，敦煌学已经成为国际性显学。但也有学者认为"敦煌学"涉及文、史、哲、经、法、社会、艺术、科技等诸多领域，并非一门有系统、成体系的学科，称作"敦煌研究"或许更具有科学性。

第一节 集邮学和敦煌学期刊

集邮学和敦煌研究的专著汗牛充栋，仅各自罗列一份主要作品的目录清单都能再生文献无数，且专著是针对某一专门研究题材的，两者之间难有比较的切入点，因而笔者在此删繁就简仅谈期刊。期刊与专著最大的区别在于前者是每期栏目、编排版式与设计风格基本相同，且具有固定名称的连续出版物；后者是相对独立并且就某个专题论述的一次性出版物。期刊与专著相比最大的优势是更具有时效性，且每期都由多位作者从不同角度对专题进行阐述，因而更具有客观性。

一、《集邮》与《集邮博览》

1955年1月28日发行的《集邮》（下图1）是新中国第一份国家级集邮杂志，由北京人民邮电出版社主办的月刊，1955~1966年共计出版125期，后因"文革"而停刊。1980年1月复刊（下图2），期号延续为总第126期，由集邮杂志社主办，后改中国集邮出版社主办，现由人民邮电出版社有限公司主办。《集邮》是中国内地发行时间最长、影响面最广的集邮期刊，它不仅是一个家喻户晓的杂志品牌，更是集邮者的精神寄托和文化家园，不仅对中国集邮者有重要影响，而且发行到世界60多个国家和地区，内容和设计上与时俱进，"增刊"系列的发行又弥补了杂志邮文研究性不足的缺憾。2008年改版后的《集邮》除了继续保持权威性、知识性以外，还突出了鉴赏性和互动性。截至2020年底，《集邮》的最后期号为总第643期。

1982年1月30日全国性的集邮组织——"中华全国集邮联合会"成立，这是中国集邮发展史上的一个重要里程碑，它的任务是对全国集邮活动进行方针、政策和业务上的指导。《集邮》与《集邮博览》均为其会刊。《集邮博览》前身是1982年7月创刊的"北京市集邮协会"会刊——《北京集邮》，1987年1月起更名为《集邮博览》（下图3），成为一份面向全国的综合性邮刊。2007年经历了短暂的停刊后复刊，期号延续为总第225期（下图4），现如今由"中国邮政文史中心（中国邮政邮票博物馆）"主办，依托中国邮政邮票博物馆、中国邮政文史中心的资源优势创办邮刊，为读者带来了新的阅读空间和阅读享受，提供了丰富的集邮文化背景知识。截至2020年底，最后期号为总第401期。

图1

图3

图2

图4

二、《敦煌研究》与《敦煌学辑刊》

《敦煌研究》由敦煌研究院（首期标"敦煌文物研究所"）主办，甘肃省文化和旅游厅主管，为"国家社科基金资助期刊"。1981年试刊（注：目录页标注1981年，扉页标注1982年6月出版）（下图1），1983年2月出版试刊第2期，1983年12月第3期为创刊号（下图2）。截至2020年底，最后期号为总第184期。《敦煌研究》主要刊发敦煌学各领域以及与敦煌相关的古代宗教、历史、艺术等学科的研究论文及敦煌学资料、研究信息等。主要栏目有石窟考古与艺术、敦煌文献、敦煌史地、文化遗产保护、简讯、敦煌学研究动态、敦煌艺术经典、文化遗产保护与研究等。

《敦煌学辑刊》由教育部人文社会科学重点研究基地兰州大学敦煌学研究所（首期标"兰州大学敦煌学研究组"）主办，中华人民共和国教育部主管。1980年2月试刊（下图3），1983年8月出版的第4期在扉页标"创刊号"（下图4）。截至2020年底，最后期号为总第110期。《敦煌学辑刊》刊载敦煌文献、敦煌石窟、佛教艺术、河西史地、吐鲁番学等方面的学术论文，还辟有书评、译文等栏目，宗旨在于宣传和弘扬敦煌文化和中国古代优秀文化遗产。

图1

图2

图3

图4

在集邮学和敦煌学研究领域中，这4份刊物代表着"官方"披露的研究现状和最新动态，具有指导意义。

三、邮刊中的敦煌邮票封面

敦煌石窟系列邮票在发行时间上长达近70年（1952~2020），其间有些邮刊将其作为封面展示，在此以代表"官刊"的《集邮》《中国集邮》《集邮博览》《江苏集邮》《甘肃集邮》和代表"民刊"的《飞天邮刊》（《飞天集邮》）这六种集邮杂志为例。

（一）《集邮》

1987年第5期《集邮》杂志（总第211期）（下页左图），封面左下角展示了当月20日发行的第一组《敦煌壁画》中的"北魏·鹿王本生"图案，右侧一幅九色鹿图与之呼应。该期有《敦煌壁画》邮票设计者任宇和吴建坤合作撰写的《〈敦煌壁画〉邮票设计小记》和黄文昆的《千年画史的再现》两篇相关文章。

1988年第5期《集邮》杂志（总第224期）（下页中图），封面以莫高窟外景侧面为背景图，主图为当月25日发行的第二组《敦煌壁画》中的"西魏·狩猎"图案。该期有黄文昆的《东阳建平弘其迹》的文章，该文概括了敦煌石窟西魏和北周两个时期的艺术成就，以及任宇、吴建坤合作撰写的《〈敦煌壁画〉邮票设计谈》。

（二）《中国集邮》

《中国集邮》（*China Philately*）是中国大陆地区唯一一份专门面向海外华邮爱好者们发行的英文集邮杂志（后改为中英文刊、全中文刊），曾为中国第二大邮刊，1982~2001年的20年中，共计出版136期。刊物早期（1982~1992）主要面向海外市场，在北美和亚洲其他国家具有很高的知名度，向全世界宣传了中国集邮的历史和现状，为中国各个时期的邮票走向世界起到了巨大的推动作用。

1987年第5期《中国集邮》杂志（总第33期）（下右图），封面以五身飞天和伎乐为背景图，主图为全套第一组《敦煌壁画》。该期有何东（He Dong 译名）的《东方艺术宝藏》（*Treasure-House of Oriental Art*）和任宇的《〈敦煌壁画〉邮票设计录》（*Notes on Designing of Dunhuang Mural Stamps*）两篇相关文章。

（三）《集邮博览》

2020年第5期《集邮博览》杂志（总第394期）（下页左图），封面以4枚1952~1996年间发行的《敦煌壁画》和1枚"反弹琵琶"图片为主图，"九层楼"为背景。该期的专题系列为"方寸再探莫高窟"，收录《世界文明的璀璨明珠——莫高窟》（王泰广）、《飞天舞千年 结缘在人间》（陈孝渝）、《人间天上 风华绝代——邮票上的"敦煌壁画"人物形象》（程春）、《方寸原作见洞窟 莫高邮局补憾事》（杨涛）、《致敬守护者 "邮"存莫高窟》（江天舒），共计五篇邮文，另有一篇《我国发行的"敦煌壁画"邮票知多少》的统计资料。

2022年第3期《集邮博览》杂志（总第420期）（下页中图），封面左下角展示了2020年9月26日发行的《莫高窟》小型张"唐·释迦佛一铺"。该期的专题系列为"石窟艺术之美"，首篇为《艺术圣殿——敦煌石窟》（山底居），按照早期、中期和晚期三个阶段分类，通过1枚风光邮资片和18枚销原地首日戳的极限片介绍了敦煌石窟的艺术精华。

（四）《江苏集邮》

《江苏集邮》是江苏省集邮协会会刊，1985年5月创刊。

2020年第5期杂志（总第194期）（下页右图），封面以当年9月26日发行的《莫高窟》小型张"唐·释迦佛一铺"为主图，配以"反弹琵琶"与"飞天"相结合的卡通形象为背景。该期裴雨的《我国方寸上的石窟艺术》一文，从宏观的视角介绍了中国邮政发行的与四大石窟相关的所有邮票。

（五）《甘肃集邮》

《甘肃集邮》是甘肃省集邮协会会刊，1982年12月创刊时以《甘肃集邮通讯》为名，刊名历经多次更改，刊物也从最早仅一页8开单面的油印纸循序渐进，到2010年改版成全彩大16开的杂志型邮刊。敦煌莫高窟是甘肃地区最重要的人文景观，因而是刊物中的重点描写对象。

2010年第1期《甘肃集邮》杂志（总第267期）（下左图），封面以1994年7月16日发行的第五组《敦煌壁画》中的"唐·飞天"为主图。该期有齐兴福的《邮票上的甘肃》一文，提到"新中国成立以来，国家共发行与甘肃有关的纪念及特种邮票141套，甘肃独有的题材28套，其中很多邮票创下了中国之最"。文章从1952年7月1日发行的《敦煌壁画》邮票说起，在新中国成立初期"伟大的祖国"系列邮票中，敦煌壁画独占两组，彰显了敦煌在中国历史文化中的显赫地位，之后从1987~1996年又发行六组，在国内文化遗产类邮票中创下了中国之最。

2017年第1期《甘肃集邮》杂志（总第295期）（下中图），封面以2015年9月9日发行的《飞天》个性化服务专用邮票为主图，背景衬有飞天壁画图案。该期目录部分"每期一票"介绍了"飞天"的缘起和发展历程。2019年第1期《甘肃集邮》杂志（总第303期）（下右图），封面以2000年藏经洞发现100周年的纪念邮资明信片中邮资图"近侍女"为主图，背景为"九层楼"。该期目录部分"每期一票"介绍了这枚纪念邮资明信片。

（六）《飞天邮刊》（《飞天集邮》）

《飞天邮刊》是甘肃飞天集邮文化研究会会刊，王新中主编，2000年1月28日试刊。《发刊词》中指出刊物旨在宣扬集邮文化，"立足陇原、关注西北、放眼全国"，以"飞天"作为刊名，为的是显示地方特色。试刊号共出8期，封面大多以《敦煌壁画》邮票为主要元素：第1期为全套特3（下左图）；第2期为全套特6；第3期为T.150（4-1）；第4期为1992-11-1；第5期为1992-11-3；第6期为T.116（4-1）；第8期为1994-8-1。这8期试刊号于2001年12月31日制作过一种精装合订本（下中图）。2002年5月23日出版"创刊号"，更名《飞天集邮》（下右图），封面为T.116（4-2），《代创刊词》中强调飞天集邮文化研究会将以会刊为阵地，充分发挥新闻媒体的宣传导向作用，研究探索发展西部集邮文化的途径，促进集邮文化活动的繁荣发展。

第二节　集邮学和敦煌学辞典

辞典是用来解释词语的意义、概念、用法的工具书，其整体结构一般由前言、凡例、正文、附录、索引等部分组成。正文以词条的形式解释词目，词条实现有序化编排。按照辞典的分类，集邮学辞典和敦煌学辞典都属于百科辞典，在各自的领域中均为专家学者们兼收并蓄、披沙拣金后达成共识的结晶，具有解说性、权威性、知识性、科学性、客观性、规范性、稳定性、简明性等特点，是指导本领域研究的理论基础和实践准则。

一、1996年版《中国集邮大辞典》和1998年版《敦煌学大辞典》

这两部大辞典都是国内首次以辞书形式反映专科研究成就的大型工具书，均诞生于20世纪末期，是集行业精英集体智慧于一书的作品，是历经数代专家筚路蓝缕的结晶，是专门性研究成果的荟萃，是学科研究的系统工程，是宝贵的资料库和知识库，代表着同时代研究的最高水平。

《中国集邮大辞典》（下页图1）由中华全国集邮联合会编，1996年2月由中国大百科全书出版社出版，精装，16开，860页，2000千字，彩色插图24页，内含大量黑白插图。正文部分包括：综述；邮驿；邮政；邮票的发行、设计、印刷；封、片、简、戳；邮票种类；重要邮票与珍邮；集邮活动；集邮组织；集邮文献；邮品市场；邮政、集邮人物12个部分。该书多次荣获亚洲、世界集邮展览大镀金奖、金奖加特别奖。

（注：1999年7月还出版了综合修订后的《中国集邮大辞典·彩色版》。）

《敦煌学大辞典》（下图2）由季羡林主编，1998年12月由上海辞书出版社出版，精装，裹书衣，16开，1027页，2411千字，彩色插图48页，内含大量黑白插图，共收词条6925条，彩图123幅，随文插图626幅。大辞典涉及敦煌学的所有方面，采用分类编排，包含敦煌石窟考古与艺术、敦煌遗书、敦煌学研究等方面64个门类。内容主要有石窟考古；各时代艺术·代表窟；彩塑；本生故事画·因缘故事画·说法图；经变画等。附录10种，包括"莫高窟石窟编号对照表""敦煌莫高窟大事年表""敦煌学纪年"等，颇具学术价值。另有词目笔画索引与汉语拼音索引等。该书荣获"第四届国家图书奖"。

二、2009年版《中国集邮大辞典》和2019年版《敦煌艺术大辞典》

前两部大辞典的前言部分均注明资料截止时间为1994年年底，这也说明随着研究的不断深入和发展，辞书需要与时俱进、不断修订，以跟上时代的步伐。迈入新世纪后，针对敦煌学和集邮学的各类书籍层出不穷，有些知识需要更新和修正，这也应在海纳百川的大辞典中得到体现。新世纪出版的《中国集邮大辞典》和《敦煌艺术大辞典》均采用了全彩印刷，原汁原味地体现艺术作品，而且印刷技术和水平都有很大的提升。两部大辞典均由原16开改为大16开，但在前言部分均表明了"惜墨如金"的态度，主要体现在对词条做了大量的删减、调整和合并，因而最终在页码和字数上都有所压缩，是"重质不重量"的体现。

《中国集邮大辞典》（下图3）由中华全国集邮联合会编，2009年4月由中国大百科全书出版社出版，精装，大16开，563页，1400千字，全彩印刷。正文部分经过调整后包括：综述；邮驿和邮政；邮票的发行、设计、印刷；邮票分类；邮政用品；封、片、简、戳、单式；珍贵邮票与珍贵邮品；集邮活动；集邮组织；集邮文献；邮品市场；邮政集邮人物12个部分。这本辞书多次获世界集邮展览金奖加特别奖。

《敦煌艺术大辞典》（下图4）为国家出版基金项目，由敦煌艺术研究院名誉院长樊锦诗担任主编，2019年12月由上海辞书出版社出版，函盒精装，大16开，651页，1283千字，全彩印刷。内容主要依托百年敦煌学术的积累，以图文并茂的辞典形式对敦煌艺术作全面总结。全书收词近3000条，图片1000余幅，按照分类进行编排，分为：综合；石窟考形制与相关遗迹、遗物；各时代艺术·代表窟；彩塑；尊像画·说法图；本生、因缘、佛传故事画；经变画；佛教史迹画·瑞像图；密教图像；传统神话画；供养人像及题记；生产·生活·民俗；古代科技；服饰；音乐·舞蹈；建筑画；山水画·动物画；装饰图案；壁画技法；石窟保护；藏经洞艺术品；书法·印章；版本；地理；历史；历史人物；著作；敦煌学者，共计28个类别，以全面展示敦煌艺术的整体面貌和研究成果。

图1

图2

图3

图4

第三节　集邮学和敦煌学史书

　　史书记载人类过去的事件，并且对这些活动做系统的记录、研究和诠释。史书用材料说话，是文化的传承、积累和扩展，承载着人类文明的轨迹。集邮学和敦煌学作为独立的学科，都在二十世纪九十年代出版了专著，书名均冠以"中国"字样，按专业通史体例撰写，以重要的历史事件为标准做了时段划分，对各自的学科研究具有指导意义。

　　《中国集邮史》（下左、中图）由中华全国集邮联合会编写，1999年7月由北京出版社出版，精装，裹书衣，32开，上下册，共计882页，69.1万字，时间跨度为1840~1996年。除序言、大事年表、索引、主要参考书目、后记外，全书主要内容有九章，依次为：邮票的诞生和初期的集邮活动（1840~1911年）；中国集邮的兴起（1912~1937年）；抗日战争时期的集邮活动（1937~1945年）；抗战胜利后的集邮热潮（1945~1949年）；中国解放区邮票的收藏与流传（1930~1949年）；五六十年代的集邮活动（1949~1966年）；"文化大革命"对集邮的冲击与集邮活动的逐步恢复（1966~1978年）；中国集邮发展的新时期（1978~1982年）；蓬勃发展中的集邮事业（1982~1996年）。《中国集邮史》全面地记录了中国集邮缘起和发展的历史，将中国集邮史放置于中国近现代史乃至世界当代史的大背景下进行论述，为中外集邮者提供了一部详实、准确的文献史料，填补了集邮史上的空白。1999年8月该书荣获中国北京世界集邮展览文献类展品"大镀金奖""特别奖""评审团祝贺奖"。

　　《中国敦煌学史》（下右图）由林家平、宁强、罗华庆著，1992年10月由北京语言学院出版社出版，精装，裹书衣，20开，691页，66.0万字，时间跨度为1909~1983年。除绪论、后记外，全书主要内容有五编，依次为：敦煌学发轫时期（1909~1930年）；敦煌学初兴时期（1931~1943年）；敦煌学全面展开时期（1944~1949年）；敦煌学深入发展时期（1950~1966年）；敦煌学新高潮（1976~1983年）。《中国敦煌学史》对各个时期的代表人物及其论著作出了简要精到的评论，并搜集、刊布了大批珍贵资料，涉及敦煌学中史地、宗教、文学、语言、音乐、舞蹈、美术、科技、建筑、民俗等各个领域，是第一部集理论与素材于一体的敦煌学史专著。它首次将敦煌学作为一门独立学科进行了全面、系统的论述，建立了一整套敦煌学研究史的理论体系，填补了国际敦煌学研究史的空白，对今后敦煌学的发展将产生推动作用。《中国敦煌学史》是国家"八五"规划重点选题，荣获第七届中国图书奖。

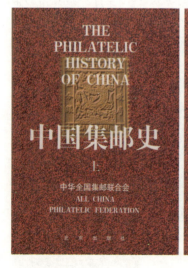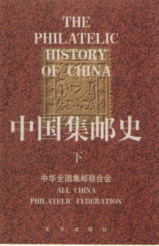

第四节　集邮学与敦煌学教程

　　教程（教材）是按照课程标准要求编写的教学用书。教程是一门课程的核心教学材料，是教育的重要工具。教程是学生在学校获得系统知识、进行学习的主要材料，也便于学生预习、复习和做作业。同时，教程也是教师授课的标准或参照，是连结教师和学生的纽带。既然集邮和敦煌都属于一门"学问"，自然会有教程诞生，在此各列举一部二十一世纪初出版的教程。

　　《实用集邮学教程》（下左图）由李曙光编著，2002年8月由人民邮电出版社出版，大32开，平装，285千字，314页，较为详尽地讲述了与邮票和集邮有关的知识，分为"邮票篇"和"集邮篇"。前者包括：邮票的诞生；邮票；中国邮政与邮票；邮票设计、印刷与欣赏；邮政用品、邮政戳记、实寄封，共五章。后者包括：集邮的兴起；收集与辨伪；集邮方式；集邮展览；编组制作邮集，共五章。

　　《敦煌学教程》（下右图）由李并成主编，2007年11月由商务印书馆出版，大32开，平装，277页，主要讲解了敦煌学的基础知识。包括：敦煌学的基本概念和研究领域；丝绸路上的敦煌；敦煌学与中国古代政治、经济研究；敦煌学与民族史和古代民俗研究；敦煌教育、科技文献；敦煌文献与古代宗教研究；敦煌学与语言文字研究；敦煌艺术巡览，共八章。此教程为西北师范大学本科教程，其"敦煌学"课程荣获国家精品课程称号，在敦煌学界属于首次。

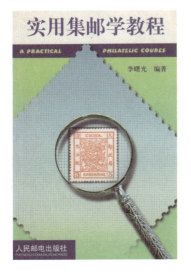

小　结

　　文献是人类实践的产物，是一种特定且不断发展的知识传播工具，它伴随着理论研究和实践探索而诞生，又紧随其深入而繁荣。集邮学和敦煌学作为研究某一特定文化现象的学问，在出版专著、创办期刊、发表论文、编撰辞典、撰写史书、编写教程等方面具有相似性，都属于社会大文化中的一个分支，是其不断沉淀的宝库和永久流传的源泉。读者通过文献既可以汲取前人智慧，实现文化传承，又可以继往开来，著书立学，为文化事业的进一步发展尽自己的一份责任。

主要参考书目

北京市集邮协会.中国现代集邮.北京:人民邮电出版社,2011.

陈宜江,吴娴凤,郑伯萍.敦煌剪纸.兰州:甘肃人民美术出版社,1998.

邓树镛.多彩多姿的集邮方式.北京:人民邮电出版社,1999.

樊锦诗.敦煌鉴赏.南京:江苏美术出版社,2003.

樊锦诗,赵声良.敦煌艺术大辞典.上海:上海辞书出版社,2019.

冯骥才.敦煌痛史.北京:大众文艺出版社,2000.

甘肃省集邮协会.甘肃集邮史萃.兰州:甘肃人民美术出版社,1988.

高德详,陈钰.美丽的敦煌.兰州:甘肃人民美术出版社,1997.

耿守忠,杨治梅.中国集邮百科知识(新版).北京:华夏出版社,1998.

顾虹.世界的敦煌.上海:上海古籍出版社,2011.

何欣.中国原地封图典.北京:人民邮电出版社,2009.

集邮杂志社.中华人民共和国邮票目录(2018).北京:人民邮电出版社,2018.

季羡林.敦煌学大辞典.上海:上海辞书出版社,1998.

姜亮夫.敦煌——伟大的宝藏.上海:上海古典文学出版社,1956.

姜亮夫.敦煌学概论.北京:北京出版集团、北京出版社,2011.

李并成.敦煌学教程.北京:商务印书馆,2007.

李曙光.实用集邮学教程.北京:人民邮电出版社,2002.

李毅民.中国集邮史话.北京:人民邮电出版社,1993.

沙武田.藏经洞史话.北京:民族出版社,2004.

首届丝绸之路(敦煌)国际文化博览会论文集编委会.首届丝绸之路
　　(敦煌)国际文化博览会论文集.兰州:甘肃人民出版社,2017.

王光辉,薛英昭.纸中敦煌.兰州:甘肃教育出版社,2017.

王惠民.敦煌宝藏.上海:上海古籍出版社,1996.

嘻夫子漫画工作室.海外的敦煌.兰州:敦煌文艺出版社,2020.

杨利民,范鹏.敦煌哲学.兰州:甘肃人民出版社,2017.

张嘉齐,范云兴.敦煌飞天.北京:中国旅游出版社,1993.

张仲.敦煌简史.兰州:甘新出071字总001号(90)001号,1990.

中国地图出版社,江苏省全方地图应用开发中心.中国集邮旅游地图册.
　　北京:中国地图出版社等,2003.

中华全国集邮联合会.中国集邮大辞典.北京:中国大百科全书出版社,1999.

祝仲铨.集邮学.郑州:河南美术出版社,2002.

著者按：以下这篇邮文发表于2018年7月出版的《集邮博览》第7期（总第370期）27~30页，当初敦煌莫高窟之行只是旅游中的一个站点，为保持原貌，仅对部分文字稍加修正。

邮票与门券的"配对"之旅

在笔者心目中，明代有三位似不相关，却又言行神似的智者：一位是主张"读万卷书、行万里路"的著名画家董其昌；另一位是倡导"知行合一、止于至善"的心学大师王守仁；还有一位是"驰骛数万里、踯躅三十年"的旅行达人徐霞客。三人都注重学以致用、动静相宜、笃实力行，为后世旅游爱好者之导师。

自1996年大学毕业后，我一直从事教学工作，并享受这个职业最大的益处——三个月假期。每年的四分之一时间大多独自背包出行，饱览世界和全国各地自然景观和人文风情，不知不觉中22年时光呼啸而过。我自然不敢跟三位大师比肩，但在频繁出游中也自得其乐地觅得一条"小径"，这就是将景区门券与邮票逐一"配对"，制成"极限门券"作为个性化纪念品。因为除了爱好旅游，我还痴迷集邮。

每次临行前，我制定旅游路线的依据十有八九来自邮票上的信息。作为集邮爱好者，对集邮怀有感恩之心的原因之一是能从"方寸"中获取大量的百科知识——但凡邮票记录过的青山绿水、风光建筑、历史古迹、文化遗产，必然是国之精华。以中国最北和最南的省份为例，我的黑龙江之旅，"镜泊湖"（1998-17《镜泊湖》）和"五大连池"（2007-16《五大连池》）是首选的名胜；海南岛之行，"五指山""万泉河""天涯海角""鹿回头"（J.148《海南建省》）是必去的景点。

回顾2017年，我旅行方面收获颇丰：一、寒假期间花费一周时间游览了江苏的连云港和徐州，因家在苏州，这两个省内城市反而成了旅游的盲区。在连云港，关注的是"花果山"（T.43《中国古典小说——西游记》第1枚）；在徐州，必看的是汉文化景区（1999-2《汉画像石》第2、3枚）和云龙山上的"放鹤亭"（2007-6《李可染作品选》第4枚），儿时诵读的《古文观止》中有篇苏轼的《放鹤亭记》，至今依稀记得，这回得见实景，感觉似曾相识。二、暑假先与家人花费两周时间重访了江西南昌、九江等地，并游览了"井冈山"（特73《革命摇篮——井冈山》）和"龙虎山"（2013-16《龙虎山》）。三、暑假后期又与两位好友花费三周时间游历了云南昆明、大理（2000-8《大理风光》）和丽江（2002-9《丽江古城》）。在大理，跑遍了《大理风光》中4枚邮票展示的景点："苍山洱海""崇圣寺三塔""鸡足山""石宝山"；在丽江，感受了《丽江古城》中3枚邮票展示的"四方街""古城青流""纳西民居"所散发出的悠远又现代的气息，并攀登了"玉龙雪山"（小全张背景图）。所有行程，我都将景区的门券与邮票图案依次组合，制成"极限门券"留念。

更庆幸的是学院于10月30日~11月3日停课，联合企业举办职业人士培训项目，又有了5天假期，连上2个双休日，共有9天！查阅地图，青海是唯一尚未涉足的省份，但发行的邮票"青海湖"（2000-9《青海湖》）和"塔尔寺"（2002-16《塔尔寺》）早已魂牵梦绕十几年了。我提前做了功课，搜罗了沿线相关的邮票和门券，于是便有了这次西部之行。"极限门券"一路相伴，同期见证这趟难忘的旅程。

第一天（2017年10月28日）

从苏州到上海虹桥机场后，搭乘东方航空公司上午8点20分的MU2152，经停西安后于下午3点左右到达甘肃敦煌机场。我选择了邻近"鸣沙山—月牙泉"的一家大漠客栈下榻，卸下背包后直奔景区。鸣沙山和月牙泉是大漠戈壁中的一对孪生兄弟，"山以灵而故鸣、水以神而益秀"，无论从山顶鸟瞰，还是泉边畅游，都令人

心驰神往。因这个景点中国内地尚未发行邮票，故选用1994年发行的YP13《甘肃风光》邮资明信片中的第6枚"鸣沙山"邮资图作为代表，剪下后贴在门券上销印。虽然这不符合邮政的相关规定，但游客中心的邮局工作人员稍加犹豫后，还是为我盖上了刻有"甘肃敦煌，2017.10.28.12，鸣沙山月牙泉营业"字样的邮戳（见左图）。

第二天（2017年10月29日）

与同客栈的几位游客包车，依次参观了敦煌古城、阳关、西千佛洞、玉门关、汉长城遗址、雅丹地貌等景点。从凌晨到深夜，穿梭于戈壁滩，一日驱车五六百公里，是此行最充实的"一日游"。

敦煌古城位于敦煌市至阳关公路的南侧，是1987年建造的影视城（注：当年5月20日发行了第一组《敦煌壁画》邮票），仅有30年时光。但阳关和玉门关历史久远，号称"华夷分水岭"，儿时背诵的唐诗中就有"西出阳关无故人""春风不度玉门关"的佳句。它们都处在河西走廊的西部，分属南北，离敦煌市分别有70和90公里，均为关内通向西域的重要门户。2012年《丝绸之路》邮票一套4枚发行，其中第2枚"大漠雄

关"，图案上就有玉门关、古阳关和汉长城等元素（见左图）。这些地方荒无人烟，旅行之前查阅对应的邮局是甘肃敦煌市邮政局和南湖邮政所，但由于行程太紧且有其他游客，无奈放弃。西千佛洞是敦煌莫高窟石窟艺术的组成部分，但至今未发行邮票。雅丹地貌虽未上过邮票，但2002年FP18《青海风光》邮资明信片中的第6枚"雅丹地貌"邮资图可以表现这一主题。雅丹地质公园的服务员坚持认为这不是邮票，不能销戳，只能作罢（见左图）。一天旅游非常紧凑，不仅白天迎着红日"脚踏实地"，深夜十一点多还在戈壁滩"仰望星空"，略感遗憾的是一个邮戳都未盖成。

第三天（2017年10月30日）

参观敦煌莫高窟是此行的精华所在，我进景区后被安排在九点半的场次。首先观看了一部规模宏大的介绍敦煌和莫高窟开凿过程的短片，接着欣赏了更为气势磅礴的立体球幕电影，身临其境地展示了莫高窟壁画，然后乘坐观光车去景区，共聆听了八个洞窟的详细讲解。《敦煌壁画》邮票在1952~1996年间发行了八组，编号依次为：特3、特6、T.116、T.126、T.150、1992—11T、1994—8T、1996—20T，共计32枚邮票及3枚小型张，在中国邮票发行史上绝无仅有，但没有一枚能够与门券完全匹配。参观时现场购买的门券只是外景，缺乏具体主题，好在我自带的早期门券和邮票分别是莫高窟的标志建筑"九层楼"，相配的是YP13《甘肃风光》邮资明信片中的第5枚"敦煌莫高窟"邮资图。第

112窟中的《观无量寿经变——舞乐图》正好与2012年发行的《丝绸之路》小型张珠联璧合（见上2图）。请莫高窟邮局工作人员盖章时，他对这种"玩法"深感好奇并欣然相助，美中不足，事后发现日戳时间差了一天。

下午包车前往180公里之外的榆林窟，除聆听了七个常规洞窟的讲解外，花100元钱鉴赏了一个特窟——慕名已久的第二窟，其中的"水月观音"驰名中外，另有玄奘和孙悟空取经图。敦煌石窟艺术主要由莫高窟、榆林窟和西千佛洞三部分构成，此行都能够欣赏到，堪称圆满。最后司机将我直接送至瓜州火车站，并于晚上11点多匆匆赶到嘉峪关。

第四天（2017年10月31日）

普29《万里长城（明）》的最后一枚邮票是面值50元的"嘉峪关"。临出发前的两周，我逛遍了苏州和上海的邮票市场寻觅此票，均无功而返，最终只得再用YP13《甘肃风光》邮资明信片中的第1枚"嘉峪关"邮资图替代。邮局设在嘉峪关景区的一个小卖部，当服务员得知我的想法后，翻箱倒柜找出了一个纪念戳，上面刻有"天下第一雄关"字样和两座代表性城楼，是此行最满意的门券与邮票结合体（见下图）。之后又

分别驱车几十公里，游览了"悬臂长城"和"长城第一墩"。下午从嘉峪关南高铁站出发，仅3个多小时就到了青海西宁，出站打听得知茶卡盐湖从11月1日进入冬季，不再接待游客。一私家车主上前招揽生意，为节省时间我决定次日包车旅行。晚上参观了住宿地附近的"东关清真寺"。

第五天（2017年11月1日）

今天行程安排是游览塔尔寺、日月山和青海湖三处景点。

第一站是塔尔寺，它位于西宁市西南25公里处的湟中县城，整个寺院是由众多殿宇、经堂、佛塔、僧舍组成的汉藏艺术相结合的辉煌壮丽建筑群。2000年《塔尔寺》邮票发行，一套4枚，内容依次是"如意宝塔""大金瓦殿""大经堂""班禅行宫"。寺前广场可以看到八个代表佛祖释迦牟尼一生八大功德的如意宝塔。大金瓦殿位于全寺正中，据说屋顶是用黄金1300两、白银10000两改建的，显得富丽堂皇。大经堂是土木结构的藏式平顶建筑，属塔尔寺中规模最大的建筑。班禅行宫是班禅到塔尔寺时下榻的地方，此处可以俯瞰整个塔尔寺。在寺内没有加盖邮戳的场所，出寺门后走了约一公里找到了邮局。服务员欣喜

地看着我携带的邮票，作为当地人自豪之情溢于言表。由于门券是枚全景图，贴哪一枚邮票都不切题。她建议用第1枚"如意宝塔"，我最终选用了第2枚"大金瓦殿"，因为它处于图案的正中央。邮戳清晰地显示"青海中2017.11.01塔尔寺1"字样（见左图）。

第二站是日月山，它位于青海省湟源县西南40公里，青海湖东侧，为祁连山支脉，平均海拔4000米左右，进入11月后这里俨然已是隆冬，一片白雪皑皑的景象。在历史上，日月山还是大唐与吐蕃的分界。相传文成公主远嫁松赞干布时曾经过此山，山上有日亭和月亭，亭中的碑文和壁画记录了公主入藏时的情景。没想到车子驶入景区，这里居然空无一人，售票处也已关门大吉，敲了办公室门许久才有人开，说是

淡季免费，我坚持要购买一枚门券作为纪念，由于周围没有邮局，就借办公室章一用，加盖了红色的"文成公主纪念馆办公室"印章，以示"到此一游"。邮票选用的是2012年发行的《丝绸之路》第3枚——"神秘故国"（见左图）[注：当初我从网上查得信息，此枚邮票以"青海日月山和楼兰"为主图，原地局是青海

省湟源县日月山邮政所（812100）和新疆若羌县邮政局（842000），回家后从2012年《集邮》第8期第15页查得此枚邮票图案元素是青海土楼观和新疆楼兰故城，不知孰是孰非]。

第三站是青海湖，它位于西宁以西大约160公里处，是中国最大的内陆高原咸水湖泊。11月份湖边的风刺骨寒冷，青海湖二郎剑景区门可罗雀，但令人惊喜的是湖边除了有成群的牛羊外，居然还有油菜花。《青海湖》邮票发行于2002年，全套3枚，分别为"湖畔""鸟岛""远眺"，从不同角度折射出青海湖的美丽。其中第一枚展示了湖畔草原景色；第二枚显现了鸟岛上大批鸟类栖息繁衍的壮观景象；第三枚是远眺海心山，凸显了蓝色湖面的广袤无垠。我在游客服务中心盖上了红色的纪念章，另外在自带的茶卡盐湖的那枚门券上也加盖了邮戳，选用的是FP18《青海风光》中的第9枚"盐湖夕照"（见下页）。工作人员有感于我的用心，赠送了一册全彩青海湖导游书留念。

第六天（2017年11月2日）

　　格鲁派是藏传佛教中最大的一个宗派，因该派僧人戴黄色僧帽，故又称黄教。黄教在藏区有六大寺庙，分别是甘丹寺、哲蚌寺、色拉寺、扎什伦布寺、塔尔寺和拉卜楞寺。前四个在西藏，笔者曾于2005年去过其中的两个，但这四个寺庙均未曾发行过邮票。后两个分别是青海的塔尔寺和甘南的拉卜楞寺。

　　从西宁汽车站坐大巴去甘肃省甘南藏族自治州夏河县约290公里，一半高速公路，一半山间蜿蜒小道，全程居然行驶了4个半小时才到达目的地。拉卜楞寺宗教体制的组成以闻思、医药、时轮、吉金刚、上续部及下续部六大学院为主，在全蒙藏地区的寺院中建制最为完整。全寺共有六大经堂，最大的就是大经堂，2009年发行的《拉卜楞寺》邮票一套两枚，一枚是"大经堂"，另一枚是"贡唐宝塔"。贡唐宝塔位于拉卜楞寺西南角，造型庄重、设计新颖，在世界塔类建筑史上可谓匠心独具、与众不同。令人失望的是门券图案与邮票一点都不符，回镇上后在邮局加盖了"甘肃夏河"的邮戳（见右图）。后包车去了甘加草原、八角古城、达宗圣湖三处景点，深夜才回宾馆。因没有邮票与门券的配合，就不叙述了。

尾 声

第七天到了桑科草原、郎木寺和尕海湖，尤其震撼的是地处甘、青、川三省边界的郎木寺，金碧辉煌的寺庙在雪山的映衬下显得愈发光彩夺目。第八天凌晨六点从夏河乘坐大巴回西宁后，换乘大巴去了乐都县瞿昙寺，它是西北地区保存最完整的明代建筑群，笔者惊叹于其木质结构寺庙和走廊墙壁精美的壁画。第九天上午我参观了青海博物馆、美术馆、土楼观（北禅寺），下午3点40分登上西宁曹家堡的MU2310班机到上海浦东之后再回苏州，整个旅行也就结束了。因旅游行程以"邮票"与"门券"为主导，最后3天没有相关信息所以不再叙述。

窃以为：邮票是导航地图，门券是通关文牒。收藏美好的旅程记忆，将旅游见闻作为知识的升华，所获取的人生体验和感知远胜跟团购物式的"苦旅"，故撰写此文与同好分享。

附：当时的"行程攻略"

10月28日（六） 苏州→上海→敦煌（MU2152 8:20-14:45）→鸣沙山月牙泉，住敦煌

10月29日（日） 敦煌古城、阳关、西千佛洞、玉门关、汉长城遗址、雅丹地貌，住敦煌

10月30日（一） 莫高窟→安西榆林窟→玉门市→嘉峪关、悬臂长城、长城第一墩，住嘉峪关

10月31日（二） 嘉峪关→嘉峪关南→西宁（D2674 13:05-16:25），东关清真寺，住西宁

11月01日（三） 西宁→塔尔寺、日月山、青海湖→西宁，住西宁

11月02日（四） 西宁→夏河→拉卜楞寺、甘加草原、八角古城、达宗圣湖，住夏河

11月03日（五） 桑科草原、郎木寺、尕海湖，住夏河

11月04日（六） 夏河→西宁→瞿昙寺，住西宁

11月05日（日） 青海博物馆、美术馆、北禅寺→上海（MU2310 15:40-18:30）→苏州

补 记

收藏永远是遗憾的艺术，邮票会有"先有后精"的过程，门券也是。后来我陆续觅得几枚可以与邮票完全符合的门券，如塔尔寺的"大金瓦殿"，拉卜楞寺的"大经堂"和"贡唐宝塔"，但这几枚门券边角有损，"品相"一般，有机会还是需要替换（见下3图）。

本书主题是邮品和敦煌，我将已经发表过的文章作为附录和本书结尾，主要是关注千年敦煌石窟艺术的未来。下页是这两年完成的敦煌莫高窟邮票与门券的配对组合，待新冠疫情过后，必定再游敦煌盖戳留念。

附录：西部游记

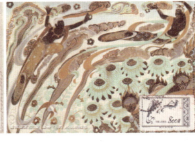

这些敦煌莫高窟门券当中，最难得的是上面这枚"九色鹿"门券。应无锡门券收藏协会朋友的邀请，我开车去了在当地一家宾馆举办的全国门券藏品交流。那日大雨倾盆，返程还遇上大堵车，收获此券总算没有白跑一趟。这是一枚未使用过的新票，那时才知道有藏家集门券如同集邮一样是求全新的，而不全是收集使用过的门券。票价100元，加价10%，110元购得。之后在苏州观前藏品市场花1元钱购得1枚10分的"九色鹿"邮票贴上，所以这枚具有特殊意义门券的"价格"是111元。

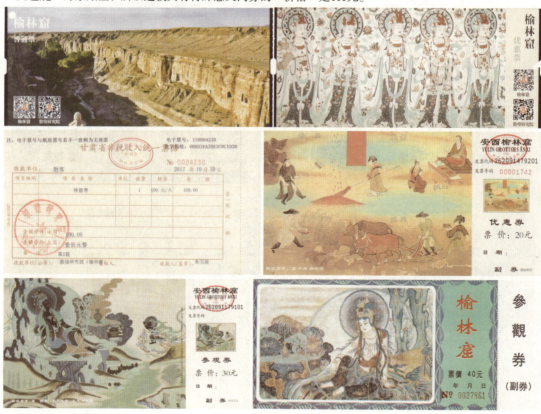

敦煌石窟艺术主要由莫高窟、榆林窟和西千佛洞三部分构成，但发行的所有邮票仅限于莫高窟，没有相应的邮票导致许多心仪的门券无法"配对"。观音是佛教中最"亲民"的神，在《敦煌壁画》系列邮票中，1990年和1996年发行的两枚"观音济难"展现的是观音拯救受难民众的形象。三枚小型张中，1992年和1996年发行的两枚均展示了"观音菩萨"正面的慈祥面容。

我对榆林窟中的"水月观音"印象深刻，不仅因为她是观音三十三尊不同形象法身之一，而且名称富有诗情画意。那次西部旅行特意包车行驶近200公里去一睹风采。与莫高窟人山人海的游客相比，榆林窟门可罗雀。按照排列次序（左页下方图）第1枚是"普通票"，售价40元，图案为外景。第2枚"优惠票"，售价20元，图案是壁画，比较赏心悦目。我在购票时发现有两种门券就各要一枚，售票亭服务员很负责，特意说明此票成人无效，为学生票，得知只是收藏，就送了这枚使用过的。"水月观音"在特2窟，参观需要另外付钱，于是有了第3枚打印"发票"。第4枚是早期收藏的榆林窟第25窟"中唐·耕获图"。第5和第6枚是在网上购得的2枚"水月观音"壁画：前者由史苇湘临摹，是一枚未使用过的新门券；后者由王峰临摹。由于现场参观不能拍照，本页的前2图源自书籍，实际参观时感觉颜色还要暗淡和模糊，或许是近些年客流量增多，加速氧化的结果；后2图是人工"美颜"后的水月观音形象。

敦煌莫高窟历经各种磨难，还是得以保留下来，但在人类历史长河中，一千六百五十余年不过是短暂瞬间，其中的建筑、壁画、彩塑难以逃脱盛极而衰的宿命。随着时间的流逝，最经典的中华文明杰作——敦煌壁画和彩塑病害累累、脱落成片，曾经的金碧辉煌亦氧化发黑、暗淡无光，正面临着零落成泥、灰飞烟灭。虽有"数字敦煌"将文物数字化保存，但这些承载着中华文明的壁画终将"源于尘土、归于尘土"，"生死轮回、周而复始"更符合自然规律。笔者能在有生之年光临艺术圣殿，亲眼目睹这一人类文化奇迹实属万幸。

后　记

⊙　四个庚子年

人生如白马过隙，稍纵即逝。对于个体而言，生前亿万年和死后亿万年没有意义，世上任何一件物品都不会永恒流传，生老病死也好、成住坏空也罢，都是刹那一瞬。艺术宝库（如敦煌莫高窟）和收藏物件（如集邮藏品）亦是因缘结合、短期留存。

《邮说敦煌》是笔者茶余饭后结合文化旅游和邮品收藏的一点积累、整理和感言。若要在"时间轴"和"空间线"中链接几个交点，我罗列人类历史上最近的四个"庚子年"发生的相关事件简约对照（世界事件、集邮事件、敦煌事件和个人事件），效仿世界著名分析哲学创始人维特根斯坦的名著《逻辑哲学论》首篇那句脍炙人口的陈述："世界是事实（件）的总和，而不是事物的总和"，突出"存在"的动态性和关联性。具体归结如下：

1840年，世界事件：6月，第一次鸦片战争爆发，交战双方为英国和中国，是中国近代屈辱史的开端。集邮事件：5月6日，世界上第一种邮票——"黑便士"在英国正式发行，从此开启了"集邮"这种文化活动，以"王者嗜好"之誉称风靡全世界。

1900年，世界事件：8月14日，八国联军攻陷北京城，史称"庚子国难"，中国陷入空前大灾难，险遭英、法、德、俄、美、日、意等列强瓜分。敦煌事件：6月22日，居住在敦煌莫高窟的道士王圆箓发现藏经洞，洞中数万件文物经过千年封存后重现于世，但其精华部分不幸被来自英、法、俄、美、日等国的探险家们瓜分。

1960年，世界事件：非洲共有17国宣布独立，为"非洲独立年"。第三世界产油国在伊拉克首都巴格达开会，成立石油输出国组织。中国正处于困难时期，面临严重的内忧外患。集邮事件：8月，国内唯一的集邮刊物《集邮》第一次停刊。敦煌事件：国内外出版了不少敦煌学著作，如敦煌文物研究所编纂的《敦煌壁画》《敦煌唐代藻井图案》、常书鸿主编的《敦煌彩塑》、苏莹辉的《敦煌学概要》等；日本大渊忍尔的《敦煌道经目录》、神田喜一郎的《敦煌学五十年》等。

2020年，世界事件：世界范围新冠病毒大流行；澳大利亚丛林火灾；蝗虫蔓延全球。中国"天问一号"开启火星探测之旅。集邮和敦煌事件：9月26日，《莫高窟》邮票在敦煌发行。个人事件（虽然微不足道，但却具有个体的唯一性）：首次制作了几套敦煌原地首日封；首次邀请了几位画家手绘敦煌彩塑；首次参加了敦煌邮品拍卖。

一、往事如烟

我初涉集邮是在1985年——人生的第二个"本命年"，那时读小学五年级，周末在邮电局门口（位于儿时居住的苏州人民路怡园对面）的地摊前挑选一毛一枚的信销票，一蹲几个小时，却是当时最大的乐趣之一。

首次花"巨款"从柜台购买的一套新票是T.104《花灯》，前3枚都是8分，第4枚"金鱼灯"居然要70分，一共94分，将捏得发热的1元钱交出去时有种犯罪感。每次新邮发行时，邮电局周围都是如同过年般的人山人海、热闹非凡，邮贩子手里有刚发行的邮票和各式各样的早期邮票，但都要加价出售。

　　1987年读初一，在姑母的帮助下获得了一张珍贵的邮票预订卡，可以按面值购买一年的邮票，从此开始"正式"集（买）邮。当年印象最深的邮票有J.136《明代地理学家、旅行家徐霞客诞生四百周年》、T.114《猛禽》、T.115《风筝》、T.116《敦煌壁画（第一组）》等。

　　没想到这几套邮票对我影响颇大：一、徐霞客后来成为我的人生偶像，即便当《万历十五年》这本书大红大紫的时候，我想到的却是万历十五年（公元1587年）为徐霞客的生年。1996年大学毕业后从事教师行业，每年三个月寒暑假时间大都独自背包旅行，足迹已经遍布国内34个省级行政区的主要景点和海外16个国家，旅游时就会想到这位伟大的旅行家。《徐霞客游记》是反复拜读的著作，我还购买了许多专门研究他的书籍。二、《猛禽》邮票使我开始了"养鸟"历程，尤其是德国"萝娜种"橘红色金丝雀饲养得非常成功，由两对鸟"起家"，繁衍出了几十个后代。之后又收集各国的鸟类邮票，尤其喜爱鹰类。当时网络不发达，苏州又缺乏外邮货源，故而有时周末会去上海卢工和云洲寻觅。我集邮不是为了参展，以自己独特的方式进行：每个独立国家收集一套鸟类邮票，没有猛禽类的，先用其他鸟类替代，总共收集了175个国家（当时全世界有193个独立国家，我在每枚小国旗图片后面排上一套票，诸国平等，决不厚此薄彼）。三、《风筝》邮票的不少首日封设计中配有"飞天"图案，也是敦煌素材的补充。更没想到的是，34年后突发奇想，打算写本关于敦煌的邮书。

　　如今追忆自己的早期人生阶段与1987～1996这十年中发行的《敦煌壁画》密切合拍：一、1987年5月20日发行了第一组《敦煌壁画》1套4枚，面值依次为8分、10分、20分、40分，共计78分。另有1枚小型张定价2元，这简直是天文数字，况且图案黑不溜秋，谈不上美感。我的邮票预订卡只能购买1套邮票，不含小型张，因而放弃也在情理之中（当时不少集邮者认为"小型张"不符合通信邮资，只是票贩子们炒作的对象）。二、1988年读初二，我预订了《集邮》杂志，是全校唯一的订户，当年5月25日发行了第二组，偶然阅读了一篇邮文，了解到第一组小型张名为"北魏·萨埵太子舍身饲虎"，是早期敦煌壁画中的"精品"，于是咬牙黑市价从票贩手里弄了一枚。三、1990年读高一，7月10日发行了第三组，邮票发行前后有两件事情记忆犹新：一是为迎接9月在北京举办的"亚运会"，我参加了苏州组织的接力长跑，在火车站迎接从北方一路南下的"火种"，手持火炬到五卅路体育场，绕场数周。那天夜晚人民路上火光通明，很多民众自发一路骑车护航，盛况空前。二是东西德国即将合并，学生们喜好"指点江山"，积极探讨未来世界新格局。那时主要邮票交易市场搬迁到了石路，而我的集邮兴趣淡漠了许多。四、1992年考进了大学，9月13日入校，15日发行了第四组，其中的小型张"唐·观音菩萨"曾持有过一箱（原封50盒，共计5000枚），多年后几乎以当时市场最高价转让。五、1994年读大二，7月16日发行了第五组，那时正值暑假，我在石路"新世纪期货投资公司"打工，之后又做了一阵子兼职翻译，赚的部分钱购买了心仪的邮票。六、1996年大学毕业，8月15日发行了第六组，从这个时期开始引发中国历史上最波澜壮阔的邮市大潮，我也正好是这个时段入职报到，开始了从教生涯。

　　二、聚散离合

　　步入21世纪，我集邮一直处于仅收邮票的"低级状态"（集邮谚语"集票不集封，到老一场空"），收集邮票的主要目的是用作旅游向导，邮票上展现的名山大川、风光建筑、古物器皿自然是"国之精华"，也是制定旅游出行的指南。

2007年开始，全国四种公开发行邮刊中的《天津集邮》和《集邮博览》同时停刊，仅剩《集邮》和《上海集邮》两种。这引发了我整理集邮刊物的兴趣，并在短时间内配齐了几十种集邮期刊，且每一册旧杂志均以藏品的标准寻觅，不时淘汰"差品"，一些最普通的杂志，邮费居然高于书费。2009年5月开始，与当地三位集邮爱好者创办了《邮刊史研究》杂志，以研究民国时期老邮刊为主导方向，将集邮转向了文献收藏和探索。2009~2016年间自费出刊共计22期（18期正刊，4期特刊），其间不断买书，有时一日到手几件邮书挂号信或包裹（早期只送包裹单，需要到邮局排队自取）且乐此不疲。

就个人而言，2009年出版《中国省级邮协会刊历程（1981~2007）》，2013年出版《中国地级邮协会刊图鉴（1980~2011）》，2015年与新加坡冯锦濂等合作出版《中国集邮报刊图表（"文革"~1982）》，2018年出版《大龙邮票集邮文献概览（1878~2018）》。2019年所著的《中国邮刊史（1918~2018）》算是邮刊收藏的总结，此书在2020年先后获得"2019年全国十佳集邮图书"奖（8月），"江苏省（苏州市）第十五次哲学社会科学优秀成果二等奖"（10月），"江苏省第十二届集邮展览金奖+特别奖"，为最高分——91分（12月）。

《中国邮刊史（1918～2018）》出版后，我将近十几年辛苦淘得的邮刊打包二十几箱，委托北京某知名大邮商通过分批拍卖处理掉了。联想到当年达摩祖师千辛万苦建完修行室后就全部拆除的壮举，觉得自己也是在学习先贤哲人不恋物品的逍遥和洒脱，享受过程、不问结果。当初求购集邮文献时只问邮刊品相，不重价格高低，出手比较随意，在大多书籍最终归宿为废品收购站的时代，居然在经济上没有"亏本"，算是一个奇迹。即便一掷千金的邮坛土豪，临终也不愿将藏品带入坟墓，充其量只不过是一段时间的保管员而已。聚散离合易如反掌，绿水青山自然无恙。

三、收藏转向

1900年和2020年同属"庚子年"，1900年6月22日为敦煌"藏经洞"的发现日。2020年2月国内新冠病毒大爆发，笔者职业为教师，以"知行合一"为理念，1996年毕业至今25年，早已经习惯了九个月上班、三个月旅行的劳逸结合、张弛有度的生活，在困守家中、百无聊赖之际，摆弄一些旧日收藏的邮票，却怎么也提不起兴趣。

大约在2020年6月，我从孔夫子旧书网上淘得一枚精美的"徐霞客"实寄封，这是我信封收藏的源起，并形成了个人收藏的"第三次转向"，着手名山大川、古物建筑、绘画书法、花草动物、名著神话等方面的实寄封收集。我特别倾心书画方面的"手绘封"，闲暇之余在收藏网上"扫货"一发而不可收，几乎每日都会收到好几个快递。实寄封虽不如集邮文献那样占据空间，但比一枚枚邮票"大"多了，一面插页只能放1~2枚，短短几个月就塞满了10本60页的文件夹。于是决定"缩小"收集范围，关注"文化大类、艺术中类、绘画小类"中的"专类"——敦煌邮票系列实寄封，且对其中的首日实寄封情有独钟。

2020年7月5日上海拍卖行第792号：特3《伟大的祖国——敦煌壁画》，1955年3月28日从甘肃敦煌寄出的原地封4枚，起拍价5000元，成交价108100元，创原地封拍卖最高记录，令人深感敦煌邮品的魅力。

2020年9月26日《莫高窟》邮票发行。我首次尝试制作"原地首日实寄封"，将准备好的2套普通信封和3套自制宣纸封快递给兰州邮友，委托其赶赴敦煌莫高窟首日寄出。这些信封虽然都是原地首日寄出，但最早收到的是在10月2日，最晚的居然到了10月29日，一路历经磨难，信封到手时大多已经破损，感受了集邮界的一句行话"玩原地，代价大"。后来请好友在这些实寄封上写字作画，体验了一把鉴赏艺术的乐趣。

2020年12月27日上海华宇2020秋季拍卖，我看中了4枚贴全套特3、特6《敦煌壁画》邮票的实寄封，首次体验电话拍卖，当日从上午八点等到下午四点半才开始新中国邮品类拍卖，结果"抢"到了2个，另外2个也是以"天价"成交，深感如今近期邮品比清代邮品还要疯狂，可能是物以稀为贵的原因，也或许是需求至上的结果。

步入2021"辛丑年"，疫情也没有好转，在1月5日发行生肖牛年邮票的几日之前我突发奇想，委托甘肃嘉峪关的邮友以《敦煌壁画》邮票作为补资，凑6.6元的挂号邮资，贴上所有发行过的牛年生肖票，算是送给自己第五个"本命年"的礼物。3月20日，中国邮政发行《五牛图》特种邮票，又"故伎重演"，制作了"个性化"藏品。

2021年12月底，中国邮政发行"特供"会员的《莫高窟》"双连张"，我又委托甘肃兰州的邮友于12月31日凌晨赶到敦煌莫高窟制作寄往海外的首日封，分别投向乌兹别克斯坦、列支敦士登、奥地利、捷克、瑞士的五位国外朋友，以丰富"海外敦煌"章节的内容。

四、创作历程

随着各类敦煌邮品的增多，我也期望对敦煌莫高窟本身所蕴藏的文化做更深入的挖掘。2017年10月去敦煌旅游时，曾在当地书店购买过几本敦煌方面的图书，但总觉得隔靴搔痒。自从孔夫子旧书网上高价购得1998年12月出版的《敦煌学大辞典》后，我开始对敦煌文献"按图索骥"。受收藏"集邮文献"的影响，我先后不经意间从网上获得了百来本敦煌书籍，有史书类、有期刊类、有图录类，发现"集邮学"和"敦煌学"，甚至各种艺术类的学问都是异曲同工、殊途同归。当敦煌藏品超过千件之后，我有了"整编"的想法，以"比较研究法"探求敦煌学和集邮学的相似性。虽然收藏时完全是主观喜好，也未做分类和思考，缺乏统筹计划，但还是将书名定了下来——《邮说敦煌》。

人是分类动物，为了使得认知过程更加便捷和高效，将形形色色的事物按照某种人为设定的"规则"分门别类后进行具体化研究，具有主观性。但"规律"却倾向客观性，以各种邮品为例，票、戳、折、单、卡、封、片、简之间表现的往往不是"非此即彼"的清晰关系，而更多体现为"相互融合"的模糊关系。这有点类似于哲学上"经典范畴理论"中的"二分法"和"原型范畴理论"中的"家族相似性"概念类比。

我当初收集敦煌邮品完全以符合个人审美为标准，哪怕价格较为离谱也都照单全收，但也有一些主观"规则"：比如，早期一些寄信人有将邮票贴底的习惯，因展示这样的邮品浪费空间故而舍去；又如，一些实寄封虽颇具邮政意义，但寄信人的手书大煞风景，根本达不到一件艺术品的标准也选择放弃；再如，一些实寄封地址是电脑打字，显示不出独特性，除了个别难觅信封（如早期航空封、海外实寄封）一般不予收录，等等。

写书是要将"无序"的邮品转变成"有序"的邮书，以一根主线贯穿全部藏品，这既是乐趣也是挑战。本书所列的十章先是按照敦煌主题初步分类，但每个章节所涉及的各种邮品须作统筹安排，邮品既不能重复，更需要全面地展示各项集邮内容、环节和要点，旨在为初涉集邮的爱好者提供尽量全面的集邮"专用名词"解释，展现多姿多彩的集邮方式。具体而言，尽管一件实寄封上可能包含了票、戳、单等诸多邮政信息，但是用作邮戳展示后就不能再用于实寄封，用于快件封展示后就不能用来说明邮政签条，用于敦煌建筑类的就不能用于展示特色实寄封，用于飞天章节的邮品就不能再展示文化遗产，这都需要反复权衡和不断调整，以取得最优化展示效果。区分国内和国际邮品也是为了使得主题更加鲜明，但由于早期特3和特6邮品单一，故而不做区分。《莫高窟》邮票（建筑）的统计归于《敦煌壁画》系列（壁画）也是一种权宜之计，单列无法完成洞窟及时代的划分。特色实寄封的展示在于选择藏品中较具艺术性或邮史性的品种，避免展示全套邮品而浪费空间，也考虑收寄人源自不同区域的不同爱好者以体现广泛性。这样算来，可供选择的邮品在数量上大打折扣。

　　本书不是学术性著作，文字表述方面难度不大，与敦煌莫高窟相关的专业知识介绍大都源自《敦煌学大辞典》，邮票内容解说主要参考《中国集邮百科知识》，只是在文字长短和体例规范上有所调整，以满足框架和排版上的需求（尽量不转页地展现一个主题）。书中敦煌信封的邮寄路线涵盖国内包括港澳台的34个省级行政区，邮品遴选时发现北京、上海、江苏等经济发达地区的实寄封最多，云南、宁夏、新疆等边陲地区较少，而西藏的更是凤毛麟角，好在觅到几枚带"双文字戳"涵盖西藏1市6区的实寄封作为代表。国外实寄封中寄日本、新加坡、澳大利亚的居多，寄希腊、伊拉克、巴西、乌干达的很少。虽然仅涉及30个国家，约占世界独立主权国家的六分之一，但并不影响"海外敦煌"这一主题，五大洲的主要国家均有代表，且完成了个性化分类。

　　撰写过程中一些特定的日子值得回忆：

　　2021年5月20日，《敦煌壁画》邮票第一组（1987年）发行34周年，当天将这一组的实寄封单独取出，整理了厚厚一本，并将邮书的目录罗列了出来，权衡再三后分为十章：丝绸之路、鸣沙山和月牙泉、敦煌建筑、敦煌壁画、敦煌彩塑、敦煌飞天、敦煌藏经洞、海外敦煌、世界文化遗产、集邮学和敦煌学文献，初步设定了全书的框架结构。

　　2021年7月中旬，本已经做足暑期旅行攻略，受突如其来的南京、扬州新冠疫情大爆发，河南遭受千年未遇大暴雨的袭击，且又有"烟花"台风侵袭江浙地区的影响，我只得居家不出，通过整理敦煌邮品，敲击键盘打发时间。

　　2021年8月23日，翻译了本书的"绪论"，练习了荒废已久的英语。寥寥数页的中文转换成了十几页英文，置入书中以展现"国际化视野"。笔者有不少国外朋友，到时赠书也能让他们对敦煌莫高窟这一"中华国粹"有所了解。

　　2021年8月26日，用A4纸彩色打印样稿并设计了封面、封底后装订成册（1.0版），共计241页。

　　2021年9月29日，经过一个月的几百处修改、调整、补充、增图后又打印了一册（2.0版），共计251页。

　　2021年10月2日，经扬州朱平健校长介绍，认识了北京的黄思源先生，趁着国庆假期与他一起拜访了暂居北京的中华全国集邮联合会原会长杨利民先生。杨老曾任甘肃省委常委、组织部部长、敦煌市委书记等诸多要职，为国务院参事室特约研究员。作为学者，他是"敦煌哲学"的核心创始人，其著作《敦煌哲学》高屋建瓴、构思宏大。杨老平易近人、学识渊博，欣然为我指点本书初稿（2.0版），临别还赠送由他担任编辑委员会主任的厚达1500页、200万字的全彩巨著——《中国集邮史（1878～2018）》。此著作曾获2019年武汉世界邮展"大金奖+特别奖"，获全场文献最高分——96分！当初我在武汉求购未果，此行居然圆梦，更为难得的是这套文献为"一版一印"。杨老还赠送了一批极具文献价值的邮书，并挥毫赐墨宝一幅，令素昧平生的我受宠若惊。

　　2021年11月4日，委托苏州杰视达广告传媒有限公司尝试性排版，确定了本书的开本和字体，设计了多种颜色的封面以供选择，并初排了第一章"丝绸之路"。

　　2021年11月7日，受好友张晓钢邀请，在亚洲邮学家网上做关于"敦煌"主题的演讲。因当晚有事，我撰写了文字稿，邀请英国皇家邮学会会士张华东先生代为表述，从"票、折、戳、卡、片、单、简、封"八个方面展示敦煌邮品，配有百余幅相关图片，收到了良好的反响和正面评价。次日张华东先生又将资料整理后刊登于网络集邮博物馆，结尾处还附有一张我与王剑智、Frank Walton、刘佳维、张华东四位当今邮界"大咖"的合影，摄于2019年6月武汉世界邮展，当时未留底，这次正好保存了下来。

　　2021年11月16日，得知年底将发行特供集邮联会员的《莫高窟》"双连张"，这是首款世界文化遗产双连张。我原计划赶在年底出版，为此推迟了进程，打算制作几枚寄往海外的实寄封充实邮书内容。这时觉得2022年是出版此书的绝佳年份，离1952年特3《伟大的祖国——敦煌壁画（第一组）》的发行正好70周年，离1987年第一组《敦煌壁画》的发行正好35周年，从时间线上找到了三个属于"等差数列"（1952→1987→2022）的"里程点"。

2022年2月15日，传统意义上的元宵佳节，新冠疫情又开始肆虐苏州，市民多次排队进行核酸检测，一些小区封闭。我驱车到广告公司排版，往返又是五十公里，完成了最终校对，定稿为265页，彩色打印装订了两本（3.0版）。在如释重负的同时，又因病毒延续已有三年而深感人类的无知和渺小。

2022年2月22日，阴历正月廿二，星期二，一个历史上最"2"的日子，我收获了一枚1987年5月20日发行的《敦煌壁画（第一组）》第一枚首日实寄封。类似的首日实寄封，我收集了几十个，这枚的特殊性是收件人地址居然与我当年就读的小学同处苏州北寺塔附近的一条弄堂里，看了显得格外亲切。四十几年沧海桑田，我所念的小学（1980~1986）、中学（1986~1992）和大学（1992~1996）都随着时代变迁而不复存在，令人伤感和怀念。作为个性化纪念，我将书中"特色封"章节中的实寄封剔除了一枚，替换了这一枚，并将"后记"结尾处的日期做了调整。特定日子的文字记载，始于1987年5月20日的第一组《敦煌壁画》，亦有缘终于斯，完成了一个循环或轮回。

2022年3月16日，苏州新冠疫情更趋严重，我"冒险"来回日行近百里去校对，在电脑前一坐就是十几个小时，主要是调整和完善3.0版。依照美学视角，排版需要"留白"，以体现"曲径通幽"之境界，但通过亲历敦煌莫高窟，感受到敦煌石窟中"彩塑"和"壁画"所体现的"唇齿相依、无缝对接"，这映射出一种"饱满充实"而又"热闹密集"的西域文化艺术，因而也打破常规，将2017年西部旅行的相关照片和图片穿插于本书的空白处，留下数处"鸿爪"，填满了所有页面。

五、感恩致谢

被誉为"群经之首，大道之源"的《易经》将"天、地、人"合称为"三才"。"天时、地利、人和"是成事的三个基本要素，我深以为然。

首先，"天有不测风云"，2020~2022年是新冠疫情肆虐的年份，旅游受阻、出门受限、百无聊赖，但我利用原本出门旅游的时间"捣腾"了这册《邮说敦煌》，在人生第五个"本命年"完成第七部图书的撰写（英语教学的专业著作仅有一部，其余均为邮书，实属不务正业），也算是一种精神安慰和补偿。全人类历史中，百分之九十的时间是在斗争、打仗和杀戮，人祸频繁。地震、火山、海啸、饥荒等天灾也是如影随形，所以首先得怀着崇敬而感恩的心"谢天"，生在俗世、境随心转，一念天堂、一念地狱，只有惜福才能常乐。

其次，我发现自己与甘肃"有缘"，在此"谢地"，感恩这片神奇的华夏文明发祥地赐予的文化养分。先秦时期中华大地分为九州，甘肃旧称"雍凉"，比苏州的历史悠久。除敦煌莫高窟、榆林窟、西千佛洞、鸣沙山月牙泉、玉门关、阳关、汉长城遗址、雅丹地质公园之外，我还独自背包造访过麦积山、崆峒山、伏羲庙、玉泉观、嘉峪关、拉卜楞寺、八角古城、桑科草原、甘加草原、达宗圣湖、尕海湖、郎木寺等自然和文化景观。在书籍收藏方面也与甘肃"有缘"：中学时代每期必读的1981年创刊的《飞碟探索》正是甘肃兰州创办的优秀期刊，是研究天地和人类的精神食粮，我存有全套杂志。最为难觅的邮刊之一——1982年12月创刊的《甘肃集邮通讯》油印刊（《甘肃集邮》的前身），我有两种版本的创刊号以及一册厚重的红底烫金的首期官方合订本。《敦煌研究》和《敦煌学辑刊》的试、创刊号都一应俱全。

最后，本书能顺利出版（尽管因疫情拖延了半年）得"谢人"。中华全国集邮联合会原会长杨利民先生从北京赶赴甘肃主持敦煌哲学研究年会期间拨冗赐序，并不断给予鼓励。学院校长王颖教授对我出书的设想尤为支持，她喜好旅游交友、热衷文化传播，是古道热肠的领导。企业界朋友王玮星先生、徐文杰女士、蒋元梁先生、顾君君女士为本书的出版提供了无私的帮助。黄思源、江峰、宋欣怡、唐赟几位年轻书画家拨冗赐宝，特别感谢好友黄思源先生为本书题写书名。苏州大学李志杰先生初次相识就一见如故，积极帮助联系出版事宜。集邮界葛建亚、朱平健、陆游、张华东、张晓钢、郇建强、翟瀚等都给予了不同程度的友情支持，在此一并表示感谢。

六、文化沉思

与上面所提到的三项"显性"要素相比，还有一项核心的"隐性"维度（如同比照三维的"长、宽、高"静态的"空间性"，加上了动态的"时间性"）。道家始祖老子将"道"演绎为最高理念和万物本体，并置于"天、地、人"之前，故《道德经》中有"道大、天大、地大、人亦大"之陈述。

很多人将莫高窟起源归于十六国时期的僧人乐僔，但在佛教传入之前，中国"伏羲""女娲""西王母""黄帝""老子"等道家诸神和建筑早已在敦煌占得先机，这在《穆天子传》《淮南子》《水经注》等文献中有详实的记载。道家思想是中国传统文化之主干和根基，强调"无为"、注重"清修"、不立"法相"、不建"神坛"，不喜"显山"、也不"露水"，故而也不可能在历史的长河中留存莫高窟这样绚丽夺目的佛教美学艺术，但它以宽阔博大的胸怀包容了外来的佛教思想。其实，藏经洞中也有约370余卷道家典籍，仅《道德经》正文及注疏写卷就多达60余种。虽然敦煌壁画中也有道家神仙的身影，飞天形象也综合了道教羽人概念等，但是这些都是后人刻意创作的艺术化作品，并非道家精髓。

另外值得一辩的是，总有所谓的爱国型文化人士热衷于站在道德制高点，信誓旦旦地指点江山、捶胸顿足地抨击批判为何要让王圆箓这个"道士"来看管敦煌莫高窟藏经洞的佛教经典，导致"国宝"流失海外，避而不谈的现实是当时因饥荒和战乱，莫高窟众多和尚纷纷弃窟逃亡，王圆箓多次长途跋涉，求助"官方"无果后，将字画转让给"识货"且能够"保护"宝藏的"虔诚取经人"，所得银两没有去消费娱乐、声色犬马，而是修葺完善精神家园。他以玄奘为楷模和偶像，用包容的胸怀守护了并非属于自己信仰的宗教文化。试问若没有他执着地孤独守望荒凉没落的佛教精神家园而机缘巧合发现藏经洞，哪有当今世界级显学——敦煌学的诞生？假想若当今的印度人认为佛教经书是其镇国之宝，传经等于卖国；中国人受小说《西游记》的影响，觉得用来"交换"的"紫金钵盂"是国家特级文物，流失等于犯罪，不知这些个文人们又该如何激扬文字以表忠贞和爱国情怀。

从道家视角而言，所谓的"真经"更适合传给无心取经之人，目的性太重的求取，违背了"悟空"的佛理，用隐喻维持生命的"饭碗"（"紫金钵盂"）交换"有字真经"是一种无可厚非的觉悟，事实上"无字真经"更接近大道之源（如道家经典《老子》强调"为学日益，为道日损"；《庄子·天道》指出文字是粗鄙的"糟粕"，更应注重"境界"的提升）。

笔者对中国本土道家哲学思想一直怀有崇拜、敬畏和感恩之心，尤其是"道"和"创新"均处于"开天辟地、无中生有"的动态演化之中，这也赐予了我创作的灵感，在绪论部分已有感而发，此处不再赘述。

本书只是自娱自乐的成果，笔者同敦煌相关的邮品结缘时间短暂，书中展示的藏品简拙，欢迎大家交流指正。

金晓宏

二〇二二年二月二十二日